Wolfgang H. Sander

Altersvorsorge

Wolfgang H. Sander

Altersvorsorge

So sind Sie gut gerüstet für die Zukunft

Tipps, Checklisten und Modelle für jedes Alter

Frankfurter Allgemeine Buch

Bibliografische Information der Deutschen Nationalbibliothek
Die Deutsche Nationalbibliothek verzeichnet diese Publikation in der Deutschen Nationalbibliografie; detaillierte bibliografische Daten sind im Internet über http://dnb.d-nb.de abrufbar.

Wolfgang H. Sander
Altersvorsorge
So sind Sie gut gerüstet für die Zukunft
Tipps, Checklisten und Modelle für jedes Alter

F.A.Z.-Institut für Management-,
Markt- und Medieninformationen GmbH
Frankfurt am Main 2008

ISBN 978-3-89981-181-0

Frankfurter Allgemeine Buch

Copyright: F.A.Z.-Institut für Management-,
Markt- und Medieninformationen GmbH
60326 Frankfurt am Main
Gestaltung / Satz
Umschlag: F.A.Z., Verlagsgrafik
Coverbild: Kelly Redinger, Corbis / Fotolia
Satz Innen: Ernst Bernsmann, Nicole Bergmann
Druck: Messedruck Leipzig GmbH, Leipzig

Alle Rechte, auch des auszugsweisen Nachdrucks, vorbehalten.
Printed in Germany

Inhalt

Vorwort	7
17. Januar 2043	9
Einführung	10
Wir müssen selbst etwas tun	15

So bauen Sie Ihre Altersvorsorge auf

Anlage- und Sparformen	24
Die Assetklassen	37
Die Absicherung größerer Lebensrisiken	50
Vorsorgen mit Aktien	54
Vorsorgen mit Rentenwerten	62
Vorsorgen mit Immobilien	72
Vorsorgen mit Investmentfonds	77
Vorsorgen mit einer Lebensversicherung	94
Vorsorgen mit einer privaten Rentenversicherung	99
Vorsorgen mit Zertifikaten	103
Vorsorgen mit Riester-Produkten	105
Vorsorgen mit einer Rürup-Rente	110
Vorsorgen zusammen mit dem Arbeitgeber	114
So stocken Sie Ihre Sparrate auf	115

Die zwei „gefräßigen Monster"

Die Steuern	120
Die Inflation	136

Genießen Sie Ihr Leben

So nutzen Sie Ihr Vorsorgevermögen	142
Die gesetzliche Rente	143
Die private Rentenversicherung	151
Die Lebensversicherung	154
Immobilien	156
Aktien und Rentenwerte	157
Auszahlpläne mit Investmentfonds	160
Die zwei „gefräßigen Monster" werden alt	166

Fünf Musterfälle: So bereiten Sie sich vor

Fall 1:	Helena M., 25 Jahre, Industriekauffrau	170
Fall 2:	Markus L., 32 Jahre, Ingenieur und Ilona R., 28 Jahre, Krankenschwester	175
Fall 3:	Andreas A., 45 Jahre, Diplom-Kaufmann und Franziska A., 40 Jahre, Mutter	181
Fall 4:	Alfons D., 54 Jahre, Kfz-Meister und Eva D., 50 Jahre, Hausfrau	187
Fall 5:	Sie selbst	193

Tabellen	198
Der Autor	210

Vorwort

Für wen ist dieses Buch geschrieben?

Lassen Sie mich gleich an den Anfang stellen, was dieses Buch definitiv *nicht* ist: ein Kompendium der Altersvorsorge mit Rechtstexten und vielen Paragraphen als Nachschlagewerk für den Finanzprofi. Nein, ganz klar, diese Aufgabe erfüllt dieses Buch nicht, soll es auch nicht erfüllen. Vielmehr richtet sich dieses Buch an alle, die wissen, dass die gesetzliche Rente kaum mehr reichen kann – gerade für ein aktives und genussvolles Leben im Ruhestand, wie wir es uns alle wünschen. Ebenso an alle, die erkannt haben, dass man in Fragen der Altersvorsorge eben nicht alleine auf die Fürsorge des Staates bauen darf und selbst handeln muss. Und ganz besonders richtet sich dieses Buch an alle unter uns, die eben nicht Finanzprofi sind und denen eine verständliche Hilfe zum Thema Altersvorsorge wichtiger ist als eine lückenlose Dokumentation.

Genau für diese Nichtprofis unter uns, die später unvermindert aktiv und mit Freude ihren Ruhestand genießen wollen, soll dieses Buch ein Stück praktische Lebenshilfe sein. Dabei werden wir um ein paar Fachbegriffe nicht herumkommen. Ich werde aber versuchen, sie Ihnen verständlich zu erklären. Sollte ich mich trotzdem mal im Dschungel dieser Materie verlaufen, können Sie in jedem Falle sicher sein, dass alle wichtigen Ratschläge in herausgestellten „Lektionen" noch einfacher zusammengefasst werden. Also, wird Ihnen irgendwo mal „schwindelig", können Sie auch jederzeit gerne bis zur nächsten Lektion blättern und finden dort, was Sie in jedem Fall wissen sollten.

Ebenso verzichte ich bewusst auf schwierige mathematische Formeln einschließlich Exponentialfunktionen. Diese Berechnungen sind von mir bereits in einfach nachzulesenden Tabellen zusammengefasst. Sie können also sicher sein: Mehr als die Rechenarten „plus", „minus", „mal" und „geteilt" zu kennen sowie die richtige Spalte und Zeile in einer Tabelle zu finden, wird von Ihnen nicht verlangt. Ich werde Ihnen die plastisch beschriebenen Beispielfälle von „Helena M., 25 Jahre" bis

„Alfons D., 54 Jahre" klar und unmissverständlich darstellen und vorrechnen. Und als letzter Musterfall kommt wer dran? Sie natürlich. Dort können Sie Ihre Werte in Freifelder eintragen und die dann mehrfach gewohnten Rechenschritte einfach nachvollziehen. Aber auch für den Fall, dass Sie überhaupt nicht rechnen mögen, werden Sie viele nützliche Hinweise aus diesem Buch für die Optimierung Ihrer Altersvorsorge mitnehmen.

Ich hoffe, Sie haben eine kurzweilige Lektüre und erhalten einen konkreten Nutzen für die Gestaltung Ihrer Altersvorsorge. Und ich hoffe, Sie sitzen später in Ihrem verdienten Ruhestand mal irgendwo, vielleicht unter der südlichen Sonne beim Überwintern, halten ein Glas vollmundigen Rotwein gegen die Abendsonne und stellen fest: Es hat sich gelohnt, dieses Buch gelesen zu haben.

In diesem Sinne wünsche ich Ihnen eine erkenntnisreiche Lektüre und alles Gute für Ihren Ruhestand sowie den Weg bis dorthin.

Ihr Wolfgang H. Sander

PS: Alle Namen von Personen und Firmen in diesem Buch sind frei erfunden und stellen keinen Bezug zu lebenden Personen und bestehenden Firmen dar.

17. Januar 2043

Wir schreiben das Jahr 2043, genauer gesagt den 17. Januar 2043. Es ist kalt, verdammt kalt sogar – auch mittags um 12:30 Uhr. Olaf M., 69 Jahre alt, ist Rentner und hat sich warm angezogen für diesen frostigen Wintertag. Er schließt die Wohnung in der Adelheidstraße ab, in die er vor zwei Jahren umgezogen ist. Zwei Zimmer, 58 qm – früher hatte er eine viel größere Vierzimmerwohnung. Olaf hat immer gut gelebt und sich nie Gedanken um Vorsorge gemacht. „Das soziale Netz wird mich schon auffangen", das war immer sein Motto. Nun ist er seit zwei Jahren Rentner und die gesetzliche Rente am Ende doch magerer, als er immer dachte. Zudem hat sich die Welt verändert: Der immer sichtbarere Klimawandel hinterlässt seine Spuren – nicht nur beim Wetter, sondern auch finanziell: Der Benzinpreis von über 3 Euro macht auch das inzwischen realisierte Dreiliterauto zu einem kostenträchtigen „Luxusartikel". Die Heizkosten für Wohnungen sind inklusive Ökosteuer und Emissionsrechte auf die Höhe der Kaltmieten angestiegen. Auto- und Gebäudeversicherungen sind wegen der häufigeren Sturm- und Hagelschäden viel teurer geworden. Da bleibt vielen Rentnern keine andere Wahl: kleinere Wohnungen heißen weniger Kaltmieten und, fast noch wichtiger, weniger Nebenkosten.

Olaf ist jetzt auf dem Weg zum Mittagessen. Noch vor fünf Jahren hat er gerne ein- bis zweimal pro Woche im „Wilden Ochsen" gegessen. Er liebt die Jägerschnitzel mit Spätzle dort über alles. Aber eine Portion davon kostet 21,90 Euro, und das ist nicht mal teuer im Jahr 2043. Aber das kann sich Olaf jetzt nicht mehr leisten. An der Ecke zur Siemensstraße hängt wieder ein Plakat für eine Ü50-Party, gesellschaftlicher Standard im Jahr 2043. Die Hälfte der Bevölkerung ist inzwischen über 50 Jahre alt. Olaf geht weiter zur Suppenküche für bedürftige Rentner, die seine Gemeinde vor Jahren eingerichtet hat. Die Suppe dort kostet 8 Euro, immerhin ein Schnäppchen gegenüber den 21,90 Euro für die Portion Jägerschnitzel.

Wird das unsere Zukunft sein? Ist all das unvermeidbar, oder können wir selbst etwas tun, dass es uns dann besser geht? Ja, wir können, aber wir müssen es wollen und dann auch konsequent sein.

Einführung

„Die Rente ist sicher." Wer hat diese Prophezeiung von Norbert Blüm nicht noch im Ohr? Zwei Jahrzehnte und einige „Rentenreformen" später sehen wir diese Aussage mit anderen Augen: Ohne Zweifel wird es weiterhin eine „sichere" gesetzliche Rente geben, aber in welcher Höhe? Und für was wird diese gesetzliche Rente reichen?

Und insgeheim wissen wir alle: Ohne privat etwas beiseitezulegen, wird ein Rentnerdasein bereits in 20 Jahren schon viel Sparsamkeit verlangen, um vernünftig über die Runden zu kommen. Statt Überwintern auf Mallorca heißt es dann Ausharren im kalten Norden und mit dem Bus zum Discounter fahren, um dort wieder günstig einzukaufen. War es das, was wir uns vom „erfüllten Leben im Ruhestand" vorgestellt haben? Sieht so der Traum vom „rüstigen Rentner", vom „aktiven Leben 60 plus" aus?

Wenn Sie diese Frage genauso eindeutig wie ich mit „nein" beantworten, dann wiederholen Sie gleich noch einmal: „Nein! Ich will leben und genießen und nicht geizen müssen!" Und das müssen Sie mit aller Kraft wollen, denn eines wird Ihnen dieses Buch auf jeden Fall gleich zu Anfang beweisen: Ohne Entschlossenheit und festen Willen werden Sie Ihren Traum von einem finanziell sorgenfreien Leben im Ruhestand nicht erreichen.

Aber damit sind wir schon mittendrin in einem Stück Ihrer Lebensplanung. Und darum und um nichts anderes geht dieser Ratgeber: Wie kann ich mir meine Träume vom genussvollen und aktiven Leben „in der Rente" leisten, und was muss ich dafür tun? Dass mit ein wenig Planung und viel Entschlossenheit hier vieles erreicht werden kann, was Sie sich jetzt selbst noch nicht zutrauen, wird Ihnen dieser Ratgeber beweisen. Dabei werde ich Sie Schritt für Schritt durch eine verständliche und nachvollziehbare Planung führen, und nach und nach werden wir hier in diesem Buch Ihre persönliche Planung aufbauen.

Für den Anfang möchte ich Ihnen nur raten: Haben Sie Mut und lassen Sie sich auf die hier verständlich beschriebene Materie ein. Letztlich ist ein bisschen Lebens- und Finanzplanung keine Hexerei, sondern machbar. Sie hier an die Hand zu nehmen und zum Ziel zu führen ist meine persönliche Aufgabe als Autor. Also, beginnen wir einfach, denn wir haben ja ein Ziel.

Warum musste es so kommen?

Ja, warum musste es so kommen mit der Rente? Die „Crux" liegt dabei bereits in unserem Rentensystem, dem Umlageverfahren. Dieses Verfahren heißt, dass Ihre Rentenbeiträge nicht etwa für Sie angespart werden, wie etwa bei einem System mit Kapitaldeckung, und damit später Kapital für Ihre Rente zur Verfügung steht. Nein, Ihre heutigen Beiträge werden für die heutigen Rentner sofort ausgegeben, und Sie erwerben einen Anspruch, dass zukünftige Arbeitnehmer – die Kinder von heute – ebenso beherzt für Sie zahlen werden, damit diese selbst wieder einen Anspruch erwerben, und so weiter und so weiter. Natürlich funktioniert das nur über eine Zwangsmitgliedschaft, und deshalb gibt es auch keine Möglichkeit, aus der gesetzlichen Rente auszusteigen, es sei denn, Sie sind Beamter und beziehen Pensionen vom Staat oder Unternehmer und sorgen damit für sich selbst vor. Wo führt dieses Umlagesystem hin?

Beim anderen System, dem kapitalgedeckten Verfahren, sparen viele Beitragszahler logischerweise auch viel Kapital an, das damit später dann auch diesen vielen Rentnern zur Verfügung steht. Auf diese Weise würde sich die demografische Entwicklung zu einem guten Teil von selbst ausgleichen: Wenige Kinder und niedrige Geburtenquoten heißen später wenige Beitragszahler und noch später wenige Rentner (wenn die wenigen Kinder alt geworden sind). Das heißt, das kapitalgedeckte System ist über den Zeitablauf demografisch im Lot. Denn jede Generation würde ihre Beiträge ansparen und später wieder aufbrauchen. Ob es viele oder wenige in dieser Generation sind, ist hier unerheblich. Viele sparen erst, und viele brauchen dann ihr angespartes Kapital später auf. Oder bei geburtenschwachen Jahrgängen: Wenige sparen, und wenige brauchen ihr Kapital dann wieder auf. Die Proportionen der Jahrgänge sind in der Beitrags- und Rentenphase ausgewogen. Demografisch verbleibt nur das Risiko, dass die Rentner länger leben als früher und damit über die Jahre mehr Rente, ergo mehr Kapital benötigen. Leider setzen wir in Deutschland dieses kapitalgedeckte Verfahren nicht in der gesetzlichen Rentenversicherung ein.

Bei unserem Umlageverfahren könnten wir froh sein, wenn wir nur die lange Lebenserwartung auszugleichen hätten, denn das Umlageverfahren nutzt ja die Beiträge der Arbeitnehmer sofort zur Auszahlung an die Rentner. Das heißt, die Höhe der Rente und der Beitragssätze hängt zu jedem Zeitpunkt nicht nur von der Lebenserwartung der Rentner, sondern auch immer davon ab, wie viele Rentner wie vielen Beitragszahlern gegenüberstehen. Heute niedrige Geburtenquoten gleichen sich nicht etwa mit später wenigen Rentnern aus, sondern stehen den hohen Geburtenquoten von vor 60 Jahren, den heutigen Rentnern, gegenüber. Die heutigen Beiträge der Arbeitnehmer sind die heutigen Renten der Rentner. Dieser Transfer zwischen ganzen Generationen hängt substantiell davon ab, wie stark diese sich gegenüberstehenden Generationen sind. Generation „Pillenknick" versus „geburtenstarke Jahrgänge"? Was ist an Rente finanzierbar, wenn die Größe der sich gegenüberstehenden Generationen nicht im Lot ist? Was geschieht, wenn Deutschland Arbeitsplätze verliert und damit weniger Arbeitnehmer in die gesetzliche Rente einzahlen? Was ist welchem Beitragszahler und welchem Rentner gegenüber „gerecht"? Für diese Frage ist bereits der Begriff der Generationengerechtigkeit geschaffen worden. Und natürlich kann man zu Thema „Gerechtigkeit" stundenlang in Talkshows diskutieren, und jeder hat ein bisschen recht. Denn Fragen wie

- Ist es gerecht, dass die heutigen Rentner, die die Bundesrepublik Deutschland aufgebaut haben, nun mit Blick auf die Beiträge weniger Arbeitnehmer Rentenkürzungen hinnehmen müssen?

oder

- Ist es für heutige Arbeitnehmer gerecht, für so viele Rentner heute so hohe Beiträge zahlen zu müssen, wenn sie selbst später – in Kaufkraft gemessen – niedrigere Renten beziehen werden als heutige Rentner?

zeigen schon die beiden Pole bei der Generationengerechtigkeit auf. Dass es zu all diesen Aspekten selten klare Antworten gibt und geben kann, sollte Ihre Gelassenheit bezüglich „Ihrer Rente" aufrütteln, wenn Sie nicht schon längst verunsichert sind.

Und übrigens habe ich nicht umsonst von der „Stärke der sich gegenüberstehenden Generationen gesprochen". Denn am Ende ist die Antwort auf die obengenannte Gerechtigkeitsfrage in einer Demokratie nicht nur von mathematischen Berechnungen, sondern auch von der Stärke der Wählergruppen abhängig. Die Generation 50 plus nimmt einen stark wachsenden Anteil der Wählerschaft ein. Und wer will schon gerne Wahlen verlieren?

Also, Politik beiseite, bei diesem Transfer zwischen den Generationen spitzt sich alles auf eine Frage zu: Wie viele Beitragszahler müssen mit ihren Beiträgen einen Rentner unterhalten? Dabei lohnt es sich, daran zu erinnern, dass noch vor etwa 30 Jahren je drei Beitragszahler einen Rentner finanzierten, und heute sind es bereits etwa zwei Beitragszahler je Rentner. Wie geht diese Entwicklung weiter?

Die Berechnung dieser demografischen Entwicklung für die kommenden Jahrzehnte ist keine allzu schwierige Aufgabe. Denn die zukünftigen potentiellen Rentner bis weit über das Jahr 2060 hinaus stehen schon fest, denn sie sind bereits geboren. Analog sind die neuen Beitragszahler für das Jahr 2020 auch bereits geboren und erfreuen sich heute ihrer Kindheit oder Ausbildung. Zusammen mit den bereits bestehenden Beitragszahlern, nämlich uns, und Annahmen über die Lebenserwartung lässt sich das Verhältnis zwischen Beitragszahlern und Rentnern recht stabil prognostizieren. Und jetzt aufgepasst: In 30 Jahren wird infolge des Geburtenrückgangs und der steigenden Lebenserwartung auf jeden Arbeitnehmer fast ein Rentner entfallen. „Wie ist das zu finanzieren?", werden Sie sich jetzt zu Recht fragen und „Wie stellt sich das deutsche gesetzliche Rentensystem auf diese klar absehbare Entwicklung ein?".

Denn sicher ist: Wenn keine Katastrophen geschehen (zum Beispiel Epidemien), verändert sich das deutsche Rentensystem zwangsläufig. Und die gesetzliche Rente hat hierzu nur folgende wesentlichen Reaktionsmöglichkeiten:
a) die Beiträge der zukünftigen Arbeitnehmer erhöhen,
b) die Rentenleistungen der Rentner verringern oder
c) die Anzahl der Rentner verringern, indem Rente erst ab einem späteren Alter bezogen wird (siehe sukzessive Umstellung der Rente mit 65 auf Rente mit 67). Damit steigt übrigens auch die Zahl der Beitragszahler, da man ja dann mit 66 noch Beitragszahler und nicht Rentner ist.

Das Umlagesystem würde ziemlich sicher stürzen, wenn die Last der demografischen Entwicklung nur einer Generation, den Rentnern oder den Beitragszahlern, aufgebürdet würde. Daher war klar, dass die Politik unter Auslegung des Stichwortes Generationengerechtigkeit eine Kombination aller drei obengenannten Maßnahmen umsetzen wird. Und so ist auch klar prognostizierbar, dass bei einer weiter steigenden Lebenserwartung die Rente mit 67 nicht der Endpunkt dieser Entwicklung sein wird.

Und wenn Sie dieses Umlagesystem unserer Rente nun aus dem Blickwinkel Ihrer gottlob steigenden Lebenserwartung betrachten, dann wissen Sie eines jetzt sicher: Wenn Sie Ihre Rente genießen wollen und vielleicht nicht erst ab 69 oder später, dann müssen Sie selbst etwas dafür tun.

Wir müssen selbst etwas tun

Ich glaube, uns allen ist klar, dass wir selbst handeln müssen. Um eine private zusätzliche Altersvorsorge kommen wir nicht herum. Wer sich jetzt noch alleine auf die gesetzliche Rente verlässt, der ist in Zukunft wahrscheinlich auch verlassen oder hängt am Tropf des Sozialstaates.

Da dies die Politik auch selbst weiß, hat sie richtigerweise mit Instrumenten wie der Riester-Rente oder der betrieblichen Altersversorgung steuergeförderte Wege als Anreiz für diese private Vorsorge geschaffen. Viel zu selten und noch in sträflich geringem Umfang werden diese Instrumente genutzt. Etwa ein Drittel aller Arbeitnehmer beispielsweise hat bisher einen Riester-Renten-Vertrag abgeschlossen. Denn viel zu viele haben die Schwere des Problems noch lange nicht erkannt. Wie gut, dass Sie nicht mehr dazugehören. Sie haben ja jetzt einen Vorteil: Denn Sie wissen nun, dass es „höchste Eisenbahn" ist und dass jeder, egal in welchem Alter, selbst und eigenverantwortlich handeln muss. Die nächste Frage ist natürlich: Ist die Lage für uns hoffnungslos oder was können wir erreichen?

Sie werden bald in diesem Buch feststellen, dass Sie das Ausmaß, in dem Sie privat vorsorgen können, bei weitem unterschätzen. Und wahrscheinlich wird Ihnen dieses Ausmaß ein aktives und genussreiches Leben als Rentner – eventuell sogar ein Vorziehen Ihres Ruhestandes um ein paar Jahre – erlauben. Die Antwort auf diese Frage werden Sie am Ende dieses Buches viel präziser einschätzen können.

Worauf kommt es nun bei Ihrer privaten Altersvorsorge an?

Ich werde Sie gleich zu den Tabellen 1a bis 3b (siehe Seite 198ff.) führen und Ihnen dort zeigen, wie wichtig folgende Elemente für Sie sind:

Lektion 1

Für den Erfolg Ihrer privaten Altersvorsorge sind ausschlaggebend:
A) Ihre Entschlossenheit und Ausdauer
B) die jährliche Rendite Ihrer Anlage und damit
   die intelligente Wahl Ihrer Anlage zur Altersvorsorge
C) die Höhe Ihrer Sparrate
D) ein bereits angespartes Kapital
E) die Zeit, die Ihnen noch bis zu Ihrem Ruhestand
   zur Verfügung steht

Dabei gilt Folgendes: Sind Sie jünger als 40 Jahre, sind A, B und E die ausschlaggebenden Größen für Sie. Das ist für alle beruhigend, die eigentlich der Meinung sind, dass sie ohnehin nicht genügend beiseitelegen könnten. Sie werden sehen: 50 Euro im Monat über 30 oder 40 Jahre clever angelegt, das versetzt Berge. Dabei ist die Auswahl der „richtigen" Anlage aber für Sie sehr entscheidend. Zu den Resultaten auch kleiner Sparbeiträge kommen wir gleich.

Sind Sie älter als 40 Jahre, gewinnen – bei gleichbleibend hoher Bedeutung von B – C und D bei rückläufigem E an Bedeutung. Auch das werde ich Ihnen gleich in wenigen Schritten beweisen. Dazu müssen wir gemeinsam einen Blick auf die Tabellen 1a bis 3b (siehe Seite 198ff.) werfen. Was geben uns diese Tabellen an?

Tabelle 1a zeigt, über welches Endkapital Sie nach x Jahren bei y Prozent p.a. Rendite verfügen, wenn Sie monatlich 100 Euro in eine Anlage mit dieser Rendite investieren. Dabei berücksichtigt Tabelle 1a keine Kosten und geht davon aus, dass Sie die y Prozent p.a. Rendite auch wirklich nach Kosten erzielen.

Beispiel:
Monatlich 100 Euro über 30 Jahre sparen, das bringt bei einer Anlage, die 4 Prozent p.a. Rendite abwirft, am Ende ein Kapital von 68.755 Euro, nämlich die Summe von 36.000 Euro Einzahlungen und 32.755 Euro Ertrag.

Steigt durch die Auswahl der Anlage die Rendite auf 8 Prozent p.a., steht am Ende bereits ein Kapital von 141.760 Euro – das heißt die Summe von 36.000 Euro Einzahlungen und 105.760 Euro Ertrag – zur Verfügung. Dies ist mehr als das doppelte Kapital, das Ihr Nachbar bei gleicher Sparleistung mit 4 Prozent Verzinsung p.a. am Ende ausgezahlt bekommt. Oder umgekehrt: Mit der intelligenteren Anlageentscheidung und der höheren Rendite haben Sie am Ende der 30 Jahre selbst bei einer halb so hohen Sparrate – aus monatlich 50 Euro werden so ja 70.880 Euro – mehr in der Tasche als Ihr Nachbar, der doppelt so viel sparen musste.

Stellen wir die gleiche Betrachtung einmal für 15 Jahre Laufzeit an:

100 Euro pro Monat ergibt für Ihren Nachbarn bei 4 Prozent p.a. Rendite über 15 Jahre ein Endkapital von 24.546 Euro. Sie erzielen mit 8 Prozent p.a. Rendite dagegen 33.978 Euro. Auch auf diesen Zeitraum bezogen, haben Sie erheblich mehr erzielt als Ihr Nachbar, aber eben nicht das Doppelte, sondern „nur" 38 Prozent mehr. Hätte Ihr Nachbar also 100 Euro im Monat gespart und Sie nur 50 Euro, läge Ihr Nachbar über 15 Jahre auch bei der weniger rentablen Anlage (4 Prozent statt 8 Prozent p.a.) noch vorne – anders als bei den 30 Jahren Zeit bis zur Rente im ersten Beispiel.

Verstehen Sie jetzt, warum B (die jährliche Rendite Ihrer Anlage) in jungen Jahren, wenn Sie 30 Jahre oder mehr bis zur Rente haben, so viel wichtiger ist als C (Ihre Sparrate)? Haben Sie dagegen bis zu Ihrer Rente einen kürzeren Zeitraum, zum Beispiel 15 Jahre, gewinnt C (Ihre Sparrate) „auf der kurzen Strecke" an Bedeutung.

Also ist doch die nächste Frage: Was können Sie „auf der kurzen Strecke", also zum Beispiel 10 bis 15 Jahre bis zum Ruhestand, tun? Wie kann da bereits angespartes Kapital beim Aufbau Ihrer Altersvorsorge helfen? Der Vorteil der Jugend – die lange Spardauer, die zur Verfügung steht – kann aufgewogen werden durch die Ersparnisse, die Sie bereits gebildet haben und die Sie in jungen Jahren so nicht zur Verfügung hatten. Werfen wir einmal einen Blick auf die Tabelle 3a (siehe Seite 202):

Tabelle 3a zeigt, über welches Endkapital Sie nach x Jahren bei y Prozent p.a. Rendite verfügen, wenn Sie am Anfang einmalig 10.000 Euro Kapital anlegen. Dabei geht Tabelle 3a wieder davon aus, dass die Rendite nach Kostenbelastung erzielt werden kann.

Beispiel:
Legt Ihr Nachbar 10.000 Euro für 30 Jahre in einer Anlage an, die 4 Prozent p.a. Rendite erbringt, steht ihm am Ende ein Kapital von 32.437 Euro, nämlich 10.000 Euro plus 22.437 Euro Ertrag, zur Verfügung. Bei 8 Prozent Rendite p.a. beträgt Ihr Endkapital aber dann schon 100.625 Euro, also

mehr als das Dreifache des Kapitals Ihres Nachbarn (plus 210 Prozent). Bei der Einmalanlage ist der Effekt, der aus der Höhe der Rendite kommt, also noch größer, weil ja der gesamte Betrag von Anfang an diese höhere Rendite erzielt, während beim Sparen das Kapital erst sukzessive aufgebaut wird. Dieser Effekt greift bei der Anlage einer festen Summe auch auf kürzere Zeiträume viel kräftiger zu als beim Sparvorgang:

Eine Einmalanlage von 10.000 Euro ergibt bei 4 Prozent p.a. Rendite über 15 Jahre ein Endkapital von 18.010 Euro, bei 8 Prozent p.a. Rendite dagegen 31.722 Euro. Dies sind 76 Prozent mehr, während der Renditeunterschied von 4 Prozent p.a. auf 8 Prozent p.a. bei 15 Jahren Sparphase nur eine Differenz von 38 Prozent ergab. Hier liegt also für alle, die die Hälfte ihres Berufslebens schon zurückgelegt haben, eine große Chance: Gehen Sie in die zweite Hälfte Ihres Marathons, und packen Sie Erspartes in einer ertragreichen Anlage auf die Seite. Schon der Unterschied zwischen 4 Prozent und 8 Prozent Ertrag pro Jahr macht bei 15 Jahren ein 76 Prozent höheres und bei 30 Jahren ein 210 Prozent höheres Endkapital aus. Haben Sie bisher nicht systematisch für Ihre Altersvorsorge gespart, ist das – neben dem Erhöhen der Sparrate pro Monat – Ihre Chance, in der zweiten Halbzeit aufholen zu können.

Kommen wir an dieser Stelle aber noch einmal vom Anlegen zum regelmäßigen Sparen zurück. Denn Sie können den Sparprozess noch „mit einer besonderen Würze verschärfen": der Dynamik. Unter Dynamik verstehen wir eine regelmäßige jährliche Anpassung Ihrer Sparrate um einen bestimmten Prozentsatz, weil Sie zum Beispiel von jährlichen Tarifsteigerungen Ihres Gehaltes ausgehen. Kalkulieren Sie eine solche Dynamik fest ein, können Sie bei vielen Anbietern von Sparplänen, Kapitallebensversicherungen usw. diese bereits im Vertrag abschließen und einbauen. Eine solche Dynamik wirkt sehr segensreich.

Tabelle 2a (Seite 200) zeigt, über welches Endkapital Sie nach x Jahren bei y Prozent p.a. Rendite verfügen, wenn Sie mit einer monatlichen Sparrate von 100 Euro beginnen und diese jedes Jahr um 2 Prozent erhöhen.

Beispiel:
Eine Sparrate, die mit monatlich 100 Euro beginnt und über 30 Jahre jedes Jahr um 2 Prozent steigt, bringt bei einer Anlage, die 4 Prozent p.a. Rendite abwirft, am Ende ein Kapital von 87.777 Euro. Dabei haben Sie über die Laufzeit 48.682 Euro eingezahlt.

Auch hier lohnt ein Vergleich mit einer Anlage, die 8 Prozent p.a. erbringt; schließlich stehen dann am Ende 172.092 Euro zur Verfügung. Das sind 30.332 Euro mehr als beim gleichen Sparplan und der gleichen Rendite, aber ohne jene 2 Prozent Dynamik. Kein schlechtes Resultat, wenn Entschlossenheit, Durchhaltewille, eine attraktive Rendite und eine vertretbare Sparrate zusammenkommen.

Die Ergebnisse der Tabellen können Sie nun beliebig kombinieren: Ist Ihr Nachbar 35 Jahre alt und zielt auf einen Beginn seines Ruhestandes mit 65, beträgt sein Anlagehorizont 30 Jahre. Stehen ihm bereits 20.000 Euro Kapital zur Verfügung und will er zusätzlich 100 Euro monatlich sparen und diese Sparrate jedes Jahr um 2 Prozent steigern, dann erzielt er bei 4 Prozent p.a. Rendite ein Endkapital von 87.777 Euro auf die Sparrate sowie zweimal (da 20.000 Euro statt 10.000 Euro in der Tabelle) 32.437 Euro. Das macht mit 65 also 152.651 Euro. Schon recht gut, dieser Kapitalstock.

Befinden Sie sich in der gleichen Situation und erzielen durch die Auswahl der Anlageform 8 Prozent p.a. Rendite, dann beträgt Ihr Endkapital in diesem Fall 172.092 Euro plus zweimal 100.625 Euro, also 373.342 Euro. Sie erzielen so einen Vorsprung von über 220.000 Euro gegenüber Ihrem Nachbarn, der am Ende nicht versteht, warum es Ihnen denn so viel besser geht. Sie können dagegen sicher sein: Ihre 100 Euro monatlich plus Dynamik sowie die 20.000-Euro-Anlage haben Ihnen einen hervorragenden Grundstock für ein aktives Leben im Alter gelegt.

Ich hoffe, Sie haben bereits hier gelernt: Über das Thema der richtigen Altersvorsorge nachzudenken ist eine hochprofitable Angelegenheit und entscheidet schnell über den Lebensstil, den Sie sich später leisten können.

Im Detail rechnen Sie also mit folgenden Formeln:

$$\text{Endkapital Sparen (EKS)} = \frac{\text{Ihre Sparrate}}{100} \times \text{Tabellenwert (Tab. 1a – 2b)}$$

$$\text{Endkapital Anlage (EKA)} = \frac{\text{Ihr Kapital}}{10.000} \times \text{Tabellenwert (Tab. 3a – 3b)}$$

Endkapital Anlage und Sparen (EKAS) = EKA + EKS

Das Endkapital Anlage und Sparen ist bei Anwendung der richtigen Laufzeit Ihr Kapital, das Ihnen im Alter zur Aufbesserung der gesetzlichen Rente zur Verfügung steht. Nun können Sie aus den Tabellen und mit diesen Formeln auch weitere interessante Berechnungen anstellen, zum Beispiel:

Beispiel 1:

Wer erreicht ein höheres Endkapital Anlage und Sparen EKAS zum Alter 65?

a) der 25-Jährige, der ohne Anfangskapital 100 Euro monatlich zu 6 Prozent p.a. anlegt und diesen Betrag jährlich um 2 Prozent steigert (Dynamik) oder

b) der 35-Jährige mit 15.000 Euro Anfangskapital und 120 Euro monatlich zu 6 Prozent p.a. und mit 2 Prozent Dynamik ?

Fall a)
EKS = 100 ./. 100 x 250.095 = 250.095 Euro
EKA = 0 Euro
EKAS = 250.095 + 0 = 250.095 Euro

Fall b)
EKS = 120 ./. 100 x 121.749 = 146.099 Euro
EKA = 15.000 ./. 10.000 x 57.424 = 86.136 Euro
EKAS = 146.099 + 86.136 = 232.235 Euro

Fazit:
Der 25-Jährige, der kein Erspartes besitzt und mit 100 Euro monatlich startet, erreicht mit Disziplin und Ausdauer ein höheres Endkapital als der 35-Jährige mit 15.000 Euro Erspartem, obwohl dieser gleich mit einer Sparrate von 120 Euro beginnt. Auf der anderen Seite muss sich der 35-Jährige mit seinem Endkapital Anlage und Sparen auch nicht verstecken, allerdings setzt sein späterer Start bei gleicher Anlagestrategie und Rendite voraus, dass er bereits Erspartes nicht verkonsumiert und dem Sparziel „schönes Leben im Alter" unterordnet und dass er mit einer höheren Sparrate den späteren Beginn auszugleichen sucht.

Beispiel 2:

Wer erreicht ein höheres Endkapital Anlage und Sparen EKAS im Alter von 65?

a) der 35-Jährige, der über ein Anfangskapital von 15.000 Euro verfügt und 120 Euro monatlich zu 4 Prozent p.a. anlegt und diese Sparrate jährlich um 2 Prozent steigert, oder
b) der 35-Jährige mit keinem Anfangskapital und 120 Euro monatlicher Sparleistung zu 7 Prozent p.a. Rendite mit 2 Prozent Steigerung der Sparrate?

Fall a)
EKS = 120 ./. 100 x 87.777 = 105.332 Euro
EKA = 15.000 ./. 10.000 x 32.437 = 48.655 Euro
EKAS = 105.332 + 48.655 = 153.987 Euro

Fall b)
EKS = 120 ./. 100 x 144.441 = 173.329 Euro
EKA = 0 Euro
EKAS = 173.329 + 0 = 173.329 Euro

Fazit:
Der 35-Jährige ohne Erspartes kann durch eine intelligente Wahl der Anlage, die ihm mit 7 Prozent p.a. 3 Prozent mehr bringt als seinem gleichaltrigen Kollegen, am Ende immer noch besser dastehen als sein Kollege, der bereits über Erspartes verfügt.

Dieses Beispiel zeigt, dass neben Entschlossenheit und Ausdauer die richtige Wahl der Anlageform und deren Rendite entscheidend für Ihr Endkapital Anlage und Sparen EKAS ist, also für Ihren Kapitalstock im Alter.

Lektion 2

Mangelnde Entschlossenheit und Ausdauer sowie Fehler in der Wahl der Anlageform und deren Rendite können Sie nur noch dadurch beheben, dass Sie entweder

- größere Summen Erspartes/Ererbtes einbringen,
- die Sparrate erhöhen,
- das Sparziel nach hinten verschieben (Eintritt Ruhestand)
- oder möglichst früh auf Anlageformen mit höherem Ertrag wechseln.

Da die Anlageform und deren Rendite einen so bestimmenden Einfluss auf das Endkapital Anlage und Sparen hat, werden wir uns nun im Folgenden gezielt dem Kapitel Anlage- und Sparformen widmen.

Grundsätzlich gliedert sich das Buch nun in folgende Kapitel:
- den Aufbau der Altersvorsorge hin zum Endkapital Anlage und Sparen,
- die Darstellung und Einschätzung der „zwei gefräßigen Monster" Steuern und Inflation, die an Ihrer Altersvorsorge zehren,
- den Einsatz des Endkapitals Anlage und Sparen für Ihre Altersversorgung in der Entnahmephase: Genießen ohne Reue.

So bauen Sie Ihre Altersvorsorge auf

Anlage- und Sparformen

Ich weiß, Sie sind jetzt richtig gespannt, wie denn jetzt möglichst viel Rendite erzielt werden kann, trägt dieser Faktor doch so bestimmend dazu bei, was Ihnen später zur Verfügung steht. Schließlich haben Sie ja gesehen, wie unterschiedlich das Endergebnis einer langen Vorsorgephase sein kann, je nachdem, wie rentabel Ihr Geld investiert war. Daher ist es nun an der Zeit, einen weiteren wichtigen Faktor zu erläutern, der gemäß allen Erkenntnissen mit der Höhe der Rendite steigt: das Risiko.

Sie erhalten nicht einfach 3 Prozent mehr Rendite ohne jeglichen Nachteil. Nein, die höhere Rendite ist bei Geldanlagen immer auch mit einem höheren Risiko verbunden. Aktien werfen in der Regel mehr ab als Anleihen, dafür haben sie aber auch ein höheres Schwankungsrisiko. Wer einen hoch spekulativen Optionsschein kauft, kann über 100 Prozent Ertrag erwirtschaften, aber auch innerhalb kurzer Zeit sein ganzes eingesetztes Kapital verlieren.

Der Zusammenhang zwischen Rendite und Risiko bei Geldanlagen ist auch wissenschaftlich nachgewiesen. Die Kapitalmarkttheorie beschäftigt sich weitgehend mit den Zusammenhängen zwischen Ertrag und Risiko sowie der Portfoliooptimierung in diesem Spannungsfeld. Letztlich gilt:

Lektion 3

Mit höheren Renditen gehen auch höhere Risiken einher. Welche Anlage für Sie richtig ist, hängt von Ihrer Erwartungshaltung und Risikotoleranz ab: Wie viel Risiko können Sie tragen, und welche Rendite geht damit einher? Berater, die Ihnen viel Rendite ohne höheres Risiko versprechen, sollten Sie ohne Zögern wieder nach Hause schicken.

Dabei ist wichtig zu wissen, dass wir nicht nur das Risiko einer einzelnen Anlage zu betrachten haben, sondern auch die Wechselwirkungen zwischen den Risiken Ihrer verschiedenen Anlagen. Diese Wechselwirkungen können einen günstigen risikosenkenden Einfluss auf Ihr Portfolio, also die

Summe Ihrer Anlagen haben. Daher ist die Frage wichtig: Welche Chance haben wir, individuelle Risiken einzelner Anlageformen im Konzert all Ihrer Anlagen zu reduzieren und damit auf Dauer für Ihre Risikotoleranz akzeptabel zu machen? Diese Frage hat eine zentrale Bedeutung, um Einzelrisiken zu vermindern und dennoch langfristig attraktive Renditen zu erzielen. Nehmen wir einmal ein

Beispiel:
Das Unternehmen Plastica AG aus Unterpfaffingen ist ein Chemieunternehmen und benötigt viel Energie und Öl zur Herstellung seiner Produkte. Der Ertrag des Unternehmens steigt mit sinkenden Ölpreisen und umgekehrt. Das Unternehmen Oil & Oil AG aus Oberpfaffingen ist ein ölförderndes Unternehmen und verdient umso mehr Geld, je höher der Ölpreis steht. Beide Unternehmen sind zurzeit profitabel, die Aktien beider Unternehmen haben sich bei der Annahme von in den letzten Jahren stabilen Ölpreisen positiv entwickelt.

Wenn Sie nun nur Aktien der Plastica AG kaufen, profitieren Sie auf Dauer, wenn der Ölpreis sinkt. Wenn Sie nur Aktien der Oil & Oil AG kaufen, profitieren Sie, sobald der Ölpreis steigt. Wenn Sie sich in Bezug auf die Entwicklung des Ölpreises nicht sicher sind und beide Aktien ansonsten aussichtsreich erscheinen, könnte es sinnvoll sein, in die Aktien beider Gesellschaften zu investieren. Letztlich gleichen sich dann in Ihrem Portfolio die Effekte steigender oder fallender Ölpreise aus. Sicher, Sie profitieren auch nicht so stark wie in dem Fall, dass Sie den richtigen Trend des Ölpreises getroffen hätten, aber dafür schließen Sie auch das Risiko aus, ganz „auf dem falschen Fuß" erwischt zu werden. Zumindest haben Sie durch den Kauf beider Aktien das Risiko der Ölpreisentwicklung für Ihr Portfolio reduziert. Analog könnten Sie mit der Frage der wirtschaftlichen Dynamik verschiedener Regionen umgehen: Wächst Asien schneller als Amerika, oder kommt es wegen einer „Überhitzung" in Asien dort zu einer Korrektur? Hält Europa in diesem Umfeld Kurs? Wenn Sie dazu eine eindeutige Meinung haben: wunderbar! Ihrem gezielten Investment in Aktien der aus Ihrer Sicht aussichtsreichsten Region steht dann nichts im Wege. Sie schultern damit aber auch alle Risiken eines möglichen Irrtums Ihrerseits. Legen die Aktien „Ihrer" Region den Rückwärtsgang ein, erwischt es Sie voll. Wenn Sie dann noch Panik bekommen und alles verkaufen, wird aus einem Risiko schnell ein reeller Schaden, ein Verlust.

Ganz anders bei einer Diversifikation: Sie haben entweder keine eindeutige Meinung zur wirtschaftlichen Entwicklung der Regionen (was für die meisten Menschen normal ist und nichts Ehrenrühriges darstellt), oder Sie möchten bewusst die Chancen und Risiken streuen, dann werden Sie Ihre Anlage in Aktien, Fonds oder Zertifikaten mit Schwerpunkten in Asien, Europa und Amerika breit streuen. Die Maßnahme, mehrere unterschiedliche Anlagen zu mischen, nennt man Diversifikation des Portfolios, sie wirkt risikominimierend auf die Summe Ihrer Anlagen. Mehr hierzu weiter unten. Zuerst gehen wir einmal auf ein für die Altersvorsorge zentrales Instrument der Risikoreduzierung ein: lange Anlagezeiten.

Risikoreduzierung Teil 1: lange Anlagezeiten

Mit dem Risiko ist es so eine Sache: Das Risiko auf ein Jahr gesehen, ist nicht gleich dem Risiko auf 30 Jahre gesehen. Ihr Gedanke könnte sein: Das Risiko auf ein Jahr Sicht kann ich einschätzen, es ist übersichtlich. Erst bei einem Zeitraum von 30 Jahren wird es unkalkulierbar, und alles addiert sich dann zu einem viel größeren Risiko auf. Diese Annahme ist komplett falsch, was sich in Bezug auf den Kapitalmarkt sogar zuverlässig aus der Historie beweisen lässt. Dazu gleich mehr. Zunächst möchte ich die Fehleinschätzung der Risiken über die Laufzeiten zurechtrücken. Der Zeitraum von einem Jahr ist vermeintlich überschaubar, er kann eigentlich keine Überraschungen bieten. Überraschungen haben es aber an sich, dass sie eben überraschend kommen. Die wenigsten haben mit folgenden Ereignissen gerechnet: Ölkrise 1974, Zusammenbruch des Ostblocks und der UdSSR, Anschlag auf das World Trade Center etc. Wer hätte diese Entwicklungen ein Jahr oder nur wenige Tage zuvor vorausgesehen? Die meisten derartigen Entwicklungen verursachen in dem Jahr ihres Ereignisses einen großen Schaden (auch für die betroffenen Anleger). Zehn oder zwanzig Jahre später stellt man dann fest: Die Welt hat sich weitergedreht, vielleicht hat sie eine neue Richtung genommen, aber die Wirtschaft ist nicht zusammengebrochen, sondern hat sich auf die neuen Rahmenbedingungen eingestellt, sogar neue Chancen genutzt. Und Ihre Anlage, zumindest aber Ihr diversifiziertes Portfolio hat sich doch ganz gut entwickelt. Hat also Ihre Geldanlage zehn Jahre oder mehr Zeit, kann sie manches dramatische Ereignis wegstecken, das heißt, sie hat sich dennoch gelohnt. Zum Desaster kann es nur auf kurze Sicht kommen: Sie legen in Aktien an, brauchen das Geld aber in einem Jahr. Kommt es nun zu einem unerwarteten Drama, ist ein Verlust unvermeidbar. Also: Risiken sind umso größer, je kürzer die Anlagefrist ist, nicht umgekehrt.

Doch zurück zur historischen Betrachtung der Anlagerisiken, abhängig vom Anlagezeitraum. Ich möchte dies anhand der historisch erzielten Renditen einer Anlage in Aktien verdeutlichen. Dabei gehen wir von einer Anlage in den 30 im DAX enthaltenen Werten aus, und zwar in derselben Zusammensetzung und Gewichtung. Der DAX-Index[1] ist ein von der Deutschen Börse börsentäglich ermittelter Indexwert für die 30 Aktien mit dem höchsten Marktwert in Deutschland. Eine solche Anlage – jeweils vom letzten Börsentag des einen Jahres bis zum letzten Börsentag des nächsten Jahres – erzielte folgende Einjahresrenditen:

Einjahreszeitraum	Rendite (in Prozent p.a.)
1948 – 49	152,0
1949 – 50	-7,4
1950 – 51	115,4
1951 – 52	-8,1
1952 – 53	24,0
1953 – 54	82,6
1954 – 55	10,0
1955 – 56	-7,4
1956 – 57	5,2
1957 – 58	60,2
1958 – 59	79,9
1959 – 60	36,2
1960 – 61	-9,6
1961 – 62	-22,8
1962 – 63	13,1
1963 – 64	4,8
1964 – 65	-12,1
1965 – 66	-16,6
1966 – 67	48,9
1967 – 68	13,3
1968 – 69	10,4
1969 – 70	-26,0
1970 – 71	9,6
1971 – 72	14,3
1972 – 73	-21,6
1973 – 74	3,8
1974 – 75	39,1
1975 – 76	-4,4

---

1 DAX ist eine eingetragene Marke der Deutschen Börse AG.

1976 – 77	9,3
1977 – 78	7,2
1978 – 79	-9,7
1979 – 80	1,1
1980 – 81	3,3
1981 – 82	17,3
1982 – 83	43,9
1983 – 84	12,3
1984 – 85	84,1
1985 – 86	5,6
1986 – 87	-36,4
1987 – 88	32,8
1988 – 89	34,8
1989 – 90	-21,9
1990 – 91	12,9
1991 – 92	-2,1
1992 – 93	46,7
1993 – 94	-7,1
1994 – 95	7,0
1995 – 96	28,2
1996 – 97	47,1
1997 – 98	17,7
1998 – 99	39,1
1999 – 00	-7,6
2000 – 01	-19,8
2001 – 02	-43,9
2002 – 03	37,1
2003 – 04	7,3
2004 – 05	27,1
2005 – 06	22,0
2006 – 07	22,3

Was können wir aus diesen Anlageergebnissen nun ablesen?

1. Unter allen 59 Einjahreszeiträumen gibt es 18 Zeiträume, also knapp 31 Prozent der Jahre, in denen der Anleger mit einem Verlust abschließen musste. Dabei betrug der größte Verlust minus 43,9 Prozent (2001 bis 2002), also fast eine Halbierung der DAX-Aktienanlage innerhalb eines Jahres.
2. Das beste Ergebnis erzielte ein Anleger zwischen 1948 und 1949 mit einer Rendite von plus 152,0 Prozent p.a.

3. In über der Hälfte aller Fälle (31 von 59 Zeiträumen) erreichte der Anleger eine Rendite von über plus 10 Prozent p.a.
4. In 63 Prozent aller Einjahreszeiträume lag der Ertrag bei über 5 Prozent pro Jahr.

„Was für eine Achterbahnfahrt? Darin kann ich meine Ersparnisse auf keinen Fall anlegen! Das ist doch viel zu riskant", werden Sie wohl denken. Und Ihre Reaktion wird schnell sein: „Nein, einer solchen Anlage kann ich mein Erspartes nicht anvertrauen!" Vorschnell, viel zu vorschnell, um es klar zu sagen. Denn mit diesem Urteil würden Sie einen großen Fehler begehen, denn Sie würden hier vom Risiko einer Einjahresanlage in Aktien auf das Risiko einer Anlage über einen Zeitraum von 20 bis 30 Jahren schließen. Ein horrender Irrtum, den leider viel zu viele machen und daraus grundsätzlich verkehrte Anlagestrategien ableiten. Zum Beispiel von einer kurzfristigen Anlage in die nächste wechseln, nur nicht lange binden, Festgeld über Jahre immer wieder verlängern etc. Im Sinne Altersvorsorge weit gefehlt, wie sich wie folgt beweisen lässt:

Betrachten wir einmal
a) alle Zehnjahresanlagen in den DAX, von 1948 bis 1958, 1949 bis 1959 usw. bis 1997 bis 2007
b) alle Dreißigjahresanlagen in den DAX, von 1948 bis 1978, 1949 bis 1979 usw. bis 1977 bis 2007.

Zu a)
In der folgenden Tabelle finden Sie die Renditen für eine Anlage in den DAX seit 1948, jeweils für einen Zeitraum von zehn Jahren. Angenommen wird immer ein Einstieg zum letzten Börsentag des ersten Jahres und ein Ausstieg zum letzten Börsentag des zehnten Jahres. Die genannten Renditen sind die Durchschnittswerte pro Jahr für den jeweiligen Anlagezeitraum:

Anlagezeitraum	**Rendite (in Prozent p.a.)**
1948 – 58	33,5
1949 – 59	29,0
1950 – 60	34,1
1951 – 61	23,0
1952 – 62	20,9
1953 – 63	19,7
1954 – 64	13,3
1955 – 65	10,8
1956 – 66	9,6

1957 – 67	13,5
1958 – 68	9,6
1959 – 69	4,4
1960 – 70	-1,8
1961 – 71	0,0
1962 – 72	4,0
1963 – 73	0,3
1964 – 74	0,2
1965 – 75	4,9
1966 – 76	6,3
1967 – 77	3,1
1968 – 78	2,5
1969 – 79	0,5
1970 – 80	3,7
1971 – 81	3,2
1972 – 82	3,4
1973 – 83	9,9
1974 – 84	10,8
1975 – 85	13,9
1976 – 86	15,1
1977 – 87	9,0
1978 – 88	11,4
1979 – 89	15,9
1980 – 90	13,0
1981 – 91	14,0
1982 – 92	11,9
1983 – 93	12,2
1984 – 94	10,1
1985 – 95	4,2
1986 – 96	6,3
1987 – 97	15,6
1988 – 98	14,2
1989 – 99	14,5
1990 – 00	16.5
1991 – 01	12,6
1992 – 02	6,5
1993 – 03	5,8
1994 – 04	7,3
1995 – 05	9,1
1996 – 06	8,6
1997 – 07	6,6

Was können wir aus diesen Anlageergebnissen ablesen?

1. Unter allen solchen 50 Zehnjahreszeiträumen gibt es jetzt nur einen Zeitraum (1960 bis 1970), in dem der Anleger mit einem Verlust abschließen musste und eine Rendite von minus 1,8 Prozent p.a. erzielte.
2. Das beste Ergebnis erzielte ein Anleger zwischen 1950 und 1960 mit einer Rendite von plus 34,1 Prozent p.a.
3. In knapp der Hälfte aller Fälle (24 von 50 Zeiträumen) erreichte der Anleger eine Rendite von über 10 Prozent p.a.
4. In einem Viertel aller Fälle (12 von 50) fiel die Rendite mit 0 Prozent bis 5 Prozent p.a. zwar mager aus, sie war aber auch nicht negativ.
5. Umgekehrt kann man sagen, dass in fast drei Viertel (74 Prozent) aller Zehnjahreszeiträume in einem Aktienkorb gemäß DAX über 5 Prozent Ertrag pro Jahr erzielt wurden.

Mit diesen Resultaten kann man doch gut leben. Und es wäre ein großer Irrtum, von der Achterbahnfahrt der Einjahresergebnisse auf die Ergebnisse einer Anlage, die über zehn Jahre läuft, zu schließen. Plötzlich kompensieren sich schlechte und gute Ergebnisse zu insgesamt ganz respektablen Erfolgen. Und statt 18 Anlageperioden mit Verlust (ein Jahr Laufzeit) gibt es plötzlich nur eine Anlageperiode (zehn Jahre Laufzeit) mit Verlust. Und das schlechteste Resultat beträgt statt minus 43,9 Prozent jetzt nur minus 1,8 Prozent p.a.

Und nun zur Analyse der Dreißigjahresanlagen, also zu b):

Anlagezeitraum	Rendite (in Prozent p.a.)
1948 – 78	14,5
1949 – 79	10,6
1950 – 80	11,0
1951 – 81	8,3
1952 – 82	9,2
1953 – 83	9,7
1954 – 84	7,9
1955 – 85	9,8
1956 – 86	10,3
1957 – 87	8,5
1958 – 88	7,8
1959 – 89	6,7
1960 – 90	4,8
1961 – 91	5,6

1962 – 92	6,4
1963 – 93	7,3
1964 – 94	6,9
1965 – 95	7,6
1966 – 96	9,2
1967 – 97	9,1
1968 – 98	9,3
1969 – 99	10,1
1970 – 00	10,9
1971 – 01	9,8
1972 – 02	7,2
1973 – 03	9,2
1974 – 04	9,4
1975 – 05	9,0
1976 – 06	9,9
1977 – 07	10,3

Was können wir aus diesen Zeiträumen und ihren Anlageergebnissen ablesen?

1. Unter allen 30 Zeiträumen von jeweils 30 Jahren gibt es keinen einzigen, in dem der Anleger mit einem Verlust abschließen musste. Das schlechteste Resultat aus dieser Liste beträgt plus 4,8 Prozent pro Jahr (1960 bis 1990).
2. Das beste Ergebnis erzielte ein Anleger zwischen 1948 und 1978 mit einer Rendite von plus 14,5 Prozent p.a.
3. Zwar erreichte der Anleger nur in knapp einem Viertel aller Zeiträume (7 von 30) eine Rendite von über 10 Prozent p.a., aber:
4. Nur in einem Fall (1960 bis 1990) lag die Rendite unter 5 Prozent p.a.
5. Umgekehrt kann man sagen, dass in über 96 Prozent aller Fälle ein Ertrag von über 5 Prozent pro Jahr erzielt wurde.
6. In der großen Mehrzahl aller Fälle (63 Prozent) wurde eine Rendite zwischen 8 und 12 Prozent pro Jahr erzielt.
7. Wer über 30 Jahre anzulegen bereit war und vielleicht 8 Prozent p.a. Rendite erwartete, hatte im besten Falle unter allen Dreißigjahreszeiträumen die Chance auf plus 14,5 Prozent und im schlechtesten Falle das Risiko, mit nur plus 4,8 Prozent p.a. abzuschließen. Das war das Risiko einer solchen Anlage über je 30 Jahre, ganz anders als die minus 43,9 Prozent im schlechtesten Fall einer Einjahresanlage.

Also: 18 Verlustperioden im Einjahresbereich stehen eine im Zehnjahresbereich und jetzt null im Dreißigjahresbereich gegenüber. Und schließlich belief sich bei einem Zeitraum von 30 Jahren das schlechteste Ergebnis auf plus 4,8 Prozent pro Jahr. Also kann man vereinfacht sagen: Die Renditen aller bisherigen Dreißigjahresanlagen lagen weit über dem Resultat, das Sie mit einer verzinslichen Anlage, verlängert von Jahr zu Jahr, hätten erzielen können. Sehen Sie nun im Vergleich der Einjahres-, Zehnjahres- und Dreißigjahresanlagen die „heilsame Wirkung" langer Anlagezeiträume? Erschreckende Einjahresentwicklungen werden bei einer Anlage über einen Zeitraum von zehn Jahren oder sogar dreißig Jahren durch ausgleichende positive Entwicklungen nivelliert. Oder könnten Sie nicht damit leben, dass in der Vergangenheit bei einer solchen Anlage in den DAX über 30 Jahre im schlimmsten Fall eine Rendite von 4,8 Prozent pro Jahr und in der Mehrzahl der Fälle Renditen zwischen 8 Prozent und 12 Prozent p.a. erzielt wurden?

Die folgende Tabelle verdeutlicht noch einmal zusammengefasst die Wirkung der langen Zeiträume auf das Risiko einer Aktienanlage in einen DAX-Korb seit 1948.

	Rendite: schlechtester Wert	Rendite: bester Wert	Anteil der Verlustzeiträume
1-Jahres-Zeiträume	-43,9 Prozent p.a.	+152,0 Prozent p.a.	31 Prozent
10-Jahres-Zeiträume	-1,8 Prozent p.a.	+34,1 Prozent p.a.	2 Prozent
30-Jahres-Zeiträume	+4,8 Prozent p.a.	+14,5 Prozent p.a.	0 Prozent

Und natürlich gibt es bei etwa 250 Börsentagen pro Jahr in 60 Jahren noch Tausende andere Anlagezeiträume über 1, 10 oder 30 Jahre hinweg in den DAX oder Anlagen in andere Märkte der Welt. Aber auch die Fülle weiterer Analysen belegt ganz überwältigend die Risikoreduktion, wenn über lange Zeiträume angelegt und das Portfolio diversifiziert wird. Daher:

▶▶▶ ▶▶▶ ▶▶▶ ▶▶▶ ▶▶▶ ▶▶▶ ▶▶▶ ▶▶▶ ▶▶▶ Lektion 4

Auf kurze Sicht ist das Risiko von Aktien substantiell. Auf Sicht von 30 Jahren oder länger glichen die Jahre mit hohen Chancen die Jahre mit hohen Risiken bei einer Anlage in den Werten des DAX 30 bei weitem aus. Die Renditen lagen für diesen Anlagezeitraum in der Regel zwischen plus 8 und plus 12 Prozent p.a. Lange Anlage- und Sparzeiträume sind daher nicht

> nur im Sinne von Durchhaltevermögen und Sparleistung wichtig, sondern dienen auch der Risikominimierung. Aus purer Vorsicht rate ich Ihnen, bei Aktienanlagen über 30 Jahre mit einer Rendite von 7 bis 8 Prozent p.a. zu kalkulieren. Es ist besser, Sie stellen am Ende Ihrer Sparphase fest, dass etwas mehr herauskam, als Sie erwartet hätten, als umgekehrt.

Der BVI Bundesverband Investment und Asset Management gibt auf seiner Internetseite www.bvi.de als durchschnittliche Performance von dreißigjährigen Sparplänen der analysierten Investmentfonds an:

Sparplan in	Performance per 12/2007
Aktienfonds Deutschland	9,87 Prozent p.a.
Aktienfonds Europa	7,96 Prozent p.a.
Aktienfonds global	8,12 Prozent p.a.

Auch diese Performancewerte bestätigen die in Lektion 4 genannten Erträge. Wir werden allerdings damit leben müssen, dass die Fortschreibung von Analysen aus der Vergangenheit in die Zukunft immer ein Risiko birgt. Denn auch 60 Jahre harte Fakten aus der Börsenentwicklung der Vergangenheit sind leider keine Garantie, dass die nächsten 30 Jahre zu gleichen Ergebnissen führen werden.

Risikoreduzierung Teil 2: Diversifikation

Neben langen Anlagezeiträumen haben Sie noch eine weitere Chance zur Risikoreduzierung: die Diversifikation. Ja genau, das war jenes Beispiel mit dem Chemieunternehmen Plastica AG und dem Ölunternehmen Oil & Oil AG.

Generell versteht man unter dem Begriff der Diversifikation den Gedanken, dass man nicht alles auf eine Karte setzen soll und dass eine Anlage in verschiedene Wertpapiere das Risiko senkt. Investieren Sie Ihre Anlage oder Sparleistung zum Beispiel zu einseitig in eine Aktie, ist das Risiko des Verlustes bei weitem höher als bei einer Anlage in fünf Aktien. In diesem Beispiel könnten Sie gut verkraften, dass eine Aktie einen Flop darstellt, drei entwickeln sich gut und eine wird am Ende Ihr Star. Ihre Rechnung könnte etwa so aussehen:

	Einstandskurs (in Euro)	Verkaufskurs (in Euro)	Ertrag (in Prozent
Aktie A	100	50	-50
Aktie B	100	110	+10
Aktie C	100	115	+15
Aktie D	100	120	+20
Aktie E	100	180	+80
Alle fünf Aktien	500	575	+15

Das heißt, dass Sie trotz des Risikos Ihrer einzelnen Aktien – hier variiert Ihr Ertrag immerhin zwischen minus 50 Prozent bei Aktie A bis plus 80 Prozent bei Aktie E – aufgrund der Diversifikation des obengenannten Aktienportfolios im Durchschnitt plus 15 Prozent erzielen. Auch falls im nun folgenden Jahr Aktie D zum Star wird und Aktie B stark zurückfällt, haben Sie wie im ersten Zeitraum wieder eine gute Chance, dass sich die Ausreißer gegenseitig kompensieren. Ja, wenn Sie jedes Jahr „die richtige Aktie" finden würden, hätten Sie mehr Ertrag erzielen können. Doch bleiben Sie realistisch: Selbst Börsenprofis gelingt es nicht, immer „richtigzuliegen". Also ist es vielleicht die bessere Philosophie, die Jagd auf die jeweils „beste Aktie" aufzugeben, weil diese Aktie sich auch als Flop erweisen und Sie bzw. Ihre Altersvorsorge nach unten reißen könnte. Stattdessen erwerben Sie ein breit diversifiziertes Aktienportfolio mit einer guten Chance auf attraktive Erträge ohne die Ausreißer nach oben und nach unten. Diese Diversifikation und Risikostreuung ist ein wichtiges Element Ihrer Anlage- und Sparstrategie und ergänzt die Risikominimierung Teil 1, die aus den langen Anlage- und Sparzeiträumen herrührt.

Diese Risikominimierung erzielen Sie nicht nur durch ein breit aufgestelltes, ein sogenanntes diversifiziertes Aktienportfolio, sondern auch durch die Mischung verschiedener Anlageformen, hier sprechen die Berater häufig von den sogenannten Assetklassen. Damit ist gemeint, dass sich die Anlagekategorien (gleich Assetklassen) Aktien, Rentenwerte, Immobilien und Rohstoffe von ihrer Natur her grundsätzlich unterscheiden. Durch ihre Unterschiede reagieren sie auf wirtschaftliche Impulse auch unterschiedlich. Gewissermaßen analog zur Plastika AG und zu Oil & Oil, die ganz unterschiedlich auf die Entwicklung der Ölpreise reagieren. Nur haben wir in beiden Fällen über Aktien gesprochen, also eine Diversifikation innerhalb ein und derselben Assetklasse. Mischen Sie Aktien, Anleihen etc. in Ihrer Anlage, können durch diesen Mix der Assetklassen die Risiken weiter reduziert werden. Es lohnt sich also, auf die Charakteristika der verschiedenen Assetklassen hier kurz einzugehen. Am Ende gewinnen Sie ein besseres Gefühl für die Chancen und Risiken Ihrer Anlagen.

Die Assetklassen

Aktien

Aktien stellen eine Beteiligung an einem Unternehmen dar, Sie werden Miteigentümer einer Aktiengesellschaft, zum Beispiel der Oil & Oil AG. Einen festen Rückzahlungszeitpunkt oder -preis gibt es nicht. Wenn Sie aussteigen wollen, finden Sie über die Börse, den Marktplatz für Wertpapiere, einen anderen Käufer. Der Preis Ihres Verkaufes hängt alleine von Angebot und Nachfrage nach diesen Aktien ab, die über den Kurs der Aktie, also deren Preis, im Gleichgewicht gehalten werden. Diese Preisfindung kann man an folgendem Beispiel verdeutlichen.

Beispiel:
Fünf Anleger wollen jeweils 100 Aktien der Oil & Oil verkaufen, jedoch mit unterschiedlichen Mindestpreiserwartungen, sogenannten Limits:

Verkäufer A	100 Aktien	148 Euro Limit
Verkäufer B	100 Aktien	149 Euro Limit
Verkäufer C	100 Aktien	150 Euro Limit
Verkäufer D	100 Aktien	151 Euro Limit
Verkäufer E	100 Aktien	152 Euro Limit

Dem stehen jetzt zum Beispiel fünf potentielle Käufer gegenüber, die je 100 Aktien kaufen wollen, jedoch zu jeweiligen Maximalpreisen/Limits:

Käufer 1	100 Aktien	148 Euro Limit
Käufer 2	100 Aktien	149 Euro Limit
Käufer 3	100 Aktien	150 Euro Limit
Käufer 4	100 Aktien	151 Euro Limit
Käufer 5	100 Aktien	152 Euro Limit

Die Börse wird bei dieser Auftragslage den Kurs für die Oil & Oil-Aktien auf 150 Euro feststellen. Warum? Weil hier die meisten Kontrahenten (Handelspartner) „glücklich werden". Oder formaler: Weil zu diesem Kurs der meiste Umsatz stattfindet, also am ehesten Gleichgewicht zwischen Angebot und Nachfrage besteht. Denn zu 150 Euro werden drei Verkäufer und drei Käufer zum Zuge kommen, die jeweils diesen Kurs innerhalb ihrer Limits akzeptieren: Käufer 3 bis 5 und Verkäufer A bis C. Also können 300 Aktien zu 150 Euro den Besitzer wechseln. Probieren Sie andere Kurse aus, zum Beispiel 151 Euro: Nur Käufer 4 und 5 wären zu diesem Kurs bereit zu kaufen. Dem stehen zwar vier bereitwillige Verkäufer A bis D gegenüber. Im Endeffekt würden bei 151 Euro nur 200 Aktien gehandelt werden können und die vier Verkäufer würden ihr Angebot trotz „passenden Limits" nicht vollständig loswerden. In jedem Fall besteht kein Gleichgewicht.

So funktioniert also die Börse, so werden die Kurse festgestellt. Und am nächsten Morgen oder auch eine Minute später geht das „Spiel", also die Kursfindung zur Herstellung eines neuen Gleichgewichtspreises, wieder von vorne los, mit anderen Käufern und Verkäufern und ihren Erwartungen bezüglich Unternehmen und Unternehmenswert.

Wenn Sie an der Börse Aktien gekauft haben, wie hoch ist nun der Ertrag aus diesem Wertpapier? Während Ihrer Anlage erhalten Sie von dem Unternehmen, an dem Sie beteiligt sind, Dividenden als Beteiligung am Unternehmensgewinn. Da sich der Unternehmensgewinn im Laufe der Zeit ändert und auch ein Verlust entstehen kann, schwankt die Dividende natürlich je nach Ertrag des Unternehmens oder kann auch ganz ausfallen. Neben der Vereinnahmung von Dividenden setzen Aktionäre insbesondere auf einen steigenden Wert ihres Unternehmens. Sieht die Mehrzahl der Börsenteilnehmer diesen steigenden Unternehmenswert ähnlich wie Sie, dann nimmt auch der Wert Ihres Unternehmensanteils, der Aktie, über eine steigende Nachfrage nach diesen Aktien und damit über steigende Kurse an der Börse zu. Bis sich eben auf einem höheren Kursniveau mehr bereitwillige Verkäufer finden oder den Käufern die Kurse zu hoch werden und damit die Nachfrage wieder nachlässt. In jedem Fall zielt der Kurs, der an der Börse ermittelt wird, auf die Herstellung eines Gleichgewichtes zwischen Angebot und Nachfrage und so auch auf den maximalen Börsenumsatz in der Aktie.

Als Aktionär und damit Miteigentümer können Sie übrigens an der jährlich stattfindenden Hauptversammlung teilnehmen. Dort wird unter anderem über den Gewinnverwendungsvorschlag des Managements, also auch die Höhe der Dividende, abgestimmt. Der Vorstand Ihrer Aktiengesellschaft stellt die Geschäftsentwicklung dar und stellt sich den Fragen der

Aktionäre. Wenn Sie ein paar Aktien besitzen, kann ich Ihnen nur raten, auch mal eine Hauptversammlung zu besuchen. Sie lernen dort viel über Ihr Unternehmen, und in der Regel gibt es auch Speis und Trank auf Einladung Ihres Unternehmens. Zudem können Sie sich mit anderen Aktionären über Ihre Aktien austauschen. Man ist gewissermaßen unter Gleichgesinnten. Die Einladung zur Hauptversammlung erhalten Sie übrigens über Ihre Bank, bei der Sie Ihre Aktien im Depot halten.

Bei einigen Aktiengesellschaften gibt es Stammaktien und Vorzugsaktien. Bei den Stammaktien sind Sie in der Hauptversammlung stimmberechtigt und können über wichtige Fragen der Gesellschaft mit abstimmen. Bei Vorzugsaktien entfällt dieses Stimmrecht, dafür werden Ihnen aber andere Vorzüge zuteil, zum Beispiel eine Dividende, die immer um einen bestimmten Betrag höher ist als bei den Stammaktien. Vorzugsaktien werden häufig von Gesellschaften emittiert (herausgegeben), bei denen sich die bisherigen Eigner, manchmal die Gründerfamilie, ihre Mehrheit an Stimmrechten sichern wollen. Daher der Entfall des Stimmrechtes für externe Vorzugsaktionäre zugunsten einer höheren Dividende.

Rentenwerte

Rentenwerte, Schuldverschreibungen oder festverzinsliche Wertpapiere garantieren Ihnen in der Regel einen festen Rückzahlungszeitpunkt (die Fälligkeit) und einen festen Rückzahlungsbetrag, den Nominalwert. Bis dahin erhalten Sie Zinsen in Höhe des ausgewiesenen Nominalzinssatzes der Schuldverschreibung. Ihre Rentenwerte stellen Schulden des Emittenten (Herausgeber der Papiere) gegenüber den Gläubigern, also auch Ihnen als Inhaber der Anleihe, dar und sind im Konkursfall vorrangig vor Aktionären zu bedienen. Dies führt zu einer höheren Sicherheitsstellung des Anleiheeigners gegenüber dem Aktionär.

Da Emittent, Fälligkeit und Nominalzinssatz eine so wichtige Rolle spielen, werden Sie meist im Namen der Schuldverschreibung genannt. Zum Beispiel bedeutet „4,50 Prozent Bundesanleihe 2007/2017", dass der Nominalzinssatz 4,50 Prozent (auf den Nominalwert des Papiers von 100 Euro) beträgt, die Anleihe 2007 emittiert wurde und bis 2017 läuft. Dann wird die Anleihe zu 100 Euro (dem Nominalwert) zurückgezahlt. „Bundesanleihe" sagt Ihnen, dass der Schuldner dieser Anleihe die Bundesrepublik Deutschland mit exzellenter Bonität ist. Zur Bonität im Folgenden mehr.

Ist der Emittent ein Unternehmen, spricht man von Unternehmensanleihen oder neudeutsch von Corporate Bonds; ist der Emittent ein Staat, spricht man von Staatsanleihen oder Government Bonds. Für die Höhe des Zinses ist die Laufzeit der Anleihe, die Währung sowie die Bonität des Emittenten verantwortlich. Nach welchem Motto? Klar: Je mehr Risiko, desto mehr Verzinsung. Oder umgekehrt auch aufgepasst: Liegt der Zins wesentlich höher als bei Bundesanleihen, müssen Sie auch von einem deutlich höheren Risiko ausgehen. Je höher der Zins ist, umso wichtiger ist es, dass Sie Ihren Berater nach den Risiken der Anlage fragen.

Die Bonität ist ein Maß für die Qualität des Schuldners einer Anleihe. Dabei geht es darum, wie sicher ein Anleger sein kann, dass ein Schuldner auch dauerhaft Zinsen und Rückzahlung bedienen kann. Die Bonität wird von unabhängigen Ratingagenturen beurteilt, deren wichtigste Vertreter Standard & Poor's (S&P), Moody's und Fitch sind. Im Wesentlichen wird in verschiedenen Abstufungen zwischen Investment Grade und Speculative Grade unterschieden, wobei die Bewertung des Schuldners von „AAA" oder „Aaa" (gesprochen „Triple A", das heißt „makellos") nach unten hin abfällt:

	S&P	Moody's
Investment Grade	AAA	Aaa
	AA+	Aa1
	AA	Aa2
	AA-	Aa3
	A+	A1
	A	A2
	A-	A3
	BBB+	Baa1
	BBB	Baa2
	BBB-	Baa3
Speculative Grade	BB+	Ba1
	BB	Ba2
	BB-	Ba3
	B+	B1
	B	B2
	B-	B3
	CCC+	Caa1
	CCC	Caa2
	CCC-	Caa3

	CC	Ca
	C	C
Zahlungsverzug	D	–

Bei Standard & Poor's beinhalten die langfristigen Emissionsratings im Investment-Grade-Bereich verkürzt folgende Aussagen:

AAA das höchste von S&P vergebene Rating: außergewöhnlich gute Fähigkeit des Schuldners, seinen finanziellen Verpflichtungen aus der Schuldverschreibung nachzukommen
AA sehr gute Fähigkeit des Schuldners ...
A noch gute Fähigkeit des Schuldners ...
BBB angemessener Schutz, jedoch bei nachteiligen wirtschaftlichen Veränderungen wahrscheinlich verminderte Fähigkeit des Schuldners, seinen Verpflichtungen nachzukommen

Unterhalb dieser Investment-Grade-Einstufungen kommen die Non-Investment-Grade- oder Speculative-Grade-Bewertungen. Anleihen mit einem solchen Rating sind hochspekulativ. Sie gehen bei der Anlage in Anleihen dieser Kategorien gewissermaßen eine Wette ein, dass der Schuldner bis zum Ende seinen Verpflichtungen (Zins und Rückzahlung) nachkommt. Wenn er das tut, haben Sie Glück gehabt und ohne Zweifel eine hohe Rendite vereinnahmt. Anleihen mit schlechten Bonitäten eignen sich wegen dieses hoch spekulativen Charakters sicher nicht für Ihre Altersvorsorge. Risikobewusst investieren: ja, zocken: nein.

Bei Bewertung D ist der Schuldner bereits in Zahlungsverzug und ist seinen Verpflichtungen nicht zu 100 Prozent nachgekommen. NR steht für „not rated". Hier liegt also zum Schuldner bzw. der Emission keine Bonitätseinstufung vor. Auch dies ist problematisch für Sie, denn wie sollen Sie selbst die Bonität denn einschätzen können?

Die anderen beiden Risikokriterien neben Bonität waren Währung und Laufzeit. „Währung" ist klar verständlich: Investieren Sie in US-Dollar-Anleihen, erhalten Sie den Zins und die Rückzahlung natürlich in US-Dollar. Steigt dieser gegenüber dem Euro, verdienen Sie mehr. Fällt der Dollar, dann eben umgekehrt. Aber aufgepasst: Was machen Sie, wenn Sie in US-Dollar 5 Prozent Zins erhalten und in Euro 4 Prozent p.a. (bei gleicher

Laufzeit und Bonität)? Dann würde sich die Dollar-Anlage solange rechnen, solange der Dollar überschlagsmäßig nicht mehr als 1 Prozent pro Jahr gegenüber dem Euro verliert. 1 Prozent mehr Zins wäre dann die Kompensation für 1 Prozent Wertverlust des Dollars. Fällt er mehr als 1 Prozent, haben Sie wieder Pech gehabt. Für Ihre Altersvorsorge sollten Sie selbst und alleine keine Fremdwährungsanleihen in Betracht ziehen, denn Sie merken: Hier müssen Sie schon wieder wetten, wie der Dollar steigt oder fällt. Einzige Ausnahme wäre: Sie möchten im Alter unbedingt in Florida wohnen. Warum dann nicht Zinsen und Rückzahlung in Dollar erhalten? Ihre Lebenshaltung in Florida wäre dann sogar für Sie gegen Dollar-Risiken abgesichert. Wird die Lebenshaltung in Florida infolge des Dollar-Wechselkurses teurer, haben Sie infolge Ihrer Dollarzinsen und -Rückzahlung eine Kompensation.

Noch kurz zum Risiko Laufzeit: Wird eine Anleihe zum Zeitpunkt der Emission (Auflage) gezeichnet und bis zur Fälligkeit gehalten, besteht für den Inhaber der Anleihe kein Kursrisiko, unverändert gute Bonität und Rückzahlung vorausgesetzt. Will der Inhaber seine Rentenwerte vor Fälligkeit verkaufen, kann er dies in der Regel über die Börse tun. Da sich das Zinsniveau, die Höhe der marktüblichen Zinsen für eine Bonität, Währung und Laufzeit, jedoch seit seinem Kauf mit großer Wahrscheinlichkeit verändert hat, kann dann der Kurs der Anleihe vom Nominalwert, dem Rückzahlungsbetrag, abweichen – zu Ihrem Vorteil oder Nachteil. Ebenso sind beim Kauf oder Verkauf der Rentenwerte über die Börse Gebühren der Bank und der Börse, unter anderem Provision und Maklercourtage, fällig.

Also ist es bei Rentenwerten vorteilhaft, wenn die Laufzeit des Rentenwertes Ihrem Anlagehorizont entspricht. Nur dann und wenn Sie von der Zeichnung „bis zum Schluss durchhalten" (und der Schuldner nach wie vor gut dasteht), vermeiden Sie ein Kursrisiko. Ihre 100 Euro Einzahlung aus der Zeichnung des Papiers bekommen Sie zur Fälligkeit der Schuldverschreibung zurückgezahlt. In der Zwischenzeit haben Sie jährlich Ihre Zinsen kassiert.

Lektion 5

Wenn Ihnen Ihr Berater Schuldverschreibungen/Anleihen anbietet, dann prüfen Sie mit ihm also unbedingt:

- Passt die Laufzeit der Anleihe zu Ihrem Finanzbedarf? Wann brauchen Sie das Geld wieder, zum Beispiel zur Altersversorgung?
- Ist die Anleihe in Euro und ohne Währungsrisiko?
- Wie ist die Bonität des Schuldners? Ist sie Investment Grade?
- Um welche Art Schuldverschreibung handelt es sich (s.u.)? Wann und zu welchem Kurs kann man die Schuldverschreibung bei Bedarf vorzeitig zurückgeben oder verkaufen?

Unter die Kategorie Rentenwerte oder Schuldverschreibungen fallen alle nachfolgenden Ausprägungen: Staatsanleihen, Unternehmensanleihen, Inhaberschuldverschreibungen, Pfandbriefe, Zero-Bonds, Kommunalobligationen und Bundesobligationen. Alle diese Gattungen beschreiben leicht unterschiedliche Ausprägungen von Rentenwerten. Pfandbriefe sind zum Beispiel durch Hypotheken als Pfand besichert und dienen der Refinanzierung der Bank für Hypothekendarlehen an Immobilienkäufer. Zero-Bonds sind Anleihen ohne Zinszahlung im Laufe der Jahre. Ihre Verzinsung findet über den höheren Rückzahlungswert statt. Beispielsweise kaufen Sie einen Zerobond für 70 Euro, der in sechs Jahren zu 100 Euro zurückgezahlt wird. Ihre Rendite liegt also im Wertgewinn des Zero-Bonds. Eine weitere Sonderform der Rentenwerte ist der Sparbrief, der von Banken meist ohne Gebühren herausgegeben wird und in der Regel nicht vor Fälligkeit zurückgegeben oder an der Börse verkauft werden kann! Bitte beachten Sie diese Bindung bei Ihrer Anlage.

Die unter dem Begriff Aktienanleihen zusammengefassten Anlagepapiere unterscheiden sich erheblich von den obengenannten Charakteristika der Rentenwerte. Bei diesen Aktienanleihen ist die Rückzahlung des eingesetzten Betrages nicht garantiert, sondern an die Kursentwicklung bestimmter Aktien gekoppelt. Die Aktienanleihen stellen insoweit eine Zwitterform zwischen Aktienanlage und Anleihe dar und sollten auf keinen Fall als klassischer Rentenwert missverstanden werden. Dieses Investment ist erheblichen Risiken ausgesetzt, denen ein optisch hoher Zinssatz gegenübersteht. Wie gesagt: Chance und Risiko steigen immer gemeinsam an.

Immobilien

Immobilien stellen eine weitere Assetklasse dar. Hier erwerben Sie Eigentum an Haus- und Grundbesitz, der im Grundbuch dokumentiert wird. Im Falle einer Eigentumswohnung sagt Ihnen die Teilungserklärung, worauf sich Ihr Sondereigentum bezieht und was zum Gemeinschaftseigentum gehört. Immobilien können Sie in Deutschland nur über einen Notar erwerben. Mit dem Kauf einer Immobilie sind erhebliche Kosten verbunden, die von den Notargebühren, Gebühren des Grundbuchamtes etc. bis hin zur Maklercourtage reichen können, wenn Sie beim Kauf durch einen Immobilienmakler unterstützt wurden. Finanzieren Sie die Immobilie über eine Bank, wird eine Hypothek oder Grundschuld im Grundbuch eingetragen. Häufig verlangt die Bank vor der Finanzierung eine Schätzgebühr, die aber immer Verhandlungssache ist. Ist Ihre eigene Bonität als Schuldner einwandfrei, haben Sie gute Chancen, dass die Bank auf Ihren Druck hin auf die Schätzgebühr ganz verzichtet. Einen festen Rückzahlungswert oder -zeitpunkt gibt es bei der Immobilie nicht, bei Ihrem Hypothekendarlehen allerdings schon. Hier steht nach der Laufzeit des Darlehens dessen Verlängerung oder Prolongation an. Dann müssen Sie sich mit Ihrer Bank auf die Konditionen der Verlängerung Ihrer Hypothek verständigen. Auch hier ist Verhandeln angesagt, und Sie könnten auch zu einer anderen Bank wechseln. Allerdings muss dann die Grundschuld im Grundbuch umgeschrieben oder von der bisherigen Bank an die neue Bank abgetreten werden. Das ist mit Kosten verbunden, die Sie beim Zinsvergleich gegenrechnen müssen.

Statt Zinsen oder Dividenden vereinnahmen Sie bei einer vermieteten Immobilie regelmäßig Miete. Bei der selbstgenutzten Immobilie genießen Sie den Wohnwert der Immobilie selbst. Wollen Sie Ihre Immobilie verkaufen, müssen Sie am Markt einen Käufer finden.

Rohstoffe

Rohstoffe oder auch Commodities sind wieder eine Anlageklasse für sich. Wenn Sie physisch Rohstoffe kaufen, erwerben Sie statt Unternehmensanteilen oder Rentenwerten Ware. Beispielsweise können Sie Gold kaufen, und Sie lagern es selbst – entweder zu Hause in einem Tresor oder besser noch in einem Schließfach einer Bank. Natürlich wirft Ihr Rohstoff von sich aus keine regelmäßigen Erträge ab. Ihnen bleibt nur die Hoffnung auf einen Wertzuwachs Ihres Rohstoffes und natürlich das Gefühl, beispielsweise Ihr Gold anfassen und mitnehmen zu können. Die leichte Portabilität oder Tragbarkeit spielte insbesondere bei Edelmetallen und Edelsteinen in Krisen- oder Kriegszeiten immer eine wichtige Rolle.

Neben den Metallen spielen bei den Rohstoffen agrarische Rohstoffe und Energierohstoffe eine wichtige Rolle. Natürlich ist es hier mit dem physischen Erwerb der Ware schwieriger, teils sogar ganz unmöglich. Sie könnten zwar theoretisch Ölfässer oder Getreide einlagern, aber Platzbedarf, Verderblichkeit etc. verbieten dies in der Regel. Für Privatanleger spielen daher meist in Zertifikaten verbriefte Ansprüche auf Rohstoffe eine Rolle. Zum Beispiel können Sie Zertifikate auf fast alle gängigen Metalle, Agrarrohstoffe und Energieträger kaufen. Oder Sie diversifizieren über ein Zertifikat, das alle drei Rohstoffklassen abbildet. Seien Sie sich jedoch immer bewusst, dass Rohstoffe an sich keine regelmäßigen Erträge abwerfen, Ihr Ertrag liegt nur im Wertzuwachs. Daher empfehlen die meisten Experten Rohstoffe lediglich in geringem Umfang (5 bis 10 Prozent) zur Beimischung in der Anlagestrategie und zur Risikodiversifikation.

Zum Glück müssen Sie sich die ganzen Spezialbegriffe rund um Aktien, Rentenwerte, Rohstoffe und Immobilien nicht alle merken. Die Begriffe und Erläuterungen können Ihnen aber beim Gespräch mit Ihrer Bank helfen. Von ihr können Sie sich hoffentlich profund in der Wahl der richtigen Assets und Ihres Assetmixes beraten lassen. Und wenn Sie in diesem Gespräch die richtigen Fragen stellen, durch ein paar Begriffe ein Grundverständnis zeigen, werden Sie mit großer Wahrscheinlichkeit auch ernster genommen, als wenn Sie sich als Laie offenbaren. Sie werden schnell merken: Es lohnt sich, bei Geldfragen zumindest ein bisschen informiert zu sein. Mehr dazu noch später.

Lektion 6

Die Streuung Ihrer Anlagen, die Diversifikation, ist ein wesentliches Instrument der Risikoreduzierung. Dabei erreichen Sie Diversifikation sowohl durch die Auswahl verschiedener Anlagen innerhalb einer Assetklasse als auch durch die Streuung Ihrer Anlagen unter den verschiedenen Assetklassen selbst. Die Kombination von beidem führt zu einer ausgewogenen Anlagestruktur, die sich an Ihren Anlagebedürfnissen orientieren muss.

Welche Anlagestruktur unter den Assetklassen und welcher Assetmix am besten zu Ihnen passt, ist logischerweise das nächste Thema, das wir gemeinsam behandeln werden. Wie Sie auch ohne eigene Fachkenntnisse Diversifikation innerhalb der Assetklassen erreichen können, nehmen wir uns gleich danach vor.

Die Ermittlung des richtigen Assetmixes

Der richtige Assetmix für Sie hängt vor allem von drei Kriterien ab:
a) Ihrem Anlagezeitraum,
b) Ihrer persönlichen Einstellung gegenüber Chancen und Risiken und
c) Ihrer persönlichen Lebenssituation.

Bei a) dem Anlagezeitraum können wir im Falle der Altersvorsorge die vereinfachende Annahme treffen, dass Sie die Anlage- und Sparentscheidung logischerweise auf Ihren Ruhestand ausrichten, also in der Regel auf ein Alter von 67 Jahren oder früher. Alles nachfolgend Genannte baut auf dieser Annahme auf. Selbstverständlich wäre Ihre Situation und Entscheidung zwischen Assetklassen eine andere, wenn Sie zum Beispiel 32 Jahre alt sind und spätestens mit 42 Jahren einen Porsche fahren wollen. Diese Sparziele entlang Ihrer Berufstätigkeit klammere ich im Folgenden klar aus. Ob Sie sich den Porsche mit 67 im Rahmen Ihres Ruhestandes leisten wollen, wäre schon eher eine Frage, die zu unserer Betrachtung passt. Aber letztlich halte ich mich definitiv aus der Frage heraus, was Sie persönlich mit dem Begriff eines „aktiven und genussreichen Lebens im Ruhestand" selbst verbinden. Ich zeige Ihnen nur den Weg dorthin auf, alles andere ist Teil Ihrer Wünsche und Ihrer Entschlossenheit.

Also, die obengenannte Vereinfachung (Anlageziel Altersvorsorge) angenommen, gibt es eine Formel, die Ihnen sicherlich bei der Beratung zu Fragen der Altersvorsorge begegnen wird:

Ihr Aktienanteil (Prozent) = 100 minus Ihr Lebensalter

Diese Formel schlägt also einem 30-jährigen Sparer 70 Prozent Aktienanteil und einem 70-jährigem Sparer 30 Prozent Aktienanteil vor. Die Tendenz, in zunehmendem Alter von Aktien in Richtung Rentenwerte umzuschichten, ist schon richtig. Nur sollten Sie nach meiner Auffassung im Alter von 30 – mit noch 37 Jahren Zeit bis 67 – einen höheren Aktienanteil als 70 Prozent haben. Sie erinnern sich ja: Bei einer Aktienanlage in den Werten des DAX 30 waren die schlechteste und beste Rendite aus 60 Jahren Historie zu sehen:

	Schlechtester Wert (in Prozent p.a.)	Bester Wert (in Prozent p.a.)
Einjahreszeiträume	-43,9	+152,0
Zehnjahreszeiträume	-1,8	+34,1
Dreißigjahreszeiträume	+4,8	+14,5

Warum also bei über 37 Jahre Anlageperspektive 30 Prozent Ihres Altersvorsorgekapitals bereits in Rentenwerten halten, statt die Ertragschancen am Aktienmarkt zu nutzen? Logischerweise folgert: Je mehr Zeit noch bis zum Ruhestand zur Verfügung steht, desto stärker greift die Risikominimierung über den langen Anlagezeitraum und desto höher kann Ihr Aktienanteil in Ihrem persönlichen Assetmix sein. Schließlich gilt es ja, bei akzeptablem Risiko so viel Chance und Rendite wie möglich zu erschließen. Wie viel Unterschied ein paar Prozent Rendite p.a. über lange Zeiträume ausmachen, haben wir ja bereits an den früheren Beispielen zu Endkapital Anlage und Sparen EKAS und anhand der Tabellen 1 bis 3 feststellen können. Aussagen zur historischen Rendite von Aktienanlagen im DAX 30 habe ich ja in Lektion Nr. 4 getroffen.

Umgekehrt gilt für den 70-Jährigen aber auch: Kann er sich noch 30 Prozent Aktienanteil und gegebenenfalls 43,9 Prozent Kursverlust leisten, wenn er sein Kapital gewissermaßen jährlich und täglich braucht?

Also muss die Formel doch mehr Mut in jungem Alter und mehr Vorsicht in höherem Alter wiedergeben, richtig? Ich empfehle Ihnen daher:

Lektion 7

Im Assetmix für Ihr Altersvorsorgekapital gilt:

Ihr Aktienanteil (Prozent) = 210 − 3 × Ihr Lebensalter.

Natürlich liegt der Wert mindestens bei 0 Prozent und höchstens bei 100 Prozent. Beispielsweise errechnet sich für einen 32-Jährigen ein empfohlener Aktienanteil in seinem Altersvorsorge-Assetmix zu 210 − 3 × 32 = 114, jedoch max. 100 Prozent. Bei einem 70-Jährigen wäre der Aktienanteil Altersvorsorge gerade 0 Prozent.

Wer allerdings – und da greift b) Ihre Einstellung zu Chancen und Risiken – seine Altersvorsorge zweimal wöchentlich anhand der Kurse verfolgt und nach einem Minus von 10 Prozent nicht mehr ruhig schlafen kann, der sollte sich für mehr Schlaf und mehr persönliche Sicherheit entscheiden. Dann ist eine Entscheidung mit einem bei weitem geringeren Aktienanteil bei Inkaufnahme von geringeren Chancen, aber auch geringerem „Leidensdruck" durch die kurzfristigen Risiken sinnvoller. Denn jene potentiellen 43,9 Prozent Rückgang in einem Jahr (siehe Historie DAX 30) müssen Sie auch ohne Nervenzusammenbruch durchstehen können und darauf vertrauen, dass nach 30 Jahren die langfristige Risikominimierung gewirkt haben wird – mit der Chance auf 8 Prozent Rendite p.a. zum Beispiel.

Kommen wir jetzt aber zu c) Ihrer persönlichen Lebenssituation:

Hohe Chancen und hohe Renditen sind eine schöne Sache und erbringen wahrhaft monumentale Beiträge zu Ihrer Altersvorsorge, aber die Frage bleibt: Passen so viel Chancen und die damit einhergehenden Risiken zu Ihrer persönlichen Lebenssituation? Nehmen wir einmal ein Beispiel zur Verdeutlichung dieser Frage:

Beispiel:
Ein 32-jähriger Familienvater mit Frau und zwei Kindern bringt im Rahmen seiner Planung zur Altersvorsorge mit 15.000 Euro sein ganzes Erspartes und mit 100 Euro Sparrate pro Monat den meisten Teil seiner Sparleistung in seine Altersvorsorge ein. Er investiert 100 Prozent seines Ersparten in Aktienanlagen.

Diese Entscheidung ist riskant. Warum? Widerspreche ich mir gerade selbst?

Nein, denn ich hatte in Lektion 7 immer vom Aktienanteil im Altersvorsorgekapital gesprochen. Da dem Familienvater nach der vollen Altersvorsorgeanlage seiner gesamten Ersparnisse kein Puffer mehr zur Verfügung bleibt, ist jedes Lebensrisiko sofort mit einem Rückgriff auf sein Altersvorsorgekapital verbunden. Hat sein Auto ein Jahr später einen Totalschaden, und er ist nicht vollkaskoversichert, muss er auf diese Altersvorsorgeersparnisse zurückgreifen. Ein Jahr nach der Anlage könnten seine Aktienanlagen aber 43,9 Prozent weniger wert sein, um nur am bereits besprochenen Beispiel der DAX-30-Historie zu bleiben. Dann greift plötzlich das Risiko einer Einjahresanlage statt des erwarteten reduzierten Risikos einer Dreißigjahresanlage. Das ist genau die Situation, die wir unbedingt vermeiden wollen.

Also was lehrt uns dieses Beispiel: Die Formel aus Lektion Nr. 7 hat ihre Grenzen, sie bezieht sich nämlich ausschließlich auf das Altersvorsorgekapital, das nach einem gewissen Reservetopf für Schicksalsschläge möglichst unberührt und auf Dauer zur Altersvorsorgeanlage zur Verfügung stehen kann.

Denn wir wollen unbedingt vermeiden, dass eine langfristig richtige Vorsorgestrategie bei kurzfristigem Kapitalbedarf in Mitleidenschaft gerät. Klar, denn die Altersvorsorge braucht die Zeit und den Zinseszinseffekt zu ihrer vernünftigen Entfaltung. Kurzfristige Entnahmen aus diesem für die Altersvorsorge reservierten Topf wirken kontraproduktiv. Im obengenannten Fall wären 100 Prozent Aktienanlage also nur dann richtig gewesen, wenn:

a) der Vater seine Familie durch Versicherungen hinreichend gegen Lebensrisiken abgesichert hätte, zum Beispiel eine Risikolebensversicherung gegen Tod und Berufsunfähigkeit des Einkommensbeziehers sowie eine Vollkaskoversicherung des Autos, und
b) Erspartes außerhalb des Topfes „Altersvorsorge" übrig geblieben wäre, so dass das langfristige Sparziel Altersvorsorge nicht kurzfristig gefährdet werden muss, sollte etwas schieflaufen.

100 Prozent Aktienanteil auf den verbleibenden und möglichst unberührbaren Anlage- und Spartopf „Altersvorsorge" kann die richtige Entscheidung sein, nicht 100 Prozent auf alle Ersparnisse dieser Familie. Daher folgert:

Lektion 8

Bei der Höhe Ihrer Anlage und Sparleistung für „Altersvorsorge" sollten Sie nur über jenen Teil Ihrer Ersparnisse und Ihres Einkommens disponieren, den Sie auf jeden Fall nicht angreifen müssen. Sichern Sie sich und Ihre Familie vorher gegen größere Lebensrisiken ab.

Die Absicherung größerer Lebensrisiken

Kennen Sie den Spruch „Versicherungen sind nur was für Pessimisten"? Vergessen Sie diesen Unfug schnell wieder und unterschätzen Sie nie, wie dramatisch sich Ihr Leben ändern kann, wenn zum Beispiel eine der folgenden Herausforderungen Sie unvorbereitet trifft:

1. Sie treten auf die Straße. Ein Lkw mit Heizöl, den Sie als Fußgänger übersehen haben, muss Ihnen ausweichen und kippt um. Das austretende Heizöl sickert in das Grundwasser. Millionenschaden. Versichert?
2. Sie haben einen Sportunfall. Ihr Arzt stellt fest, dass Sie Ihren rechten Arm wegen einer dauerhaften Nervenschädigung nicht mehr bewegen können. Sie können Ihren Beruf, für den Sie Ihren rechten Arm benötigen, nicht mehr ausüben. Versichert?
3. Der Einkommensbezieher in der Familie stirbt in einem selbstverschuldeten Autounfall. Reicht die Witwenrente? Versichert?
4. Ihre Wohnung hat einen Wasserschaden durch Ihre Waschmaschine. Der Hausrat ist ruiniert. Wahrscheinlich die Wohnung des Nachbarn unter Ihnen auch. Versichert?

Wahrscheinlich fallen jedem von uns noch weitere Beispiele ein, sie sind alle aber denkbar realistisch und können jeden von uns treffen. Um es kurz zu machen:

Für Situation 1 brauchen Sie eine private Haftpflichtversicherung, die im Übrigen gottlob nicht viel kostet. Mit rund 100 Euro sind Sie und Ihre Familie abgesichert. Wählen Sie auf jeden Fall die höchste Versicherungssumme, damit nicht nach den ersten paar Millionen für die Grundwassersanierung, die die Versicherung trägt, noch ein großer Betrag bei Ihnen hängenbleibt.

Für die Situation 2 benötigen Sie alle ab Jahrgang 1960 eine Berufsunfähigkeitsversicherung. Denn nur bei den Jahrgängen davor übernimmt die gesetzliche Rente eine (magere) Berufsunfähigkeitsrente, bei jüngeren Jahrgängen nicht mehr. Unterscheiden Sie beim Versicherungsabschluss genau: Es gibt die Berufsunfähigkeit und die Erwerbsunfähigkeit. Bei einer Berufsunfähigkeitsversicherung erhalten Sie eine Rente, wenn Sie Ihren Beruf nicht mehr ausüben können. Bei einer Erwerbsunfähigkeitsrente müssen Sie erst einmal einer anderen, für Sie möglichen Erwerbsart nachgehen, bevor Sie eine Rente erhalten. Sie können beispielsweise wegen Ihres beschädigten Armes nicht mehr als Kfz-Meister arbeiten, als Wachpersonal aber durchaus noch um ein Fabrikgelände Wache schieben, denn Ihre Beine und die andere Hand für ein Walkie-Talkie tun es ja noch.

In der Situation 2 hätte es auch noch eine Unfallversicherung mit hoher Leistung getan. Aber Achtung: Da die Berufsunfähigkeit meist nicht durch einen Unfall entsteht, sondern durch Krankheit, wäre diese Berufsunfähigkeit dann wieder nicht durch eine solche Unfallversicherung abgesichert. Berufsunfähigkeitsversicherungen sind sehr teuer und können je nach vereinbarter Rentenhöhe locker 30 bis 100 Euro im Monat kosten. In den meisten Fällen werden sie als BUZ (Berufsunfähigkeitszusatzversicherung) in Ergänzung zu einer Lebensversicherung (Kapitallebensversicherung oder Risikolebensversicherung) angeboten. Wenn es nur um die Absicherung des Risikos geht, genügt die Kombination mit der billigeren Risikolebensversicherung.

Für die Situation 3 ist eine Risikolebensversicherung notwendig, die auch für hohe Summen in jungem Alter preiswert zu haben ist. Mit steigendem Alter (und Risiko für die Versicherung) wird diese Versicherung teurer.

Für die Situation 4 benötigen Sie eine Hausratversicherung und, falls Sie den Wasserschaden verschulden, auch eine private Haftpflichtversicherung wie in Situation 1, um die Schäden für Vermieter und den Mieter unter Ihnen zu bezahlen.

Ob Sie Ihr Auto vollkaskoversichern, hängt vom Wert Ihres Autos ab. Dass ein Totalschaden von 25.000 Euro ein herber Schlag für Ihre Finanzen sein kann, ist jedem klar. Wenn dies Ihre Situation und Ihr Altersvorsorgesparen ziemlich durcheinander bringen würde, ist die Antwort klar: Sichern Sie sich gegen einen solchen Tiefschlag ab. Ihr gesamtes Vorsorgesparen sollte nicht jeden Tag durch irgendeinen Schicksalsschlag vernichtet werden. Kurs halten können ist beim Vorsorgesparen elementar, um zu vernünftigen Erträgen und einem attraktiven Vorsorgekapital zu kommen. In der falschen Situation gezwungen zu sein, dieses Kapital abzuziehen, wäre ein großer Fehler.

Hier noch einmal die Versicherungen, die Sie haben sollten, um gegen große Risiken in Ihrem Leben abgesichert zu sein:

	Single	Familie
Private Haftpflichtversicherung	notwendig	notwendig
Berufsunfähigkeitsversicherung	mindestens ab Jahrgang 1960	
Unfallversicherung	nicht notwendig, sofern BUV	
Risikolebensversicherung	nicht notwendig	notwendig
Hausratversicherung	empfehlenswert	empfehlenswert
Haftpflichtversicherung Kfz	gesetzlich vorgeschrieben	
Vollkaskoversicherung Kfz	je nach Autowert	je nach Autowert

Die Spalte „Single" gilt übrigens auch für Paare mit zwei ähnlichen Einkommen, das heißt, jeder der beiden könnte mit seinem Einkommen auch alleine überleben. Wenn Sie diese Frage verneinen, schauen Sie lieber in der Spalte „Familie". Dort wird davon ausgegangen, dass nur einzelne Familienmitglieder Einkommen beziehen und die anderen von diesem Einkommen abhängig sind.

Die Kapitallebensversicherung stellt die Kombination einer Risikolebensversicherung mit einem Sparvertrag dar. Sie bzw. der Begünstigte der Versicherung erhält bei einer Kapitallebensversicherung nicht nur im Todesfalle, sondern auch im Erlebensfalle (am Ende der Versicherungsperiode) Geld. Ob Sie diesen Sparvertrag integrieren wollen, ist nicht zuerst eine Frage der Risikoabsicherung, sondern muss gegen Alternativen des Vorsorgepakets abgewogen werden. Für die reine Risikoabsicherung genügt die Risikolebensversicherung mit ihren viel kleineren Beiträgen.

Kehren wir nach Lektion 8 und dem Thema „Absicherung größerer Lebensrisiken" nun zum Kapitel Assetmix zurück.

Die Herstellung des richtigen Assetmix

Sie gehen also bei der Planung Ihrer Altersvorsorge wie folgt vor:

1. Zuerst kommt die Absicherung gegen elementare Lebensrisiken. Diese müssen Sie zuerst vervollständigen. Denn der Topf für die Altersvorsorge darf nicht kurzfristig in Gefahr kommen.
2. Sie bilden eine kleine Reserve an Erspartem für die kleinen Überraschungen im Leben (Reparaturen etc.).

3. Sie ermitteln Ihren Anlagezeitraum bis zu Ihrem Rentenstart. Sind dies mehr als zehn Jahre, können Sie sich bezüglich des Assetmix an der Empfehlung aus Lektion 7 orientieren.
4. In jedem Falle sollten Sie aber mit Ihrem Altersvorsorgetopf ruhig schlafen können. Wenn Sie jede Nacht schweißgebadet aufwachen, weil die Börsenkurse gerade kurzfristig sinken, dann müssen Sie auch gegen alle Erkenntnisse über langfristige Chancen und Risiken der Aktienanlage einen geringeren Aktienanteil festsetzen – zugunsten eines ruhigen Schlafes und zulasten langfristig höherer Erträge.

Wenn Sie diese Schritte durchlaufen haben, dann sind Sie an der Höhe des Aktienanteils bei Ihrer Altersvorsorge angekommen. Denn wie wir schon weiter vorne gesehen haben, ist die Rendite der Anlage eine der entscheidenden Kriterien für den Erfolg Ihrer Vorsorgestrategie. Dass Sie dabei bei langfristiger Zielsetzung nur mäßige Risiken eingehen, hatte ich Ihnen ja anhand der Zehnjahres- und Dreißigjahreszeiträume bei deutschen Aktien historisch bewiesen. Ob Sie es mögen oder nicht, Aktienanlagen sollten einen Bestandteil Ihrer Vorsorgeersparnisse ausmachen. Zum Beispiel wissen Sie jetzt, dass in einem Alter von 50 Jahren beispielsweise 60 Prozent Aktienanteil bei der Altersvorsorge eine gute Lösung sind. Was stellen Sie damit nun an? Wie stellen Sie dieses Mischungsverhältnis her?

Wenige von Ihnen werden jetzt sagen: „Na klar, ich kaufe jetzt 100 Stück Aktie X und 70 Stück Aktie Y sowie 5.000 Euro der Anleihe Z." Wer sich Wissen und Erfahrung über den Kauf einzelner Wertpapiere angeeignet hat, der kann dieses Kapitel ohne Sorge überspringen. Auch wer sich definitiv mit der Auswahl einzelner Wertpapiere nicht beschäftigen möchte und diese Aufgabe an Investmentprofis delegieren möchte, kann hier überblättern und sollte bei dem Kapitel „Investmentfonds" mit der Lektüre fortfahren. Allen anderen gebe ich hier einen kurzen Einblick in die Grundregeln der Einzelinvestments, die Sie für ein Gespräch mit Ihrem Bankberater rüsten sollten. Auf keinen Fall sollten Sie von diesem Buch weg gleich ohne Beratung selbst Wertpapiere ordern. Sparen Sie sich teure Fehler und manches „Lehrgeld" am Anfang und setzen Sie sich mit einem vertrauenswürdigen Berater zusammen.

Vorsorgen mit Aktien

Bei der Beschreibung der Assetklasse Aktien hatte ich Ihnen schon die rechtliche Seite der Aktienanlage erläutert: Welche Rechte haben Sie als Aktionär? Was ist der Charakter dieser Anlage? Wie funktioniert die Börse im Großen und Ganzen? An diesem Punkt wollen wir noch einmal aus einem anderen Blickwinkel anknüpfen: Nach welchen Kriterien kann man denn die für Sie geeigneten Aktien finden? Nach welchen Kriterien ist eine Aktie billig oder teuer?

Wenn das eine einfache Frage wäre, wären wir ja schon alle Millionäre. Wir würden die Aktien ja dann kaufen, wenn sie billig sind, und verkaufen, wenn Sie teuer sind, oder? Logischerweise ist die Frage „billig oder teuer?" bei Aktien viel schwieriger zu beantworten als beim aktuellen Sonderangebot Ihres Discounters. Wie schon zuvor beschrieben, erwerben Sie mit Aktien eine Beteiligung an einer Aktiengesellschaft als Eigenkapitalgeber. Ihnen gehört ein Stück des Unternehmens. Aktien kaufen Sie an der Börse, dabei richtet sich der Kurs Ihrer Aktie alleine nach Angebot und Nachfrage. Der Kurs kann infolge der Erwartungen der Marktteilnehmer höher, niedriger oder im seltensten Fall gleich dem Anteil am Eigenkapital des Unternehmens sein, das ihrem Aktienanteil entspricht. Das heißt, ein Aktienkurs von 40 Euro für Oil & Oil bedeutet nicht, dass auf Ihren Aktienanteil auch wirklich 40 Euro Eigenkapital entfallen. Sind die Aussichten des Unternehmens auf zukünftige Erträge sehr gut, kann an der Börse der Kurs steigen, eben auch deutlich über den Eigenkapitalanteil. Dann wird offensichtlich von der Mehrheit der Börsenakteure die Entwicklung des Ertragswertes der Oil & Oil AG positiv gesehen und kann daher den Substanzwert übersteigen. Dennoch werfen viele Aktionäre gerne mal einen Blick auf das Eigenkapital je Aktie, weil dies eben ein Bild über die Substanz des Unternehmens gibt. Der ausschlaggebende Faktor für die Kursentwicklung einer Aktie stellt jedoch die Entwicklung des Ertragswertes dar. Ganz nach dem Motto: Was nützt die schönste Substanz, wenn sie nicht ordentlich Ertrag abwirft. Die Börse und die Kursentwicklung von Aktien leben in großem Umfang von Ertragsphantasie. Darunter versteht man die Beantwortung der Frage: „Kann das Unternehmen seinen

Ertrag steigern? Und um wie viel? Was hat der Markt bereits erwartet?" Wenn jedem, der wie Sie an der Börse handelt, schon klar ist, dass die Oil & Oil AG ihren Ertrag von 100 Millionen Euro im letzten Jahr auf 150 Millionen Euro in diesem Jahr steigern wird, ist diese Phantasie in den Kursen bereits eingepreist. Das heißt, der Kurs hat sich dann schon entsprechend verändert. Ihre persönliche Feststellung ist daher: „Okay, der Markt erwartet einen Gewinn von 150 Millionen Euro bei der Oil & Oil AG. Weil ich mich aber mit der Branchenentwicklung auseinandergesetzt habe und die Oil & Oil AG mit ihren neuen Motorölen nach meiner Meinung dieses Jahr Marktführer werden wird, erwarte ich anders als die restlichen Marktteilnehmer einen möglichen Ertrag von 180 Millionen Euro." Dann sollten Sie, wenn Sie sich relativ sicher sind, auf die Aktien der Oil & Oil AG setzen. Wenn Sie recht haben, wird „der Markt" (also alle handelnden Personen an der Börse) dies irgendwann realisieren und seine Erwartungen anpassen müssen. In den Börsennachrichten werden Sie dann eine Meldung wie folgt finden: „Die Oil & Oil AG hat heute ihre neuesten Ertragszahlen bekanntgegeben und die Erwartungen des Marktes deutlich übertroffen. Aktien der Oil & Oil sind heute am Markt besonders stark gefragt." Dann steigt der Kurs der Aktie bis zu einem Niveau, das aus Marktsicht den neuen Erwartungen gerecht wird.

Wer stellt die „Erwartungen des Marktes" fest und wie? Meist sind mit den Erwartungen des Marktes in der Presse und TV zuerst einmal die Erwartungen der Analysten gemeint. Analysten sind Mitarbeiter von Banken und Brokern, die Unternehmen einer gewissen Branche regelmäßig analysieren, Ertragsprognosen abgeben und diese Analysen publizieren. Die Banken und Broker stellen solche Analysen zum Beispiel ihren jeweiligen Kunden zur Verfügung. In den Medien oder auf spezialisierten Homepages (zum Beispiel www.zacks.com für US-Aktien oder www.wallstreet-online.de) laufen dann diese verschiedenen Ergebnisse der Analysten zusammen.

Es könnte zum Beispiel heißen: „13 Analysten verfolgen die Aktien der Oil & Oil AG. Durchschnittlich schätzen sie den Ertrag je Aktie der Oil & Oil AG in diesem Jahr auf 5,21 Euro und für das kommende Jahr auf 5,77 Euro. Fünf der Analysten sehen die Aktie der Oil & Oil AG als strong buy." Was haben diese Erwartungen von ein paar Analysten denn nun wirklich mit dem Gleichgewicht von Angebot und Nachfrage an der Börse zu tun? Ganz einfach: Da die Schätzungen dieser Analysten über Banken und Medien breit gestreut werden, beeinflussen diese am Ende doch Tausende oder manchmal auch Millionen Anleger. Kommt dann die obengenannte Nachricht im Sinne „Oil & Oil hat heute seine Ertragszahlen veröffentlicht und mit 5,35 Euro die Marktmeinung deutlich übertroffen", dann hatten am Ende auch Tausende/Millionen Anleger die Erträge von Oil & Oil zu niedrig eingeschätzt, und zum alten Kurs ist Oil & Oil dann plötzlich „billig". Ergo korrigiert der Kurs nach oben, bis sich ein neuer Gleichgewichtspreis gebildet hat.

Danach heißt es dann in Meldungen manchmal: „Die höheren Ertragszahlen der Oil & Oil sind im Kursanstieg von heute eingepreist worden." Achtung: Auch das ist nur eine Meinung und keine objektive Feststellung. Und schnell wird sich die Börse der Frage zuwenden: Sind die 5,77 Euro Ertrag für das kommende Jahr nun zu niedrig geschätzt? Sind jetzt 5,88 Euro drin? Wieder werden die Analysten rechnen (auf der Basis der neuen Ist-Zahlen), und am Ende heißt es: „Die Analysten haben ihre Ertragsschätzung für das kommende Jahr auf 5,86 Euro angepasst." Meinung der Analysten ... Marktmeinung ... neue Gleichgewichtspreise. Im Übrigen sind in diesem Prozess der Meinungs- und Kursfindung die Aussichten der Unternehmen viel wichtiger als positive Ertragsüberraschungen aus dem Geschäftsverlauf der Vergangenheit. Es kommt nicht selten vor, dass Aktiengesellschaften mit verhaltener aktueller Ertragslage, aber sehr positivem Ausblick auf die Geschäftsentwicklung eine weit bessere Kursentwicklung aufzeigen als bei umgekehrter Nachrichtenlage mit guten Erträgen der Vergangenheit, aber verhaltenem Ausblick. Ja, die Börse handelt eben die Zukunft der Unternehmen. Denn die Vergangenheit liegt ja bereits hinter uns ...

Eigentlich müssen Sie aus dieser Sicht heraus Aktien der Oil & Oil kaufen, wenn Sie bezüglich der Ertragserwartungen optimistischer sind als die Analysten/der Markt. Haben Sie recht, werden die anderen Marktteilnehmer irgendwann ihre Meinung anpassen müssen. In diesem Falle steigt der Aktienkurs, wenn alles andere im Umfeld gleichbleibt. Eigentlich unmöglich, denn natürlich ändert sich das Umfeld ständig. Beispielsweise kann passieren, dass Oil & Oil die neuen guten Zahlen bekanntgibt, der Aktienmarkt aber gerade wegen eines Terroranschlages nach unten reagiert. Dann helfen die neuen Zahlen der Oil & Oil eventuell nur relativ: Vielleicht fällt sie weniger als der Rest der Aktien? In jedem Fall fragt sich der Investor schnell: „Hat das neue Ereignis dauerhaften Einfluss auf meine Aktien?" Verneint er das und sieht die Mehrzahl der Börsenteilnehmer dies so, wird die Börse schnell wieder „zur Tagesordnung übergehen", das heißt, der Schock des einmaligen Ereignisses war nur kurzfristig. Der Kurseffekt dieses Ereignisses wird wieder verschwinden. Hätte die Meldung aber gelautet „Die OPEC hat heute eine Senkung der Ölpreise bekanntgegeben", dann wäre der Effekt auf Oil & Oil schon nachhaltig gewesen. Ergo Ertragserwartungen nach unten, ergo Börsenkurse nach unten.

Da niemals „alles andere gleich bleibt", ist die Bewertung einer Aktie immer ein dynamisches Unterfangen: Erstens in Bezug auf die Ertragserwartungen dieser Aktie selbst und zweitens bezüglich des Umfeldes der Börse: Zinsen, Warenpreise, Währungen, Krisen etc. Die Einschätzung von Aktien ist schwierig. Deswegen überlassen so viele Anleger die Auswahl der richtigen Aktien einem Fondsmanager und kaufen Investmentfonds. Oder Zertifikate oder Vermögensverwaltung etc. Es kann aber auch eine ganze Menge Spaß machen, an der Börse mit seinen eigenen Tipps recht zu behalten (hoffentlich). In jedem Fall erfordert diese Beschäftigung aber viel Zeit und Begeisterung. Bleiben wir mal noch bei der Aktienbewertung und diesem dynamischen Prozess.

Oben hatten wir bei Oil & Oil von 5,35 Euro Ertrag je Aktie, englisch Earnings per Share (EPS), gesprochen. Kostete die Aktie der Oil & Oil AG bisher 60 Euro, hatte sie bisher ein Kurs-Gewinn-Verhältnis (KGV), englisch Price-Earnings-Ratio (PER), von 11,2 für das abgeschlossene Jahr. Mit der Ertragserwartung von 5,88 Euro für das kommende Jahr liegt das KGV für das kommende Jahr aber nur bei 10,2. Andere vergleichbare Wettbewerber der Oil & Oil AG weisen möglicherweise ein KGV zwischen 10 und 13 auf, so dass die Aktie der Oil & Oil AG mit diesem KGV eher günstig bewertet ist. Kursphantasie nach oben? Ja, wenn die Wettbewerber alle eine in etwa ähnliche Ertragsdynamik aufweisen. Nein, wenn dies zum Beispiel nicht der Fall ist. Wächst der Ertrag je Aktie bei Oil & Oil um 10 Prozent und der von Wettbewerber Superoil um 15 Prozent im Verlauf der Jahre, wird Superoil vom Markt mit großer Wahrscheinlichkeit auch ein höheres KGV zugestanden, zum Beispiel 13. Denn Superoil hat mehr Ertrags- und Wachstumsphantasie. Auch hierfür gibt es eine Kennzahl: Beim Price Earnings Growth Ration (PEG) wird das PER (oder KGV) durch die langfristige Wachstumsrate des Unternehmens geteilt. Also bei unserem Beispiel:

PEG Oil & Oil = 10,2 ./. 10 = 1,02
PEG Superoil = 13 ./. 15 = 0,87

In Bezug auf das Price Earnings Growth Ratio ist Superoil also günstiger als Oil & Oil. Beim KGV alleine ist Oil & Oil günstiger als Superoil. So etwas werden Sie häufig vorfinden, denn niemals zeigen alle Indikatoren bezüglich einer Aktie in eine Richtung. Das wäre ja auch zu einfach, und dann wären sich möglicherweise alle Marktteilnehmer einig. Woher soll denn dann die Kursphantasie kommen? Kursphantasie existiert, wenn Sie glauben, dass Oil & Oil von den anderen Teilnehmern unterschätzt wird, das heißt, Kursphantasie lebt von der Vielfalt der Meinungen und nicht davon, dass sich alle einig sind.

Lassen Sie mich noch auf eine weitere interessante Kenngröße bei Aktien eingehen: die Dividendenrendite. Wie wir wissen, entscheidet die Hauptversammlung, also die jährliche Zusammenkunft aller Aktionäre einer Gesellschaft, über den Gewinnverwendungsvorschlag des Vorstandes. In diesem Gewinnverwendungsvorschlag ist in der Regel auch ein Teil enthalten, der als Dividende an die Aktionäre ausgeschüttet werden soll. Dies ist meist nicht der gesamte Gewinn der Gesellschaft, sondern eben ein Teil davon. Die meisten Gesellschaften behalten etwas vom Gewinn ein und mehren damit das Eigenkapital der Gesellschaft, zum Beispiel zur Finanzierung zukünftigen Wachstums. Die Dividendenrendite ist die Höhe der Dividende, dividiert durch den Kurs der Aktie. Schüttet Oil & Oil aus den 5,35 Euro Ertrag je Aktie zum Beispiel 2,80 Euro aus und beträgt der Kurs der Oil & Oil 60 Euro, dann ist die Dividendenrendite 2,80 ./. 60 = 0,0467 = 4,67 Prozent. Keine schlechte Dividendenrendite, zumal das Unternehmen ja fast in gleicher Höhe (5,35 Euro – 2,80 Euro) noch das Eigenkapital stärkt. Bietet Ultraoil AG zum Beispiel 5,1 Prozent Dividendenrendite, muss dafür aber 90 Prozent seines Gewinnes einsetzen, dann ist zwar die Dividendenrendite höher, aber Oil & Oil am Ende möglicherweise doch besser dran, da es nur 52 Prozent des Gewinnes ausschüttet (die sogenannte Ausschüttungsquote) und zusätzlich zur attraktiven Dividendenrendite noch seine Substanz stärken kann.

Sie sehen: Alles ist relativ. Keine Kennzahl ist der Weisheit letzter Schluss. Und am Ende wird man der Bewertung eines Unternehmens nur durch eine ganze Reihe von Kennziffern gerecht, die sich alle im Zeitablauf sukzessive dynamisch ändern. Daher gibt es Analysten, die diese Bewertungen berufsmäßig und jeden Tag vornehmen und dicke Analysen je Unternehmen oder Branche veröffentlichen.

Leider wird es noch komplizierter, denn der Markt vergleicht nicht nur Unternehmen innerhalb einer Branche, sondern auch Branchen, Aktien und Anlageformen untereinander. Beispielsweise fragt man sich: „Warum soll ich bei einem KGV von 10 die Aktien der Turbo-Elektron AG aus der Branche Elektro kaufen, wenn ich ein ähnlich dynamisches Unternehmen der Branche Pharma, die Plazebo AG, zu einem KGV von 7 kaufen kann?" Denken das mehrere, dann findet schon eine Marktbereinigung statt mit steigenden Aktienkursen bei der Plazebo AG und eventuell sogar fallenden Kursen bei der Turbo-Elektron AG, weil die Nachfrage nach Plazebo-Aktien steigt und die Nachfrage nach Turbo-Elektron-Aktien sinkt.

Zwischen Anlageformen und Assetklassen findet dieser ständige Bewertungsabgleich ebenso statt: „Warum soll ich deutsche Aktien kaufen, wenn deutsche Anleihen mehr Ertrag abwerfen?" Stellen sich viele Anleger diese Frage, dann findet schon ein Prozess statt, in dem Anleihen im Wert steigen und Aktienkurse sinken bis zu einem neuen Gleichgewichtsniveau.

Klar ist: Nichts an der Börse ist langweiliger als Fakten der Vergangenheit, nichts spannender als Zukunftsphantasie. Und die Phantasie hat mindestens genauso viel mit Psychologie wie mit solider Analyse- und Rechenarbeit zu tun. Insoweit schwankt der Markt häufig zwischen Gier und Angst. Im Jahr 2000 war die Gier auf Kursgewinne mit Aktien der Internet-Branche so hoch, dass für viele Unternehmen dieser New Economy KGVs von weit über 100 bezahlt wurden, während Aktien der Old Economy mit KGVs um die 20 bewertet waren. Nach ersten verunsichernden Meldungen aus der Internet-Branche, die zeigten, dass diese oder jene astronomische Erwartung vielleicht doch nicht gerechtfertigt war, führten dann irgendwann zur Frage „Warum soll ich Aktien mit einem KGV von 100 besitzen, wenn ich doch gute Unternehmen mit KGV 20 finden kann?" Das war dann das Ende des Internet-Hypes mit drastisch fallenden Kursen für jene Internet-Aktien und schließlich, als die Angst die Herzen der Anleger ergriffen hatte, auch mit einer kräftigen Korrektur für alle Aktien weltweit. „Warum soll ich Aktien besitzen, wenn ich doch mit Anleihen so sicher anlegen kann?" Plötzlich wurden in der Phase der Angst die Risiken viel höher bewertet als die Chancen, während es in der Phase der Gier gerade umgekehrt war.

Eigentlich wäre es ja so einfach: Man muss Aktien kaufen, wenn alle Angst haben und die Chancen geringer gesehen werden als die Risiken, denn dann sind die Kurse am Boden. Umgekehrt muss man Aktien verkaufen, wenn alle Gier zeigen und nur noch von Chancen reden, ohne die Risiken ernsthaft ins Kalkül zu ziehen. Dies nennt man antizyklisches Investieren. Nur leider ist dies alles andere als einfach, denn wer wird nicht von der Welle des Marktes in seiner Psyche in die eine oder die andere Richtung mitgetragen, wenn plötzlich in jeder Zeitung von den neusten Börsenchancen berichtet wird oder von der Gefahr eines „großen Crashs"?

Weil die Einschätzung solcher Fragen eine grundsätzlich schwierige Materie darstellt und auch die obige Beschreibung nur eine maßlose Verkürzung des Themas Aktie darstellen kann, gibt es zur Geldanlage eine ganze Serie von Magazinen, die sich unter anderem auf die Bewertung der Anlagemärkte spezialisiert haben. Hierin können Sie viel Nützliches lesen – auch für das nächste Gespräch mit Ihrem Anlageberater in der Bank. Es hat noch nie geschadet, informiert zu sein. Geeignete Magazine/Zeitungen und deren Internet-Homepages sind zum Beispiel:

Capital	www.capital.de
Euro/Finanzen	www.finanzen.net
Euro am Sonntag	www.finanzen.net
Börse Online	www.boerse-online.de
Focus Money	www.focus.de/finanzen
Wirtschaftswoche	www.wiwo.de
Der Aktionär	www.deraktionaer.de
Handelsblatt	www.handelsblatt.com

Zusätzlich bieten

www.wallstreet-online.de
http://finance.yahoo.com
www.finanztreff.de
www.CNNmoney.com
www.teleboerse.de

als spezialisierte Homepages viel Nützliches rund um die Kapitalmärkte.

Trotz aller Magazine und anderer Medien eine klare Warnung von mir: Wollen Sie sich in die Materie der Aktienauswahl und des Market Timing, das heißt die Frage, wann ein Markt billig oder teuer ist, vertiefen? Ob beraten oder nicht, es bleibt am Ende Ihre persönliche Entscheidung, X zu kaufen oder Y zu verkaufen. Wenn Sie dieses Börsengeschehen nicht bereits bisher aus Interesse und mit Verständnis verfolgt haben, rate ich Ihnen davon ab, es nun selbst zu versuchen. Jeder heutige Börsenprofi hat am Anfang erhebliches „Lehrgeld" bezahlt und aus Verlusten gelernt. Lassen Sie solche Börsenprofis für sich arbeiten, damit zumindest Ihnen diese Verluste, dieses Lehrgeld erspart bleibt.

Wie können Sie Börsenprofis für sich arbeiten lassen?

Wohlhabende lassen Ihr Vermögen bei der Vermögensverwaltung einer Bank betreuen. Wer dieses Vermögen nicht mitbringt – wie wahrscheinlich Sie und ich –, kann über den Kauf von Investmentfonds Experten für sein Erspartes engagieren. Denn innerhalb einer Fondsgesellschaft analysieren Fondsmanager die Entwicklung von Branchen und Aktien, Anleihen etc. Allerdings werden diese Ergebnisse nicht veröffentlicht, sondern fließen in die Anlageentscheidungen des Fondsmanagers ein. Dieser Fondsmanager trifft für Sie die Entscheidung, ob Aktie X gekauft wird und Aktie Y verkauft wird. Fonds bieten auch den Vorteil, dass Sie bereits mit Beträgen ab 50 Euro monatlich regelmäßig am Kapitalmarkt investieren können. Damit aber erst mal genug hierzu. Dem Thema Fonds werden wir uns noch in einem besonderen Kapitel widmen.

Lektion 9

Die Entwicklung an den Aktienmärkten wird grundsätzlich von Ertragserwartungen getrieben. Dabei spielen harte Analysen genauso eine Rolle wie Phantasie und Psychologie. Die Börse ist keine Hexerei, aber für Außenstehende verdammt kompliziert zu verstehen. Wenn Sie diesem Thema nicht viel Aufmerksamkeit und Begeisterung und wahrscheinlich auch kein „Lehrgeld" widmen wollen, dann lassen Sie besser Börsenprofis für sich arbeiten. Diese gibt es bei Gesellschaften der Vermögensverwaltung ebenso wie bei Fondsgesellschaften und Zertifikateanbietern.

Vorsorgen mit Rentenwerten

Die rechtlichen Grundlagen zum Thema Rentenwerte kennen Sie schon aus der Darstellung der Assetklassen zu Beginn des Buches. Lassen Sie uns nun zu dem pragmatischen Nutzen der Rentenwerte kommen. Wie Sie wissen, sind Rentenwerte oder festverzinsliche Wertpapiere oder Anleihen synonym und kennzeichnen die gleiche Gattung von Wertpapieren. Ihnen ist gemeinsam, dass Sie jemandem Geld für eine bestimmte Zeit und für einen bestimmten Zinssatz leihen. Dieses Geschäft findet nicht per Handschlag statt, sondern wird für alle Anleger einheitlich verbrieft. Das heißt, es wird ein Dokument darüber erstellt, der Verkaufsprospekt. Die Anleihen können Sie in einer gewissen Stückelung kaufen. Dabei gibt die Stückelung die Größen an, in denen Sie die Anleihe kaufen können, zum Beispiel 1.000 Euro. Kaufen Sie die Anleihe direkt bei der Emission, der Auflage des Papiers, dann zeichnen Sie diese. Behalten Sie die Anleihe bis zur Fälligkeit, dann entsteht Ihnen in der Regel weder ein Kursgewinn noch ein Kursverlust. Zur Emission gibt der Emittent zusammen mit den ihn betreuenden Banken bekannt, an welchen Börsen die Anleihe auch zwischenzeitlich gehandelt werden kann. Die Anleihe können Sie dann selbstverständlich auch während ihrer Laufzeit kaufen oder verkaufen. Dann richtet sich der Kurs der Anleihe natürlich nach Angebot und Nachfrage, so dass bei einem zwischenzeitlichen Verkauf sowohl Kursgewinne wie Kursverluste entstehen können. Sind die Zinsen für die Art Ihrer Anleihe mittlerweile gestiegen, dann ist der Zinssatz Ihrer Anleihe im Verhältnis zum Markt zu niedrig. Also wird ein anderer Marktteilnehmer Ihre Anleihe nur kaufen, wenn er sie billiger erhält und bis zur Fälligkeit neben dem niedrigeren Zins zusätzlich einen kompensierenden Kursgewinn erzielen kann. Machen wir dies einmal an einem Beispiel deutlich.

Sie zeichneten im Jahr 2004 eine Bundesanleihe mit 4 Prozent Zins p.a. und einer Laufzeit bis 2014 zum Kurs von 100 Euro. Sie legten insgesamt 5.000 Euro an. Jährlich erhalten Sie nun 4 Euro x 50 = 200 Euro Zins. Im Jahr 2014 würden Sie sicher 100 Euro x 50 = 5.000 Euro zurückbekommen.

Nun möchten Sie aber im Jahr 2007 die Anleihe doch früher verkaufen, weil Sie Geld benötigen. Der Zinssatz am Markt für Bundesanleihen mit sieben Jahre Restlaufzeit (2007 bis 2014) ist nun aber auf 5 Prozent p.a. gestiegen. Ein Anleger, der nun sein Geld investieren will, könnte also je 100 Euro Anlagebetrag Zinsen in Höhe von 5 Euro jährlich vereinnahmen. Dies ist 1 Euro mehr, als er erhalten würde, wenn er Ihre Anleihe nun zu 100 Euro kaufen würde. Also ist er nicht bereit, Ihre Anleihe zu einem Kurs von 100 Euro zu kaufen. Wenn ihm Ihre Anleihe jedoch zu einem Kurs von etwa 93 Euro angeboten würde, sähe seine Rechnung – etwas vereinfacht dargestellt – so aus: Innerhalb von sieben Jahren Restlaufzeit kann ich 7 Euro Kursgewinn realisieren, da ja die Anleihe 2014 zu 100 Euro zurückgezahlt wird. Das macht pro Jahr 1 Euro Kursgewinn und 4 Euro Zins, insgesamt also 5 Euro. Genau diese 5 Euro würde er aber auch beim Zeichnen einer 7-jährigen neuen Bundesanleihe erhalten, also ist der Kurs von 93 Euro (vereinfacht) im Marktgleichgewicht. Ergo: Ihr Verkauf kann abgeschlossen werden, wenn Sie bereit sind, zu 93 Euro zu verkaufen. Also hätten Sie hier nach drei Jahren neben 3 x 4 Euro = 12 Euro Zins leider einen Kursverlust von 7 Euro hinzunehmen, auf Ihre Gesamtanlage von 5.000 Euro sind dies 350 Euro. Pro 100 Euro wären Sie zwar insgesamt noch 12 – 7 = 5 Euro im Plus. Auf die vergangenen drei Jahre bezogen, wären dies aber nur 5 Euro ./. 3 Jahre = 1,67 Prozent p.a. gewesen.

Wäre der Zinssatz bis zum Jahr 2007 auf 3 Prozent p.a. gefallen, würde die Rechnung genau in die andere Richtung ausschlagen, und ein Verkauf (näherungsweise) zu 107 Euro wäre möglich gewesen. Dann hätten Sie 12 + 7 = 19 Euro vereinnahmt, was auf drei Jahre eine Rendite von 6,33 Prozent p.a. gebracht hätte.

Für Profis unter Ihnen muss ich darauf hinweisen, dass die obengenannten Beispiele nur eine grobe Näherungsrechnung darstellen, denn der Käufer im Jahr 2007 hätte ja 4 Euro Zins + 1 Euro Kursgewinn nicht auf einen Kapitaleinsatz von 100 Euro erzielt, sondern auf einen Kapitaleinsatz von 93 Euro. Wenn Sie die Wahl hätten, 5 Euro zu vereinnahmen entweder

a) auf einen Einsatz von 100 Euro oder
b) auf einen Einsatz von 93 Euro,

würden Sie sich sicher für den kleineren Einsatz, nämlich b) entscheiden. Da aber alle Marktteilnehmer so denken, gleicht sich dies am Markt so aus, bis ein Gleichgewicht zwischen Kurs und Ertrag dieser Anleihe mit dem Rest des Marktes besteht. Sie werden im Folgenden sehen, wie dies geschieht.

Die Formel der Renditeberechnung lautet wie folgt:

$$\text{Rendite} = \frac{\dfrac{\text{Verkaufskurs} - \text{Kaufkurs}}{\text{Haltedauer}} + \text{Zinssatz}}{\text{Kaufkurs}}$$

Dabei ist der Verkaufskurs beim Halten bis Endfälligkeit der Rückzahlungsbetrag = 100.

In erstem Beispiel aus Sicht des Käufers 2007 bei einem Kaufkurs von 93 Euro:

$$\text{Rendite} = \frac{\dfrac{100 - 93}{7} + 4{,}00}{93} = 0{,}0538 = 5{,}38 \text{ (Prozent p.a.)}$$

5,38 Prozent sind sehr viel in einem Markt, der bei gleicher Bonität und Laufzeit 5,00 Prozent abwirft. Also werden viele Interessenten diese Anleihe kaufen, bis ein Gleichgewicht von etwa 5,0 Prozent besteht. Dies wäre etwa bei einem Kurs von 95 Euro der Fall. Dann wäre die Rendite dieser 4-Prozent-Bundesanleihe 2004 bis 2014 gemäß der genannten Formel eben 4,96 Prozent, also in etwa konform zu den 5,0 Prozent Marktzins. Rechnen Sie die Rendite mit der Formel ruhig mal exemplarisch nach.

Und wie sieht die Rendite für unseren Erstzeichner aus dem Jahr 2004 aus? Sein Kursverlust beträgt nun richtig gerechnet und zum fairen Kurs von 95 Euro nur 250 Euro. Auch für ihn können wir die Rendite seines dreijährigen Einsatzes berechnen:

$$\text{Rendite} = \frac{\dfrac{95{,}00 - 100}{3} + 4{,}00}{95{,}00} = 2{,}46 \text{ Prozent p.a.}$$

Für die absoluten Vollprofis unter Ihnen leider noch ein Warnhinweis: Auch diese Formel ist wieder nur eine Näherungsrechnung, allerdings mit so hinreichender Präzision, dass sie auch von den meisten Beratern in den Banken eingesetzt wird. Absolut perfekte Ergebnisse erzeugt nur die Kapitalwertmethode einschließlich der Berechnung des internen Zinsfußes. Da wir aber wirklich jetzt nicht wissenschaftlich werden wollen, holen wir hier jetzt einmal tief Luft und belassen es bei der genannten Formel.

Im nächsten Beispiel werde ich Sie aber gleich wieder mit dieser Formel konfrontieren müssen, denn wir werden eine für uns alle wesentliche Erkenntnis daraus ziehen. Ich variiere das genannte Beispiel in folgender Weise:

Sie zeichneten im Jahr 2004 eine Bundesanleihe mit 4,5 Prozent Zins p.a. (nicht 4,0 Prozent) und einer Laufzeit bis 2024 (nicht 2014) zum Kurs von 100 Euro. Sie legten insgesamt 5.000 Euro an. Im Jahr 2024 würden Sie sicher 100 Euro mal 50 = 5.000 Euro zurückerhalten. Jährlich erhalten Sie nun 4,50 Euro x 50 = 225 Euro Zins, also 25 Euro mehr als bei der anderen Bundesanleihe, die bis 2014 lief. Dieser Mehrertrag ist zunächst einmal erfreulich.

Nun möchten Sie aber im Jahr 2007 doch die Anleihe früher verkaufen, weil Sie Geld benötigen. Der Zinssatz am Markt für Bundesanleihen mit 17 Jahren Restlaufzeit (2007 bis 2024) ist nun aber auf 5,5 Prozent p.a. gestiegen, liegt also nach 3 Jahren gleichfalls um 1 Prozent höher. Was wäre nun ein realistischer Verkaufspreis an der Börse? Nein, dieses Mal nicht 95 Euro, denn die Haltedauer für den neuen Käufer beträgt nun 17 Jahre, nicht sieben Jahre. Und über 17 statt sieben Jahre muss der neue Käufer den geringeren Zins der 4,5-Prozent-Bundesanleihe 2004 bis 2024 durch Kursgewinne wettmachen. Wohin führt das? Natürlich zu einem niedrigeren Kurs, der nun über 17 Jahre zu einem den niedrigeren Zinssatz kompensierenden fairen Ertrag führen muss.

Ich will Sie nicht lange auf die Folter spannen: Mit einem Kurs von 91,50 Euro würde sich die Rendite des Käufers folgendermaßen ergeben:

$$\text{Rendite} = \frac{\frac{100 - 91,50}{17} + 4,00}{91,50} = 0,0546 = 5,46 \text{ Prozent}$$

Damit wäre das Zinsniveau des Marktes mit 5,5 Prozent p.a. in etwa erreicht, der Kurs der Anleihe wäre mit dem Markt weitgehend im Gleichgewicht. Der Erstanleger hätte über seine drei Jahre im Übrigen eine Rendite von

$$\text{Rendite} = \frac{\frac{91{,}50 - 100}{3} + 4{,}5}{100} = 0{,}0167 = 1{,}67 \text{ Prozent}$$

1,67 Prozent p.a. erzielt, also fast 1 Prozent weniger als bei der 4-Prozent-Bundesanleihe 2004 bis 2014, obwohl jene 0,5 Prozent weniger Zins bietet pro Jahr als die 4,5-Prozent-Bundesanleihe 2004 bis 2024.

Was sagt uns nun der Vergleich der beiden Anleihen: 4 Prozent bis 2014 oder 4,5 Prozent bis 2024? Es ist sicher schön, ein halbes Prozent mehr Ertrag pro Jahr zu bekommen, also 25 Euro in diesem Fall. Aber falls Sie nicht bis 2024 durchhalten und falls die Zinsen steigen, nehmen auch die Verluste im Börsenwert Ihrer Anleihe bei längeren Laufzeiten deutlich schneller zu als bei den kürzeren Laufzeiten. Bei fallenden Zinsen wirkt der größere Hebel natürlich zu Ihren Gunsten nach oben. Aber: Wenn Sie das Geld früher als zur Fälligkeit benötigen und nicht gerade ein Genie in Zinsprognosen sind – daran sind schon viele Experten gescheitert –, haben Sie auch bei einer sonst so sicheren Anleihe ein Kursrisiko. Überlegen Sie sich vor dem Kauf oder der Zeichnung daher gut, ob Sie das Geld auch über die gesamte Laufzeit angelegt lassen können. Solange dies geht, sollten Sie natürlich den höheren Zins der längeren Laufzeit bevorzugen.

▶▶▶ ▶▶▶ ▶▶▶ ▶▶▶ ▶▶▶ ▶▶▶ ▶▶▶ ▶▶▶ ▶▶▶ Lektion 10

Je länger die Restlaufzeit einer Anleihe ist, desto stärker schlagen Zinsveränderungen auf den Kurs der Anleihe durch. Dies ist jedoch nur dann für Sie von Wichtigkeit, wenn Sie die Anleihe zwischenzeitlich verkaufen wollen oder müssen. Da damit zumindest ein Risiko mit der Länge der Restlaufzeit ansteigt, werden am Markt normalerweise für längere Restlaufzeiten auch höhere Zinssätze gezahlt (höhere Chancen).

Wählen Sie daher die Laufzeit Ihrer Anleihe so lange wie möglich, aber nicht länger, als Sie diese wirklich halten wollen. Nur so vermeiden Sie das Risiko, Kursverluste realisieren zu müssen.

Das Phänomen der mit der Laufzeit ansteigenden Zinssätze nennt man eine steigende Zinsstrukturkurve. Dieser Begriff ist so zu verstehen: Wenn Sie die Laufzeit von links nach rechts ansteigen lassen (X-Achse) und den jeweiligen Zinssatz für die jeweiligen Laufzeiten nach oben auftragen (Y-Achse), dann steigt diese Kurve von links nach rechts. Im Folgenden sehen Sie ein Beispiel für eine solche Zinsstrukturkurve.

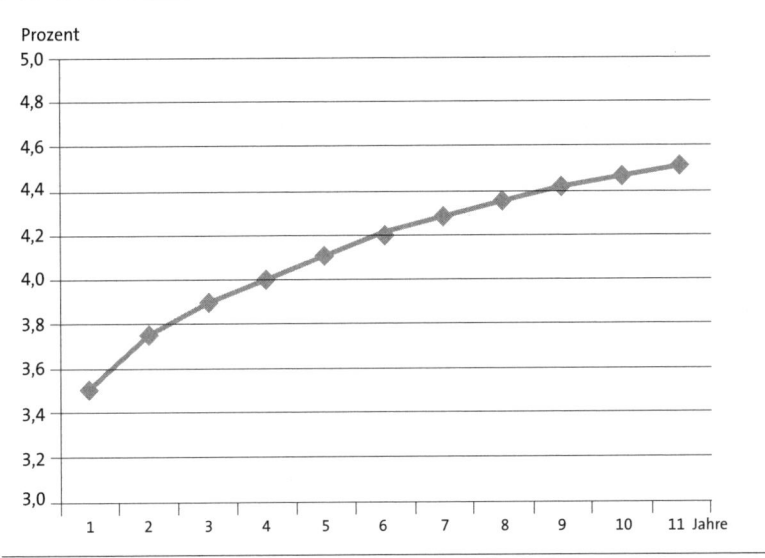

Beispielhafte Zinsstrukturkurve für Bonität AAA und Euro

Diese Zinsstrukturkurve zeigt einen Zinssatz von 3,5 Prozent für die einjährige Laufzeit und einen von 4,46 Prozent für zehn Jahre. Natürlich könnte man diese Kurve beliebig fortsetzen bis über 30 Jahre Laufzeit. In jedem Fall gibt es Anleihen mit Laufzeiten über 30 Jahre.

Die Zinsstrukturkurve ist nur dann nicht ansteigend, wenn der Markt von dramatisch fallenden Zinsen ausgeht. Denn dann möchte sich jeder die hohen Zinssätze auf lange Laufzeiten sichern. Wegen dieser starken Nachfrage fallen die Zinssätze dann für längere Laufzeiten unter die Zinssätze für kürzere Laufzeiten. Diese inverse Zinsstruktur kommt nur sehr selten vor und wird von vielen Analysten als Warnsignal einer drohenden Rezession interpretiert. Denn liegen die Zinssätze für lange Laufzeiten deutlich niedriger als für kurze Laufzeiten, dann signalisiert der Markt ja auch, dass er weniger langfristig aussichtsreiche Investitionen sieht und dafür weniger

Nachfrage besteht. Daher fällt der Preis für Geld, der Zinssatz, ja so tief. Gäbe es mehr langfristige Kreditnachfrage, würde der Zinssatz für die langen Laufzeiten höher stehen.

Neben der Laufzeit hängt der Zinssatz von Rentenwerten im Wesentlichen noch von der Bonität des Emittenten und der Währung, auf die die Anleihe lautet, ab.

Klar ist, dass das Zinsniveau in den Vereinigten Staaten von Amerika nicht gleich dem Zinsniveau im Euro-Raum sein muss. Schließlich ist die konjunkturelle Situation in den USA meist eine andere, und die amerikanische Notenbank verfolgt daher mit großer Wahrscheinlichkeit auch eine andere Zinspolitik als die Europäische Zentralbank. Also weicht die Zinskurve im US-Dollar-Raum letztlich auch von der Zinskurve im Euro-Raum ab. Wobei die berühmte Frage des Investors ja lautet: „Womit bin ich bezüglich meines Anlagezeitraums besser bedient: Mit x Prozent im US-Dollar oder mit y Prozent im Euro?" Diese Frage kann sich der Investor nur beantworten, wenn er auch eine Annahme über die Kursentwicklung zwischen US-Dollar und Euro trifft. Denn dann könnte seine Schlussfolgerung sein: „Ich sehe zwar eine Abwertung des Dollars gegenüber dem Euro um 5 Prozent in fünf Jahren. Da der Dollar-Zins aber um 1,2 Prozent höher ist als der Euro-Zins, ich auf 5 Jahre also 6 Prozent mehr Zinsen einnehme, müsste ich eigentlich durch eine Anlage in einer Dollar-Anleihe besser dran sein." Denken viele Anleger so, werden viele die Dollar-Anleihen kaufen. Die Zinsdifferenz zwischen US-Dollar und Euro könnte so bis zu 1,0 Prozent fallen, dann ergäbe sich wieder ein Gleichgewichtspreis.

Ebenso könnte sich ein neues Gleichgewicht durch veränderte Erwartungen bezüglich der Abwertung des Dollars ergeben. Gehen die Anleger zu einer erwarteten Abwertung von 6 Prozent statt 5 Prozent in fünf Jahren über, ergibt sich auch bei 1,2 Prozent Zinsdifferenz (x 5 Jahre = 6,0 Prozent) ein Gleichgewicht an den Märkten. Also Sie sehen: Auch wenn die Zinssätze weltweit je nach Währungsraum stark variieren, gibt es immer über die Markterwartungen einen Zusammenhang zwischen Zinssätzen und Devisenkursentwicklungen. Generell gilt: Nichts an den Finanzmärkten bewegt sich komplett unabhängig.

In Bezug auf Fremdwährungsanleihen rate ich Ihnen: Lassen Sie als Anleger die Finger davon, allerhöchstens sollten diese Kategorie Profis für Sie managen. Dies sind wie bei Aktien Vermögensverwalter, Fondsmanager oder Zertifikatemittenten. Doch auch hier müssen Sie sich fragen: Ist die

Hereinnahme von Währungschancen und -risiken für Sie wirklich sinnvoll – ob direkt oder über einen entsprechend aufgestellten Fonds? Sie leben im Euro-Raum und werden hier wahrscheinlich auch Ihren Ruhestand verbringen, ob in Deutschland oder in Spanien, sei dahingestellt. Also ist es doch konsequent, Ihre Altersvorsorge auf die Währung auszurichten, die Sie später zur Finanzierung Ihres Ruhestandes auch benötigen.

Davon sollten Sie nur dann Abstand nehmen, wenn Sie sich sicher sind, einen guten Teil Ihres Ruhestandes eben nicht in Europa verbringen zu wollen. Wenn Sie planen, später pro Jahr zum Beispiel sechs Monate in Florida zu verbringen, ist es auch nicht verkehrt, bis max. 50 Prozent (= 6/12) Ihrer Altersvorsorge in US-Dollar-Anlagen aufzubauen. Überrascht Sie kurz vor Ihrem Ruhestand ein starker Anstieg des US-Dollars gegenüber dem Euro, so sind Sie froh, einen Teil Ihrer Altersvorsorge in US-Dollar angelegt zu haben, und müssen Ihre Lebensplanung nicht deswegen umwerfen. Sie haben sich damit für eines Ihrer Lebensziele währungsgesichert.

Lektion 11

Fremdwährungsanleihen oder entsprechende Fonds mit starkem Fremdwährungsanteil sollten Sie nur in Betracht ziehen, wenn das Land der Fremdwährung einen Teil Ihrer Lebensplanung darstellt und Sie dort dauerhaft einen Teil Ihres Ruhestandes zubringen möchten. Ansonsten hat eine Anlage in Fremdwährungsanleihen nur spekulativen Charakter. Bei Fremdwährungsfonds können sich die Währungseffekte der Fondsanlagen zwar eventuell ausgleichen, ein deutlicher Mehrertrag ist jedoch eher selten. Ich rate: Lassen Sie die Finger davon.

Eine kleine Ausnahme zu Lektion 11 kann man an einer Stelle machen: Fonds, die in Rentenwerte von EU-Beitrittsländern investieren, können durchaus sinnvoll sein. Denn erstens: Auf Dauer werden diese Länder dem Euro beitreten. Und zweitens: Der Zinssatz ist vor dem Euro-Beitritt meist noch höher. Am Ende konvergieren Währung und Zinssatz aber zum Euro. Daraus können sich hier unter Umständen interessante Kursgewinne ergeben.

Zum Thema Bonität können wir uns hier kurzhalten. Ich hatte Ihnen ja bereits die Funktionsweise von Ratingagenturen und die Bewertung derer Emissionsratings erläutert. Lesen Sie dort gerne noch einmal nach. Aber für hier und heute nur kurz mein Rat:

Lektion 12

Kaufen Sie selbst nie Anleihen niedrigerer Bonität, also aus dem Bereich Speculative Grade oder Non-Investment-Grade für Ihre Altersvorsorge. Bei entsprechend ausgerichteten Fonds, die meist den Namen „High Yield" („hoher Ertrag", aber auch hohes Risiko) führen, erzielt der Fondsmanager einen Risikoausgleich zwischen den Anleihen der verschiedenen Schuldner im Fonds. Aber rechnen Sie im Vergleich zu Rentenfonds mit erstklassiger Bonität mit höheren Wertschwankungen.

Für die Direktanlage sollten Sie sich an Bundesanleihen halten, denn diese besitzen die höchste Bonitätseinstufung (AAA) und sind über Zweifel an Zinszahlung und Rückzahlung erhaben. Fonds mit Unternehmensanleihen im Investment-Grade-Bereich können Sie hinzunehmen, weil im Fonds die Risiken einzelner Schuldner weit gestreut sind.

Ja, leider ist auch das Geschäft mit Anleihen kein Zuckerschlecken und erfordert wiederum – wie bei Aktien – Erfahrung. Auch hier können Sie sich durch den Kauf erstklassiger Rentenfonds durch Profis auf diesem Segment unterstützen lassen.

Nicht unwichtig für unsere Berechnungen Endkapital Anlegen EKA, Endkapital Sparen EKS und Endkapital Anlegen + Sparen EKAS ist natürlich auch die Frage, welche Renditen bisher mit Anleihen erzielt werden konnten. In folgender Grafik finden Sie die Renditen 10-jähriger Bundesanleihen jeweils im Dezember der Jahre 1990 bis 2007 (Monatsmittelwert).

In der folgenden Grafik ist klar zu erkennen, dass sich die Zinssätze für 10-jährige Bundesanleihen im Zeitraum 1990 bis 2005 über insgesamt 15 Jahre sukzessive von 9 Prozent auf etwa 3,5 Prozent nach unten entwickelt haben. Seit 2005 sind diese Zinsen wieder unter Schwankungen nach oben unterwegs und der Wert vom 28. Dezember 2007 lag bereits wieder bei 4,46 Prozent. Würden Sie angesichts dieser Kurve darauf wetten, dass die Zinsen sich weiter nach unten entwickeln werden? Falls ja: Wohin sollen die Zinsen denn noch fallen? Auf 2 Prozent? Falls Ihre Antwort nein lautet: Desto wichtiger ist Lektion 10 für Sie, um nicht „auf dem falschen Fuß" erwischt zu werden. Wählen Sie die Laufzeit, die zu Ihrem Anlagehorizont passt. Dann vermeiden Sie auch Kursverluste.

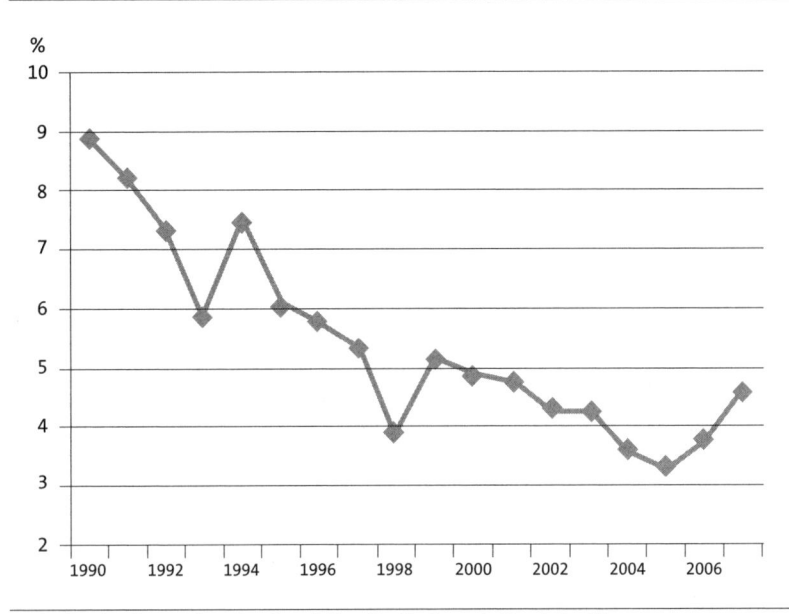

Umlaufrendite für 10-Jahres-Bundesanleihen (Quelle: Deutsche Bundesbank)

Da Altersvorsorge in der Regel eine Aufgabe über Jahrzehnte darstellt, müssen wir für unsere Berechnungen natürlich eine langfristig erzielbare Rendite mit Schuldverschreibungen annehmen: Als langfristige Renditeannahme für Bundesanleihen mit zehn Jahren Laufzeit sollten aktuell nur Werte um die 3 bis 5 Prozent p.a. herangezogen werden, auch wenn die Wiederanlage fälliger Rentenwerte in zum Beispiel zehn Jahren eventuell dann mehr Zinsen abwerfen könnte. Dies ist aber unsicher. Also bleiben wir besser bei der Annahme eines langfristig gemäßigten Zinsniveaus. Erzielen wir am Ende mehr, lassen wir uns lieber positiv überraschen, als jetzt eine zu optimistische Prognose anzustellen.

Vorsorgen mit Immobilien

Immobilien stellen die wohl langfristigste Bindung an eine Assetklasse dar. Alleine schon der hohe zeitliche und finanzielle Aufwand des Erwerbs durch einen notariellen Kaufvertrag stellt eine hohe Hürde dar. Während Aktien der Oil & Oil AG alle den gleichen Anspruch an einen Eigentumsanteil wiedergeben und damit eine Aktie der Oil & Oil AG ebenso wie die nächste Aktie der Oil & Oil AG zum gleichen Preis an der Börse gehandelt werden kann, ist jede Immobilienbeteiligung einzigartig und auf keinen Fall zu 100 Prozent mit einer anderen Immobilie vergleichbar. Alleine schon bei zwei nebeneinanderliegenden Eigentumswohnungen mit gleicher Raumaufteilung erhält die eine vielleicht mehr Licht, die andere ist näher an der Straße und dem Durchgangsverkehr etc. Daher kann die Preisfindung nicht an einer Börse erfolgen, da die dafür notwendige Standardisierung und Vergleichbarkeit der Einheiten nicht vorliegt. Also ist der Preis ein Ergebnis zwischen einem Verkäufer und vielleicht zwei bis drei Kaufinteressenten oder umgekehrt. Es ist nicht ungewöhnlich, dass die Nachbarwohnung wenige Monate später für 10.000 Euro mehr oder weniger verkauft wird – wegen der Unterschiede der Wohnungen oder einfach auch, weil sich andere Kaufinteressenten gefunden haben, die andere Präferenzen besitzen und damit auch eine andere Wertschätzung der Wohnung im wahrsten Sinne des Wortes.

Dennoch geben die regionalen Zeitungen regelmäßig einen Überblick darüber, was im vergangenen Jahr ein Quadratmeter Eigentumswohnung gehobener oder mittlerer Ausstattung im Ortsteil X der Stadt Y gekostet hat und wohin die Preisentwicklung geht. Analog gilt dies für Bauland, Einfamilienhäuser, Reihenhäuser etc. Bei Bauland sind Sie auch immer gut beraten, sich Informationen bei der Stadt- oder Gemeindeverwaltung zu besorgen, die über einen Gutachterausschuss oder infolge des Verkaufes von stadteigenem Bauland diesen Markt in der Regel gut kennt. Häufig erhalten Familien, die Einwohner der Stadt sind, auch beim Kauf von stadteigenem Bauland einen Abschlag auf den Baulandpreis. Damit fördern viele Städte und Gemeinden gezielt, dass gerade auch Familien mit Kindern ihren Wunsch vom Eigenheim umsetzen können.

Damit sind wir beim Thema Eigenheim bzw. der Frage, für welchen Verwendungszweck Sie eine Immobilie erwerben. Hier wird grundsätzlich zwischen eigengenutzten Immobilien und vermieteten Immobilien unterschieden. Die Worte sind selbsterklärend, die Frage ist eher: Was ist für wen geeignet? Welchen Nutzen ziehen Sie aus dem Immobilieninvestment, das wahrscheinlich infolge des Kaufpreises das größte Investment in Ihrem Leben sein wird?

Bei einer eigengenutzten Immobilie wohnen Sie mietfrei. Dagegen bezahlen Sie der Bank, die Ihren Kauf finanziert, Hypothekenzinsen und eine Tilgungsrate bis zur vollständigen Tilgung des Darlehens. Bei einer vermieteten Immobilie vereinnahmen Sie Mieteinnahmen, denen ebenfalls Hypothekenzinsen und Tilgung gegenüberstehen. In beiden Fällen, bei eigengenutzter und vermieteter Immobilie, besteht nach der Tilgung des Darlehens einer der beiden Vorteile:

a) die Mieteinsparung im Vergleich zum Wohnen „in Miete" oder
b) Mieteinnahmen

Beides ist für die Altersvorsorge hervorragend geeignet. Im Falle der Mieteinsparung bei der eigengenutzten Immobilie realisieren Sie sogar einen Steuervorteil.

Vergleichen wir dazu zwei Beispiele:

Familie Wolke kauft im Alter von 30 Jahren eine Immobilie und tilgt die Schulden bis zum Alter von 65. Eine vergleichbare Wohnung würde etwa 800 Euro Miete kosten. Entsprechend hoch ist die Einsparung ab 65.

Familie Sonnenschein bleibt in einer gleich großen Wohnung zur Miete wohnen und baut Erspartes auf, wo Familie A in die Tilgung investiert. Im Alter von 65 erzielt Familie Sonnenschein monatliche Zinseinnahmen von 800 Euro, die gerade für die Deckung der Miete reichen.

Also gleiches Ergebnis? Nein oder zumindest nur vor Betrachtung der Steuer. Denn Familie Sonnenschein muss auf die 800 Euro Zinsen Steuern bezahlen. Bei 25 Prozent Steuer müsste Familie Sonnenschein 200 Euro monatlich als Steuer bezahlen. Es verbleiben nach Steuer nur 600 Euro, was die Mietbelastung nicht deckt. Familie Wolke muss die eingesparte Miete aber nicht versteuern. Also: Ein Vorteil für Familie Wolke in Höhe von 2.400 Euro im Jahr.

Ähnlich sähe die Rechnung von Familie Sonnenschein aus, hätte Sie nicht Zinseinnahmen von 800 Euro, sondern Mieteinnahmen aus einer vermieteten Wohnung in Höhe von 800 Euro. Diese Mieteinnahmen wären zum persönlichen Steuersatz zu versteuern. Allerdings lässt das Steuerrecht jährliche Abschreibungen für vermietete Immobilien zu, die dann im Endeffekt zumindest einen Teil der Mieteinnahmen von 800 Euro steuerfrei stellen. Aber in jedem Fall gilt: Auch hier hätte Familie Wolke einen Vorteil.

Der Vergleich zwischen Familie Wolke und Familie Sonnenschein hat allerdings auch seine Schwächen. Dann nämlich, wenn Familie Sonnenschein mit dem Geld, das Familie Wolke in die Tilgung des Darlehens investiert, mehr Rendite erzielen und ein höheres Endkapital erreichen könnte, zum Beispiel durch eine Anlage in Aktienfonds. Vielleicht genügt das höhere Endkapital dann für Einnahmen von 1.200 Euro monatlich, was selbst nach 25 Prozent Steuern zu 900 Euro netto führen würde und Familie Sonnenschein dann auch nach Bezahlung von Steuer und Miete noch 100 Euro besser dastehen ließe. Also: Nicht in jedem Fall fährt Familie Wolke trotz Steuervorteil besser, es hängt eben davon ab, wie intelligent und konsequent Familie Sonnenschein ihr Gespartes anlegt.

> **Lektion 13**
>
> In jedem Fall ist das schnelle Tilgen der Hypothek einer eigengenutzten Immobilie besser als eine verzinsliche Anlage der Gelder. Denn erstens liegen die Hypothekenzinsen in der Regel über den Anlagezinssätzen (die Bank verdient an einer Zinsspanne), und zweitens sind eingesparte Hypothekenzinsen (bei Eigennutzung) steuerfrei, während eingenommene Zinsen aus einer Anlage der Steuer unterliegen.

Kommen wir noch einmal zum Anfang zurück, zu dem Kauf und der Finanzierung der Immobilie. Dabei verhandeln Sie mit Ihrer Bank über die Höhe Ihrer Hypothekenzinsen. Diese Hypothekenzinsen sind abhängig von der Zinsbindung Ihres Darlehens. Hier wie bei Rentenwerten greift eine Zinsstrukturkurve, bei der längere Laufzeiten/Zinsbindungsfristen in der Regel zu höheren Zinssätzen führen. Zwar ist die Versuchung groß, die niedrigeren Zinssätze zu wählen, die mit kürzeren Restlaufzeiten (zum Beispiel fünf Jahre) verbunden sind. Damit geht aber das Risiko einher, dass Sie nach dieser Zinsbindung eben wieder mit der Bank über den Zinssatz verhandeln müssen und die Zinsen bis dann auch deutlich gestiegen sein könnten. Bei längeren Zinsbindungsfristen von zehn Jahren und mehr bezahlen Sie im Gegenzug die Sicherheit der für diese Zeit fest kalkulierbaren Zinsbelastung mit einem höheren Zinssatz. Da für die meisten von uns die Finanzierung einer Immobilie eine erhebliche Belastung der Haushaltskasse darstellen dürfte, sollten Sie von den zwar günstigeren, aber riskanteren kurzen Zinsbindungsfristen die Finger lassen. Müssten Sie nämlich nach zum Beispiel fünf Jahren neu verhandeln und der Zinssatz wäre in der Zwischenzeit von 5 Prozent p.a. auf 7 Prozent p.a. gestiegen, würde Ihre Zinsbelastung auf einen Schlag um 40 Prozent ansteigen. Ob das dann noch mit der Haushaltskasse vereinbar ist, können Sie selbst am besten abschätzen. Falls nein, wäre solch ein Zinsanstieg „tödlich" für Sie in Hinsicht darauf, ob Sie die Immobilie dann noch „halten können". Ersparen Sie sich dieses Risiko.

Die zweite wichtige Größe bei Ihrem Hypothekendarlehen ist die Tilgungsrate. Zusammen mit dem Zins ergibt sich die monatliche Gesamtbelastung, die während der Zinsbindungszeit konstant ist. „Warum ist diese konstant, durch meine Tilgung sinkt doch permanent die Zinsbelastung, die ich zu zahlen habe?", werden Sie fragen. Gute Frage übrigens. Denn in der Tat bleiben mit jeder monatlichen Tilgung ja etwas weniger Schulden übrig. Infolgedessen also auch weniger Zinsen. Die Gesamtrate bleibt aber dennoch konstant. Was ist passiert? Der ersparte Zins wird zusätzlich und automatisch in die Tilgung investiert. Ihre Tilgung nimmt also erst ganz langsam, aber kontinuierlich steigend zu. Daher führt eine Tilgungsrate von 1 Prozent p.a. eben auch nicht dazu, dass Ihr Darlehen nach 100 Jahren getilgt ist, sondern schon früher.

▶▶▶ **Lektion 14**

Bei einem Zinssatz von 5 Prozent p.a. wird die vollständige Tilgung des Darlehens

bei 1 Prozent Tilgungssatz	nach 36 Jahren,
bei 2 Prozent Tilgungssatz	nach 25 Jahren und
bei 3 Prozent Tilgungssatz	nach 19,5 Jahren

erreicht. Bei anderen Zinssätzen variiert dieser Zeitraum, da der Zinssatz wegen der ersparten und in die Tilgung reinvestierten Beträge ausschlaggebend ist.

Schön zu wissen, dass 2 Prozent Tilgung p.a. durch die konstante Rate nicht eben 50 Jahre – bis an Ihr Lebensende – Schulden tilgen heißt, sondern gerade die Hälfte davon. Auch diese Last ist lang genug.

Egal ob Sie sich für eine eigengenutzte Immobilie oder für eine vermietete Immobilie entscheiden, in jedem Falle werden Sie damit recht viel Aufwand auf Ihre Schultern laden. Renovierungen, Pflege, gegebenenfalls Mietersuche etc. machen Immobilien zu einem zumindest zeit- und finanziell aufwendigen Investment. Wenn Sie sich diesen Aufwand nicht zumuten wollen, müssen Sie aber auf die Immobilie als Teil Ihres Assetmix nicht grundsätzlich verzichten. Sowohl offene als auch geschlossene Immobilienfonds bieten einen „betreuten" Einstieg in die Assetklasse Immobilie. Offene Immobilienfonds sind Investmentfonds, die wie Aktien- oder Rentenfonds über die Bank ab Beträgen von 50 Euro erworben werden können und die eben nicht in Aktien oder Anleihen, sondern meist in ein breites Portfolio an Büroimmobilien investieren. Mit der Verwaltung dieser Immobilien haben Sie de facto überhaupt nichts zu tun. Die offenen Immobilienfonds können Sie jederzeit verkaufen. Auf das Thema offene Immobilienfonds kommen wir im Kapitel Fonds noch einmal zurück.

Geschlossene Immobilienfonds sind Anlagen, die sich mit Investments ab meist 20.000 Euro an Anleger wenden, die zusätzlich einen Steuervorteil bei ihrer Beteiligung nutzen möchten. Die Beteiligung an einer bestimmten Immobilie ist hier auf eine feste Anlagedauer von meist 20 Jahren festgelegt, nach der die Immobilie in der Regel verkauft und die Anleger ausbezahlt werden. Dieser Fonds ist nach der Zeichnungsphase, in der Investoren für das Investment geworben werden, für weitere Investoren nicht mehr offen. Daher die Bezeichnung „geschlossener Immobilienfonds". Auch der Ausstieg ist nur schwer möglich, da diese Anteile in der Regel nicht von der emittierenden Gesellschaft zurückgenommen werden. Neuerdings entwickelt sich aber an einigen Börsen in Deutschland ein sogenannter Sekundärmarkt, an dem Anteile geschlossener Fonds gehandelt werden können. Dennoch können eventuell nachteilige Steuerfolgen aus dem frühen Ausstieg resultieren. Denn Wertsteigerungen aus fremdgenutzten/vermieteten Immobilien sind in Deutschland erst nach zehn Jahren Spekulationsfrist steuerfrei.

Vorsorgen mit Investmentfonds

Bereits bei der Beschreibung von Anlagen in einzelne Aktien, Rentenwerten und Immobilien haben wir das Thema von Investmentfonds immer wieder gestreift. Der Grundgedanke von Investmentfonds ist sehr einfach: Viele Anleger werfen ihre Beträge an Erspartem in einem Topf, dem Sondervermögen, zusammen und lassen diesen Topf durch einen erfahrenen Fondsmanager verwalten. Dieser Fondsmanager muss eine umfassende Erfahrung in Bezug auf die Bonitäten, Branchen, Zinsstrukturen, Währungen, Analysen etc. aufweisen und für Sie, die Fondsbesitzer, rentabel einsetzen. Um die Auswahl einzelner Wertpapiere müssen Sie sich nicht mehr kümmern. Ebenso erreicht der Fondsmanager durch die Streuung des Fondsvermögens auf viele einzelne Werte eine Diversifikation (siehe Lektion 6), die Sie mit Ihren Mitteln wahrscheinlich gar nicht erreichen können. Schließlich hat es schon aus Sicht der anfallenden Gebühren wenig Sinn, 300 Euro in Aktien der X AG, 200 Euro in Aktien der Y AG etc. zu investieren, bis Sie am Schluss Ihr Erspartes über eventuell 50 verschiedene Aktien diversifiziert haben.

Wie sind Ihre Ansprüche an dem gemeinsamen „Topf" gesichert? Mit Ihren Fondsanteilen erhalten Sie Eigentumsrechte am Sondervermögen des Fonds. Dieses Sondervermögen gehört nicht der Fondsgesellschaft, sondern alleine Ihnen und den anderen Anlegern in diesem Fonds und wird von der Fondsgesellschaft nur verwaltet. Das Sondervermögen wird wie eine eigene Gesellschaft durch Wirtschaftsprüfer geprüft und steht im Konkursfalle der Fondsgesellschaft alleine den Fondsbesitzern zu. Zusätzlich werden Fondsgesellschaften bei der Ausführung ihrer Aufgaben durch staatliche Aufsichtsbehörden kontrolliert.

Anlagen in Investmentfonds sind ab 50 Euro möglich, und auch der Erwerb von Bruchteilen eines Fondsanteiles ist zulässig. So können auch kleine Euro-Beträge präzise in Fondsanteile investiert werden. Sie erwerben dann eben für 50 Euro am 15. Januar zum Beispiel 1,732 Anteile und einen Monat später für den gleichen Betrag 1,698 Anteile. Solch ein Bruchteilserwerb ist bei Aktien oder Anleihen nicht möglich. Fonds eignen sich infolgedessen neben der Einmalanlage höherer Beträge auch besonders für das Ansparen über Fondssparpläne. Bei Fondssparplänen machen Sie sich zudem einen Vorteil zunutze, der mit dem Namen Cost-Average-Effekt beschrieben wird. Ich möchte Ihnen den Cost-Average-Effekt einmal an einem Beispiel verdeutlichen:

Angenommen, Sie haben einen Fondssparplan in den Fonds AladinGlobal mit monatlichen Anlagen von 100 Euro. Im Januar legen Sie 100 Euro in den Fonds an und der Fonds steht bei 100 Euro, im Februar wieder 100 Euro bei einem Anteilspreis von 90 Euro und im März wieder eine Anlage von 100 Euro und der Fonds steht bei 110 Euro. Zu welchem durchschnittlichen Kurs haben Sie die Fondsanteile des AladinGlobal nun erworben? 100, 90 und 110 machen im Schnitt 100 Euro? Nein. Rechnen wir mal genau:

Monat	Anlagebetrag	Anteilspreis	Gekaufte Anteile
Januar	100 Euro	100 Euro	1,00 Anteile
Februar	100 Euro	90 Euro	1,11 Anteile
März	100 Euro	110 Euro	0,91 Anteile
Gesamt	300 Euro	?	3,02 Anteile

$$\frac{300 \text{ Euro}}{3{,}02 \text{ Anteile}} = 99{,}34 \text{ Euro}$$

In den drei Monaten haben Sie für 300 Euro insgesamt 3,02 Anteile erworben. Wenn Sie die 300 Euro Kaufpreis durch die 3,02 Anteile teilen, erhalten Sie einen durchschnittlichen Einstiegskurs von 99,34 Euro! Was ist geschehen? Hätten Sie immer genau einen Anteil gekauft, also im Januar einen Anteil zu 100 Euro, im Februar einen Anteil zu 90 Euro und im März einen Anteil zu 110 Euro, hätten Sie 300 Euro für genau 3,00 Anteile bezahlt und ihr durchschnittlicher Einstiegskurs hätte exakt 100 Euro betragen. Sie haben aber jeden Monat einen festen Betrag von 100 Euro investiert, egal wie viele Anteile Sie dafür bekommen. Bei niedrigen Kursen erhalten Sie dafür mehr Anteile, bei höheren Kursen weniger Anteile. Also immer wenn die Kurse günstig sind, kaufen Sie viele, und wenn die Kurse höher sind, weniger Fondsanteile ein. Herzlichen Glückwunsch für dieses zwar unbeabsichtigte, aber geglückte antizyklische Investieren. Dieser Cost-Average-Effekt wirkt auf Dauer sehr vorteilhaft für Sie, und Ihre Einstiegskosten sinken dadurch. Ihre Ertragschancen werden infolgedessen gesteigert. Also bitte: Nutzen Sie den Cost-Average-Effekt, es lohnt sich.

▶▶▶ ▶▶▶ ▶▶▶ ▶▶▶ ▶▶▶ ▶▶▶ ▶▶▶ ▶▶▶ ▶▶▶   ▶▶▶   **Lektion 15**

Fondsanlagen bieten bereits ab 50 Euro Mindestanlage ein breit diversifiziertes, risikogestreutes Investment in Wertpapiere. Das Sondervermögen, an dem Sie Anteile erwerben, ist rechtlich besonders geschützt. Durch Fondssparpläne können Sie sich über den Cost-Average-Effekt langfristig relativ günstige Einstiegskurse sichern und antizyklisch investieren.

Der obengenannte rechtliche Schutz bezieht sich auf die Sicherung gegen den Konkurs der Fondsgesellschaft, die einwandfreie und korrekte Ermittlung der Anteilspreise aus den Wertpapieren im Sondervermögen, die Kontrolle durch Wirtschaftsprüfer etc. Nicht damit gemeint ist ein Schutz gegen Verluste. Investieren Sie in einen Fonds, dessen Wertpapiere im Kurs sinken, sinkt automatisch auch der Anteilspreis und umgekehrt. Ein Investment in Fonds erspart Ihnen den eigenen Kauf und die immer wieder notwendige Umschichtung individueller Wertpapiere. Dies tut der Fondsmanager für Sie. Nicht ersparen Sie sich dagegen die Frage, ob das Anlagekonzept des Fonds zu Ihnen, Ihrer Ausgangssituation, Anlagedauer etc. passt. Das müssen Sie gemeinsam mit Ihrem Berater bewerten. Daher:

▶▶▶ ▶▶▶ ▶▶▶ ▶▶▶ ▶▶▶ ▶▶▶ ▶▶▶ ▶▶▶ ▶▶▶   ▶▶▶   **Lektion 16**

Die Wahl des richtigen Fonds für

- Sie, Ihre Lebenssituation,
- Ihren Anlagezeitraum,
- Ihre Einstellung zu Chance/Risiko und
- Ihren passenden Assetmix Altersvorsorge

ist eine Aufgabe für sich. Hierfür sollten Sie den Berater Ihres Vertrauens einschalten und ihn um Vorschläge bitten.

Ich werde Sie für dieses Beratungsgespräch mit Tipps rüsten und Ihnen die Orientierung mit Hilfe von Ratschlägen so einfach wie möglich machen, aber auch für Fonds gilt: Die Auswahl des richtigen Fonds für Sie anhand der obengenannten persönlichen Kriterien und der Leistungsfähigkeit des Fonds selbst sollte nicht auf die leichte Schulter genommen werden. Immerhin sind in Deutschland über 5.000 Fonds zum Vertrieb zugelassen und werben um Ihr Vertrauen und Ihr Geld. Und Fehler in der Wahl des Fonds machen sich manchmal erst über lange Anlagezeiträume mit hohen Beträgen bemerkbar. Stellen Sie am Ende fest, dass Sie bei Ihrem Rentenfonds ein Dollar-Risiko in Kauf genommen haben und stürzt der Dollar am Ende Ihrer Sparphase heftig ab, kann sich auch manches für sicher gehaltene Investment plötzlich als riskanter herausstellen, als Sie es sich gewünscht haben.

Bevor wir nun zum Auswahlprozess unter den Tausenden Fonds kommen, noch ein Wort zu den Gebühren, denen Sie bei Fonds begegnen: Bei der Anlage in einen Fonds zahlen Sie in der Regel am Anfang einen Ausgabeaufschlag von bis über 5 Prozent: Investieren Sie also 105 Euro in einen Fonds mit 5 Prozent Ausgabeaufschlag, kommen von Ihren 105 Euro genau 100 Euro zur Anlage, und mit 5 Euro Ausgabeaufschlag werden Beratung und Vertrieb honoriert. Alternativ können Sie bereits viele Fonds auch über die Börse kaufen. Dann fällt zwar kein Ausgabeaufschlag an, aber die Provisionen der Bank und die Courtage der Börse werden fällig. Häufig gibt es hier dann auch eine Mindestprovision, die zum Beispiel bei 20 Euro liegen kann. Also ist bei Beträgen unter 500 Euro und bei Sparplänen der Weg über die Fondsgesellschaft (einschließlich Ausgabeaufschlag) meist günstiger. Bei höheren Beträgen kann sich der Kauf über die Börse lohnen. In jedem Fall können Sie sich zwischen beiden Wegen bei Ihrer Bank entscheiden. Sie bietet beides an.

Verkaufen Sie den Fonds wieder, egal wann und zu welchem späteren Anteilspreis, sind keine Verkaufsgebühren mehr fällig, wenn der Fonds an die Fondsgesellschaft (KAG) zurückgegeben wird. Bitte bestehen Sie bei einem Verkauf von Fondsanteilen immer auf dem Weg „Rückgabe an Kapitalanlagegesellschaft". Nur dieser Weg ist für Sie ohne Gebühren. Wird nämlich der Fonds über die Börse verkauft, fallen immer die genannten Provisionen und die Maklercourtage an. Einige wenige Fonds haben eine Rücknahmegebühr, zum Beispiel viele Garantiefonds. Ein guter Berater klärt Sie hierüber aber bereits beim Kauf auf, und die Rücknahmegebühr muss in jedem Fall in den Verkaufsunterlagen zum Fonds erwähnt sein.

Während der Dauer Ihres Investments entnimmt die Fondsgesellschaft für ihre Arbeit eine Verwaltungsvergütung von meist bis zu 2 Prozent p.a. aus dem Fondsvermögen. Diese Entnahme erfolgt täglich kontinuierlich und schlägt sich sukzessive in den Anteilspreisen nieder. Die Verwaltungsvergütung wird nicht Ihnen persönlich in Rechnung gestellt, sondern belastet Sie indirekt über die Entwicklung der Anteilspreise. Dies wirkt so, dass ein Fonds mit 1 Prozent effektiver Verwaltungsvergütung erst einmal 1 Prozent Kursgewinn oder Erträge aus den Wertpapieren im Sondervermögen im

Laufe eines Jahres vereinnahmen muss, bevor der Anteilspreis des Fonds steigt.

Zunehmend setzt sich auch eine erfolgsabhängige Verwaltungsvergütung im Fondsangebot durch. Eigentlich ist dagegen nichts einzuwenden, denn wie der Name schon sagt, wird diese Gebühr nur bei Erfolg entnommen, zum Beispiel wenn die Performance (Leistung) des Fonds die seiner Benchmark übersteigt. Nehmen wir einmal an, es handelt sich um einen Fonds mit Anlage in deutschen Aktien. Die Benchmark, also der Vergleichsmaßstab für den Erfolg des Fondsmanagements, könnte hier der DAX sein. Erzielt der Fonds nun 15 Prozent, während der DAX nur um 12 Prozent steigt, beträgt die Outperformance (Mehrleistung gegenüber Benchmark) 3 Prozent. Die erfolgsabhängige Verwaltungsvergütung könnte nun zum Beispiel ein Drittel der Outperfomance sein. In diesem Fall würde die Fondsgesellschaft für ihren Anlageerfolg dann ein Drittel von 3 Prozent erfolgsabhängige Verwaltungsvergütung erhalten, also 1 Prozent. Nach dieser Gebühr würde der Ertrag des Fonds für Sie dann 14 Prozent (15 − 1 Prozent) ausmachen. Die erfolgsabhängige Verwaltungsvergütung ist im Verkaufsprospekt, der rechtlich verbindlichen Beschreibung der Eigenschaften des Fonds, aber auch in den Infomaterialien Ihres Beraters enthalten. Wenn Sie sich nicht sicher sind, fragen Sie Ihren Berater ruhig danach, ob eine erfolgsabhängige Verwaltungsvergütung erhoben und wie diese berechnet wird. Bitte bedenken Sie auch, dass die erfolgsabhängige Verwaltungsvergütung die reguläre Verwaltungsvergütung nicht ersetzt, sondern zusätzlich erhoben wird. Dennoch ist die Entnahme einer erfolgsabhängigen Verwaltungsvergütung in einem Geschäftsjahr des Fonds eigentlich ein gutes Zeichen, denn die erfolgsabhängige Vergütung wird ja erst bei einer Mehrleistung versus Benchmark erhoben. An dieser Mehrleistung partizipieren Sie als Anleger mehrheitlich. Voraussetzung für diese Aussage ist natürlich, dass eine faire Benchmark zugrunde gelegt wird und die Hürde nicht zu niedrig hängt. Dies werden letztlich nur Experten beurteilen können.

Wann fallen diese verschiedenen Kostenkategorien an? Der Ausgabeaufschlag fällt nur beim Kauf an, die ordentliche Verwaltungsvergütung regelmäßig jährlich und die erfolgsabhängige Verwaltungsvergütung, wenn Sie bei Ihrem Fonds erhoben wird, nur bei einer Outperformance/Mehrleistung des Fondsmanagements. Häufig gibt es zu einem Fonds zwei Kategorien: einen Load-Fonds und einen No-Load-Fonds. Da im Englischen Load den Ausgabeaufschlag bezeichnet, sind Load-Fonds eben Fonds mit Ausgabeaufschlag und No-Load-Fonds solche ohne Ausgabeaufschlag. Aber halt, freuen Sie sich nicht zu früh: Anstelle des Ausgabeaufschlages haben die No-Load-Fonds eine höhere Verwaltungsvergütung. Für wen ist nun welcher Fondstyp geeignet? Vergleichen wir einmal anhand eines Beispiels:

	Europa-Aktienfonds Liliput	
	Load-Variante	No-Load-Variante
Ausgabeaufschlag z.B.	4 Prozent	0 Prozent
Verwaltungsvergütung z.B.	1 Prozent p.a.	1,5 Prozent p.a.

Legt der Anleger in den Fonds für zwei Jahre an, fährt er mit der No-Load-Variante ohne Ausgabeaufschlag besser, denn er bezahlt 0 + 2 x 1,5 = 3,0 Prozent für beide Kostenkategorien gesamt, während bei der Load-Variante 4 + 2 x 1 = 6 Prozent fällig wären. Ist der Anlagezeitraum dagegen in diesem Beispiel länger als acht Jahre, überwiegt überschlagsmäßig die jährliche niedrigere Verwaltungsvergütung der Load-Variante deren Nachteil im Ausgabeaufschlag. Daher:

Lektion 17

Für die Altersvorsorge sollten Sie grundsätzlich keine No-Load-Fonds (ohne Ausgabeaufschlag) wählen, da diese über die höhere Verwaltungsvergütung auf Dauer zu teuer werden. Bestehen Sie alleine auf Load-Fonds. Legen Sie auf einen Schlag einen Betrag von über 10.000 Euro in einen Load-Fonds an, können Sie bei manchen Banken über eine Reduzierung Ihres Ausgabeaufschlages verhandeln. Alternativ können Sie größere Beträge bei vielen Fonds auch über die Börse handeln.

Damit sind wir nun bei der Frage angekommen: „Welche Fonds soll ich denn nun kaufen?" Schauen Sie sich hier unbedingt noch einmal die Lektionen 4 bis 8 an, denn die dort genannten Grundsätze sollten Sie unbedingt beherzigen. Die Frage Ihrer Risikotoleranz, der vorrangigen Absicherung Ihrer Familie, der Risikominimierung über Anlagedauer und Diversifikation sind nun Elemente in Ihrer Entscheidung, die zu berücksichtigen sind.

Wir werden nun die Formel aus Lektion Nr. 7 zur Ermittlung des Assetmix Ihrer Altersvorsorge anwenden unter der Annahme, dass Ihre Familie und Sie bereits gegen die wichtigsten Lebensrisiken abgesichert sind, Sie mit Aktienfonds ohne Albträume „schlafen können" und Sie die Entscheidung über einzelne Aktien oder Rentenwerte an einen Fondsmanager abgeben möchten.

Nehmen wir als Beispiel an, dass Sie 48 Jahre alt sind. Dann ergibt die Formel aus Lektion 7 einen Aktienanteil in Ihrem Altersvorsorge-Assetmix von 66 Prozent. Die verbleibenden 34 Prozent sollten Sie in Rentenfonds und/oder Immobilienfonds investieren. Sie besitzen 15.000 Euro Erspartes und können monatlich 200 Euro sparen. Ziehen Sie davon ab, was Sie in absehbarer Zeit wieder angreifen müssen, um zum Beispiel den Urlaub oder die Autoversicherung zu bezahlen oder ein neues Auto anzusparen. Sagen wir mal, nach Abzug dieser Größen bleiben Ihnen noch 8.000 Euro Erspartes und 100 Euro Sparrate für die Altersvorsorge übrig.

Beim Ersparten fällt die Einteilung leicht: 66 Prozent von 8.000 Euro betragen 5.280 Euro für einen noch zu bestimmenden Aktienfonds, sagen wir rund 5.300 Euro. 2.700 Euro bleiben für Immobilien- und Rentenfonds oder sonstige verzinsliche Anlagen (Tagesgeldkonto, Festgeld) übrig. Zu dieser Entscheidung kehren wir gleich zurück, nachdem wir einmal einen Blick auf die Disposition Ihrer Sparrate geworfen haben. Idealerweise würden Sie nämlich dort auch 66 Prozent von 100 Euro in Aktienfonds investieren, also 66 Euro und 34 Euro gingen dann in Renten- oder Immobilienfonds. Da 34 Euro aber unter der Mindestanlage von 50 Euro der meisten Fondsgesellschaften liegen, müssen Sie hier variieren. Zum einen könnten Sie einen Sparplan mit 68 Euro alle zwei Monate für einen Rentenfonds starten (also 68 ./. 2 = 34 Euro pro Monat im Schnitt). Die 66 Euro monatlich in den Aktienfonds anzulegen ist kein Problem. Nachdem Sie sich zum Beispiel auf der Seite des Sparplanes nun für einen Rentenfonds anstelle eines Immobilienfonds entschieden haben, vervollständigen Sie die Risikodiversifikation dadurch, dass Sie die vorhin verbliebenen 2.700 Euro Erspartes in einen Immobilienfonds anlegen. Und schon haben Sie Ihren Assetmix wie folgt:

5.300 Euro	in Aktienfonds	= 66 Prozent des Ersparten
2.700 Euro	in Immobilienfonds	= 34 Prozent
66 Euro pro Monat	in Aktienfonds	= 66 Prozent der Sparrate
68 Euro alle zwei Monate	in Rentenfonds	= 34 Prozent

Wenn Sie können, statten Sie die Sparpläne von Anfang an mit einer Dynamik von 2 oder 3 Prozent jährlich aus. Das heißt dann, dass die Sparplanrate jedes Jahr um diesen Prozentsatz steigt, zum Beispiel etwa parallel zum Anstieg Ihres Gehaltes. Der Unterschied zwischen Tabelle 1a und Tabelle 2a zeigt Ihnen, wie dramatisch sich solch eine automatische jährliche Anpassung bis zum Endkapital Sparen EKS auswirken kann: Sparen Sie 100 Euro monatlich und erzielen 7 Prozent Rendite pro Jahr, haben Sie ohne Dynamik 117.602 Euro (= 36.000 Euro + 81.602 Euro) nach 30 Jahren.

Schalten Sie jetzt aber 2 Prozent Dynamik noch hinzu (also 100 Euro im ersten Jahr, 102 Euro im zweiten Jahr etc.), kommen Sie bei gleicher Rendite und Laufzeit auf insgesamt 144.441 Euro (= 48.682 Euro + 95.759 Euro), also fast ein Viertel mehr. Daher:

> ### Lektion 18
> Schalten Sie bei Ihren Sparplänen den „Turbo" dazu: Vereinbaren Sie eine jährliche, dynamische Steigerung Ihrer Beiträge, zum Beispiel um 2 oder 3 Prozent pro Jahr. So wächst Ihr Vorsorgebeitrag mit der Gehaltsentwicklung mit und steigert Ihr Vorsorgekapital auf Dauer gewaltig.

Natürlich interessiert Sie jetzt auch anhand der Größen EKA, EKS und der Summe EKAS, womit Sie denn bis zu Ihrem Ruhestand rechnen können. Dabei ist jetzt die Annahme über die Rendite eine wichtige Größe. In den vorangegangenen Lektionen hatte ich Ihnen Orientierungsgrößen zur Rendite von Aktien/Aktienfonds, Rentenwerten/Rentenfonds und Immobilienfonds gegeben. Nun müssen Sie für EKA und für EKS aus den reinen Renditegrößen die Renditen Ihres Assetmix herleiten.

Legen wir über Jahrzehnte zum Beispiel folgende Renditen zugrunde:

Aktienfonds	7 Prozent p.a.,
Rentenfonds	4 Prozent p.a.,
Immobilienfonds	4 Prozent p.a.,

dann können Sie die EKA- und EKS-Werte für das Alter von 68 (48 plus 20) errechnen:

5.300 Euro Anlage in den Aktienfonds	-> EKA1
2.700 Euro Anlage in den Immobilienfonds	-> EKA2
66 Euro Sparen in den Aktienfonds	-> EKS1
34 Euro Sparen in den Rentenfonds	-> EKS2
EKAS = EKA1 + EKA2 + EKS1 + EKS2	

EKA1	=	5.300 ./. 10.000 x 38.659	=	20.489 Euro
EKA2	=	2.700 ./. 10.000 x 21.913	=	5.915 Euro
EKS1	=	66 ./. 100 x 51.040	=	33.686 Euro
EKS2	=	34 ./. 100 x 36.505	=	12.412 Euro
EKAS			=	72.502 Euro

Über 72.000 Euro Endkapital Anlegen und Sparen aus 8.000 Euro Vorsorgekapital und 100 Euro Sparrate in 20 Jahren – das ist ein respektabler Erfolg. Auch wenn Sie die Tabellen mit Ausgabeaufschlägen berücksichtigen, wird Ihr EKAS nahe bei 70.000 Euro liegen. Was unternehmen Sie nun, um dieses Ergebnis am Ende zu sichern?

Lektion 19

In den letzten Jahren vor dem Beginn Ihres Ruhestandes schichten Sie die Aktien und Aktienfonds in mehreren Schritten sukzessive in die stabileren Renten- und Immobilienfonds um. Denn mittlerweile beträgt Ihre Anlageperspektive nicht mehr Jahrzehnte, sondern Jahre. Das Risiko von Aktien und Aktienfonds, auf kurze Fristen gesehen, kennen wir ja aus Lektion 4. Nun, da Sie das Geld in den nächsten Jahren brauchen werden, soll Ihnen das kurzfristige Risiko nicht mehr den langfristigen Ertrag „verhageln".

Nun haben wir bisher über „Aktienfonds", „Rentenfonds" etc. abstrakt gesprochen. Sie werden aber schnell fragen: Wie finde ich denn den „richtigen" Fonds für mich aus den Tausenden angebotenen Fonds?

Zum einen sollten Sie sich definitiv von einem Berater, dem Sie vertrauen, betreuen lassen. Je mehr Sie den Berater kennen und je dauerhafter Ihre Beziehung ist, desto mehr wird er sich Ihnen gegenüber in der Pflicht fühlen. Auf der anderen Seite schadet es nicht, mit den richtigen Fragen nachzuhaken und zu zeigen, dass man nicht ganz „auf dem Schlauch steht". Fragen Sie ihn daher ruhig:

- Besitzt der Fonds ein Rating?

Auch Fonds werden von Ratinggesellschaften wie FERI und Standard & Poor's bewertet und können zum Beispiel mit „A" (beste Wertung) oder „B" ausgezeichnet werden. Hat ein Fonds ein solches Rating, ist er gründlich auf „Herz und Nieren" geprüft worden – entweder rein quantitativ oder zusätzlich mit einer Analyse des Anlageprozesses. Fonds ohne Rating müssen aber nicht per se schlecht sein, es kann sein, dass sie einfach noch nicht geratet wurden. Zudem: Auch Ratings bewerten nur die Vergangenheit (Hat der Fonds bisher gute Leistung gezeigt?) und bieten nur die Hoffnung, dass ein bisher guter Fonds auch in Zukunft brillieren wird.

- Wie liegt der Fonds in seiner Vergleichsgruppe (auch: Peergroup genannt)?

Jeder Fonds wird mit anderen vergleichbaren Fonds in seiner Performance gemessen. Wenn der empfohlene Aktienfonds mit Schwerpunkt Europa über eine Zeit von mehreren Jahren immer in der Spitzengruppe aller Aktienfonds mit Schwerpunkt Europa lag (zum Beispiel auf Platz eins bis zehn von 43), ist dies ein positives Signal. Übrigens hält sich keiner in der Spitzengruppe immer auf Platz eins, Sie müssen der Nummer eins also nicht hinterherjagen. Eine langfristig gute Performance ist für Sie auch viel wichtiger als ein, zwei herausragende Jahre, denen dann wieder Durchhänger folgen. In so einem Fall wäre auch die Frage berechtigt: War das einmalige, spektakuläre Ergebnis eher Glück oder Leistung? Über Jahre hinweg vorne zu sein, das ist definitiv Leistung und Können.

- Wie gut ist die Performance des Fonds über die letzten zehn Jahre?

Hier gewinnen Sie zumindest ein Gefühl, was der Fonds in der Vergangenheit erzielt hat. Natürlich ist ein Aktienfonds anders zu werten als ein Rentenfonds.

- Wie erfahren ist der Fondsmanager, und wie lange betreut er bereits den Fonds?

Diese Frage könnte den Berater ins Schwitzen bringen, und eventuell muss er auch recherchieren, um Ihnen zu antworten. Wenn er die Frage nicht sofort beantworten kann, kann er Ihnen ja auch später noch antworten. Ist der Fondsmanager erst seit kurzer Zeit für den Fonds verantwortlich, können Sie nicht aus der Fondsperformance der vergangenen Jahre auf die Qualität des Fondsmanagers schließen. In der Regel ist dann das Fondsrating auch „under Review", also unter Beobachtung. Denn schließlich muss sich der neue Fondsmanager erst einmal mit eigenem Können beweisen. Hat der Fondsmanager zuvor einen anderen Fonds betreut, lohnt auch ein Blick darauf, wie gut er bei jenem Fonds war.

- Warum ist dieser Fonds besser als andere Fonds?

- Warum empfehlen Sie uns genau diesen Fonds?

An der Antwort auf diese Fragen können Sie häufig erkennen, was sich der Berater bei der Auswahl des Fonds gedacht hat oder ob diese gar beliebig war.

Hat der Berater ein paar wichtige Aussagen zum Anlagekonzept oder der Performance des Fonds auf der Hand, die einleuchten und zu Ihnen passen?

- Welche Risiken gehe ich mit der Anlage in diesen Fonds ein?

Sie kennen den Zusammenhang zwischen hohen Erträgen und hohen Risiken. Spitzenergebnisse der letzten Jahre sind keine Garantie für die Zukunft. Also bei aller Euphorie für hohe Renditen: Fragen Sie nach den Risiken, die Sie mit der Anlage eingehen. Seien Sie sich aber auch bewusst, dass Sie manche Risiken über den Verlauf von 30 Jahren oder mehr bewusst schultern können (zum Beispiel Kursrisiko Standard-Aktienmärkte). Legen Sie sich aber auf eine Branche fest, kann der Fondsmanager deren Risiken natürlich nicht entkommen. Sie haben für ihn ja mit der bewussten Wahl eines Branchenfonds die Diversifikation in andere Branchen ausgeschlossen. Er muss für Sie in dieser Branche investieren – ob gerade aussichtsreich oder nicht. Also wählen Sie Ihren Fonds nicht zu eng aus. Breit anlegende Fonds mit vielen Anlagealternativen bieten dem Fondsmanager auch mehr Freiraum zur Diversifikation.

Natürlich gibt es noch Dutzende anderer sinnvoller Fragen zu dem Thema Fondsauswahl. Aber es kommt in dem Beratungsgespräch auch nicht darauf an, unbedingt alle Fragen zu stellen. Es ist aber sinnvoll, wenn Ihr Berater merkt, dass Sie die „richtigen Fragen stellen", und er Sie daher nicht „auf die leichte Schulter" nimmt. Wenn Sie zum Beispiel anhand obiger Fragen das Gefühl gewinnen, dass die Fondsempfehlung zu undurchdacht ist, sagen Sie: „Wir werden darüber nachdenken und wollen noch Alternativen prüfen." Dann gehen Sie lieber noch zu einem anderen Berater bei einer anderen Bank. Wenn Sie das in dieser Form im Beratungsgespräch erwähnen, spornt dies möglicherweise sogar den Ehrgeiz Ihres Beraters an – nach dem Motto „Konkurrenz belebt das Geschäft". Generell sollten Sie sich bei der Auswahl von Fonds für die Altersvorsorge auf folgende Kategorien beschränken:

Lektion 20

Wählen Sie bei Investmentfonds für Ihre Altersvorsorge nur Standardfonds (Aktienfonds, Rentenfonds, Mischfonds, Dachfonds, Life-Cycle-Fonds mit dem Anlageschwerpunkt Europa oder Welt) aus. Wählen Sie auf keinen Fall Themen-, Branchen- oder Länderfonds.

Themenfonds, Branchenfonds und Länderfonds sind eher für den Anleger mit einem kurz- bis mittelfristigen Anlagehorizont interessant. Ende der neunziger Jahre war es sicherlich interessant, in Internet- oder Telekomfonds investiert zu sein. Doch wer dann vergaß, rechtzeitig in die nächste Branche umzuschichten, der erlebte dann auch die Rückschläge sehr herb. Sie sollten sich für Ihre Altersvorsorge auf keinen Fall in diese Verantwortung begeben, selbst rechtzeitig umschichten zu müssen. Investieren Sie dagegen in einen Standard-Aktienfonds mit dem Schwerpunkt Europa, ist es die Aufgabe des Fondsmanagers, innerhalb Europas die richtigen Branchen und die interessantesten Aktien auszusuchen und gegebenenfalls im Fonds auch umzuschichten, wenn andere Trends aufkommen. Neben dieser sinnvollen Delegation von Verantwortung an den Fondsmanager erhalten Sie mit Standardfonds ohne Branchen- und Themeneinschränkung auch eine höhere Risikodiversifikation, wie wir sie bereits in Lektion 5 beschrieben haben. Es leuchtet auch ein, dass Ihr Fonds eine größere Risikostreuung aufweist, wenn er nicht nur Telekomwerte besitzt (bis zu 100 Prozent bei einem Telekomfonds), sondern weit streut: 9 Prozent Pharma, 11 Prozent Chemie, 7 Prozent Elektro etc. Geht Pharma rauf und Elektro runter, haben Sie ausgleichende, risikodiversifizierende Effekte innerhalb des Fonds, und das ist gut so.

Bleiben Sie sowohl bei Aktien- als auch bei Rentenfonds entweder beim Anlageschwerpunkt Europa oder Welt/Global. Europa hat den Vorteil, dass Ihre Anlage fast ausschließlich im Euro-Währungsraum getätigt wird. Mit ein bisschen britischem Pfund oder Schweizer Franken müssen Sie auch bei einem Europafonds rechnen, deren Risiko und Anteil am Fonds ist aber meist gering. Wer auch dieses Währungsrisiko ausschließen will, muss auf einem reinen Euroland-Fonds bestehen. Dann wird definitiv nur in Ländern des Euro-Währungsraumes investiert, das heißt aber auch beispielsweise ohne Schweiz, Dänemark und Großbritannien.

Sie können sich auch bewusst für einen weltweit anlegenden Fonds entscheiden. Sie erhalten damit zusätzliche Chancen, gehen aber auch zusätzliche Risiken ein. Nehmen wir einmal einen weltweit anlegenden Aktienfonds im Vergleich zu einem Euroland-Aktienfonds: Beim Euroland-Fonds schließen Sie Währungsrisiken aus, die der global anlegende Fonds aufweist. Da Ihre Anlageperspektive Altersvorsorge aber wahrscheinlich Jahrzehnte beträgt, können Sie sich über den globalen Aktienfonds zum Beispiel die langfristigen Wachstumschancen Asiens erschließen. Da der Fondsmanager bei diesem Fonds in der Wahl aller Aktien weltweit frei ist, kann er auch jede Chance nutzen und muss nicht

Asien ausschließen, wie eben beim Euroland- oder Europa-Fonds. Wahrscheinlich wird sein Fonds zwischen 5 und 20 Prozent Asien beinhalten, daneben Amerika, Europa, Australien etc. Auch hier bietet die hohe weltweite Diversifikation eine Reduzierung des Risikos, weshalb Sie global investierende Aktienfonds grundsätzlich in Ihre Überlegungen miteinschließen sollten.

Auf fünf Gattungen von Investmentfonds muss ich Sie noch aufmerksam machen: die Mischfonds, die Dachfonds, die Life-Cycle-Fonds, die Garantiefonds und die Exchange Traded Funds. Unter Mischfonds versteht man Fonds, die sowohl in Aktien wie in Rentenwerten anlegen dürfen. Meist haben diese Fonds auch ein gewisses Mischverhältnis definiert, um das herum der Anteil Aktien gegenüber dem Anteil Renten schwanken darf. Ein europäisch oder global ausgerichteter Mischfonds kann für Sie durchaus eine gute Wahl sein, wenn der Aktienanteil im Fonds in etwa dem Aktienanteil Altersvorsorge in Ihrem Assetmix entspricht. Beispielsweise kann ein 52-Jähriger mit einem Aktienanteil Altersvorsorge von 54 Prozent gut und gerne einen Mischfonds mit etwa 50 Prozent Aktienanteil kaufen. Der Vorteil ist, dass er nicht selbst zwischen Aktien- und Rentenfonds aufteilen muss, sondern alles in einen Fonds hineinfließt.

Alternativ kommt auch ein Dachfonds in Frage. Der Dachfondsmanager investiert in Fonds, nicht in einzelne Aktien und Rentenwerte. Auch beim Dachfonds wird meist ein gewisses Mischverhältnis zwischen Aktienfonds und Rentenfonds vordefiniert, um das herum der Fondsmanager in gewissen Bandbreiten je nach Marktlage schwanken darf. Meist sind diese Mischungsverhältnisse mit Begriffen wie „ausgewogen" für 50:50, „dynamisch" für zum Beispiel 75 Prozent Aktienfonds oder „defensiv" für 25 Prozent Aktienfondsanteil umschrieben. Fragen Sie beim Berater aber ruhig nach, in welchen Bandbreiten sich der Fondsmanager mit seinem Aktienfondsanteil bewegen muss und kann.

Und fragen Sie bei einem Dachfonds ruhig auch, wie die Verwaltungsvergütung berechnet wird. Wird die Verwaltungsvergütung sowohl auf der Ebene des Dachfonds als auch auf der Ebene der Zielfonds erhoben, zahlen Sie mit Ihrem Dachfonds am Ende zweimal Verwaltungsvergütung. Das kann die Rendite ganz schön schmälern. Gott sei Dank findet bei den meisten Dachfonds mit einer Anlage in den Zielfonds der gleichen Fondsgesellschaft (wie der Dachfonds) bisher eine „Anrechnung" der Verwaltungsvergütung der Zielfonds statt, so dass eine Doppelbelastung vermieden wird. Bei fremden Zielfonds müssen Sie jedoch in der Regel mit einer zumindest teilweisen Doppelbelastung rechnen. Auch wenn die Fondsgesellschaft verpflichtet ist, die erhaltenen Vergütungen der Zielfonds dem Fondsvermögen des Dachfonds – und damit Ihnen, den Kunden – zukommen zu lassen, bleibt immer noch eine Mehrbelastung zu verkraften. Dies wirkt natürlich zu Lasten Ihrer Rendite. Fragen lohnt sich: In welche Fonds darf der Fondsmanager investieren, und wie findet die Berechnung der Verwaltungsvergütung statt? Anrechnung der Zielfonds-Verwaltungsvergütung oder nicht?

Life-Cycle-Fonds (auch Lebenszyklusmodelle, Target-Fonds, Zielanlagefonds genannt) optimieren den Mix zwischen den Assetklassen auf einen festen Zieltermin hin, der im Namen des Fonds genannt wird. Zum Beispiel Aladin-Zielsparfonds 2025. Der Fondsmanager dieses Fonds würde zum Beispiel in den ersten zehn Jahren einen recht hohen Anteil an Aktien im Portfolio halten und dann, je näher der Zieltermin 2025 rückt, zunehmend in Richtung Sicherheit, das heißt in Rentenwerte umschichten. Dies macht ein normaler Aktien-, Misch- oder Dachfonds natürlich nicht, weil er keinen festen Zieltermin hat und die Anlagegelder auf Dauer in dem gewählten Anlageuniversum investiert halten muss. Das ist auch 100 Prozent richtig so. Denn für einen Aktienfonds beispielsweise erwartet der Anleger ja, eben in Aktien investiert zu sein. Und der Anleger „neben Ihnen" braucht sein Geld eventuell erst im Jahr 2033 oder 2040. Jeder dieser Anleger muss dann für sich den richtigen Zeitpunkt zum Umschichten in Rentenfonds wählen, und natürlich unterscheiden sich diese Zeitpunkte so stark wie das Alter, der Anlagehorizont etc. der vielen Anleger in dem Aktienfonds. Anders verhält es sich bei Life-Cycle-Fonds. Hier finden sich die Anleger zusammen, zu denen der Auszahltermin, zum Beispiel 2025, passt. Hier übernimmt der Fondsmanager dann die sukzessive Optimierung der Fondsanlage auf diesen Zieltermin hin. Am Anfang mehr Aktien, später mehr Renten, und am Ende ist das Portfolio nur noch in kurzlaufenden Rentenwerten angelegt. Natürlich haben die Fondsgesellschaften, die Life-Cycle-Fonds anbieten, nicht 40 Fonds für die nächsten 40 Jahre, einer fällig 2010, einer 2011 usw. Meist werden die Fonds in zeitlichen Abständen von vier bis fünf Jahren gestaffelt. Hier müssen Sie also einigermaßen treffgenau auswählen, welche Laufzeit zu Ihrer Rentenplanung passt.

Lektion 21

Die in Lektion 19 genannten Umschichtungen können Sie sich durch die Auswahl eines Life-Cycle-Fonds (Target-Fonds, Zielanlagefonds) ersparen. Allerdings muss der Zieltermin des Fonds mit Ihrem Renteneintritt einigermaßen passen. Sollte Ihr Wunschtermin (zum Beispiel 2027) nicht exakt im Fondsangebot zu finden sein (zum Beispiel 2025, 2030, 2035), wählen Sie den Fonds, der bis zu drei Jahre früher ausläuft. Viel früher sollte der Life-Cycle-Fonds aber nicht enden, denn natürlich kommt es darauf an, dass die hohen Ertragschancen von Aktien so lange wie möglich für Sie genutzt werden. Endet der Fonds für Sie viel zu früh, „bremst" der Fondsmanager natürlich auf den Zieltermin des Fonds hin und nimmt Risiko- und Ertragschancen heraus. Bitte achten Sie aus demselben Grund auch darauf, dass der gewählte Life-Cycle-Fonds möglichst frei in Aktien anlegen kann. Kommen zu viele Nebenbedingungen oder Versprechungen (zum Beispiel Garantien) hinzu, muss der Fondsmanager automatisch mit „angezogener Bremse" (d.h. weniger Aktien) „fahren".

Damit sind wir bei dem Punkt „Garantien" und „Garantiefonds". Klingt eigentlich nicht schlecht, in Aktien zu investieren und das mit zum Beispiel 100 Prozent Kapitalgarantie, oder? Klingt viel zu verlockend und kann schon aus einem Grund nicht richtig funktionieren: Kein Ertrag ohne Risiko. Das heißt auch: Muss der Fondsmanager das Risiko reduzieren, um eine Garantie einzuhalten, wird dadurch auch direkt oder indirekt die Ertragschance reduziert. Selbst wenn Ihnen bei Garantie noch „100 Prozent Partizipation" an einer Aktienindexentwicklung versprochen wird, schauen Sie bitte genau hin. Meist ist der Index dann ein Kursindex und kein Performanceindex. Was heißt das für Sie? In einem Performanceindex sind die Dividenden der Aktien enthalten, in einem Kursindex aber nicht. Macht die Performance eines Aktienmarktes 8 Prozent p.a. und die Dividendenrendite der darin enthaltenen Aktien 2 Prozent p.a. aus, dann leistet der Performanceindex eben 8 Prozent p.a. und der Kursindex nur 6 Prozent p.a. Sie wissen ja anhand unserer Beispiele und Tabellen, wie riesig die Unterschiede zwischen diesen 6 und 8 Prozent bei langen Anlagezeiträumen sind. Also:

Lektion 22

Jede Garantie hat ihren Preis und vermindert Ihre Ertragschancen gegenüber der Anlage ohne Garantie. Solange wir hier über Vorsorgen und Zeiträume von über zehn Jahren sprechen, haben Garantiefonds für Ihre Altersvorsorge grundsätzlich keinen Sinn.

Sie erinnern sich ja auch noch an das Kapitel „Risikoreduzierung durch lange Anlagezeiträume". Bei einer Anlage im DAX-Aktienkorb – jeweils von Jahresende bis Jahresende – ergaben sich in der Zeit von 1948 bis 2007:

	Rendite: schlechtester Wert	Rendite: bester Wert	Anteil der Verlustzeiträume
Einjahres-Zeiträume	-43,9 Prozent p.a.	+152,0 Prozent p.a.	31 Prozent
Zehnjahres-Zeiträume	-1,8 Prozent p.a.	+34,1 Prozent p.a.	2 Prozent
Dreißigjahres-Zeiträume	+4,8 Prozent p.a.	+14,5 Prozent p.a.	0 Prozent

Beträgt Ihre Zeit bis zum Ruhestand noch mehr als zehn Jahre, ist eine Garantieabsicherung nicht sinnvoll, kostet Sie aber in jedem Fall Ertragspotential. Dieses Eigentor sollten Sie nicht schießen.

Kommen wir noch kurz zu den sogenannten Exchange Traded Funds (ETFs). Grundsätzlich können eigentlich alle Fondstypen an der Börse zum Handel zugelassen und dann an jedem Handelstag laufend notiert werden. Vielversprechend sind hier auch ETFs in Form kostengünstiger Indexfonds. Dabei bilden diese Fonds einen gewählten Index mit einem geringen Verwaltungsaufwand ab. Hier wählt kein Fondsmanager durch Analysen bestimmte Aktien aus, die er dann kauft. Dieser aufwendige Ansatz wird bewusst ersetzt durch den Kauf aller Werte eines Indizes in genau der Zusammensetzung wie der Index auch – gegebenenfalls auch mit Einsatz von Derivaten. Ein solcher Fonds ist kostengünstig darzustellen, und die Frage „Schafft es der Fondsmanager, den Index zu schlagen?" erübrigt sich. Statt rund 1,5 Prozent Verwaltungsvergütung beim aktiv gemanagten Aktienfonds beträgt die Verwaltungsvergütung bei breit aufgestellten ETFs in der Regel unter 0,5 Prozent pro Jahr. Das heißt, solch ein ETF kann pro Jahr einen Kostenvorteil von über 1 Prozent in die Waagschale werfen. Diese Hürde muss der Fondsmanager des aktiven Fonds erst einmal übertreffen. Tut er das nicht, ist der ETF im Vorteil. Und Sie wissen ja anhand unserer Tabellen zu Sparplan oder Einmalanlage, welchen Unterschied eine Verzinsung von 7 Prozent p.a. statt 6 Prozent über lange Zeiträume ausmacht: Bei einem 100-Euro-Sparplan über 30 Jahre beträgt der Unterschied zwischen 6 Prozent und 7 Prozent p.a. Rendite fast 20.000 Euro. Also muss der Fondsmanager sehr gut sein oder der Fonds sehr günstig (zum Beispiel als ETF).

Vorsorgen mit einer Lebensversicherung

Bereits im Kapitel „Absicherung wichtiger Lebensrisiken" haben wir das Thema Lebensversicherung angesprochen. Lebensversicherungen werden in Kapitallebensversicherungen und in Risikolebensversicherungen unterschieden. Bei der Risikolebensversicherung wird alleine das Risiko durch Tod der versicherten Person mit einer einmaligen Auszahlung an den Begünstigten abgesichert. Der Beitrag ist vom Alter, Geschlecht, Gesundheitszustand und der Höhe der Leistung im Todesfalle abhängig – und vom Tarif des Versicherers natürlich.

Bei der Kapitallebensversicherung wird neben dem Beitrag für den Todesfallschutz Kapital in die Lebensversicherung eingezahlt, das die Versicherung kollektiv für die Versicherungsnehmer anlegt. Am Ertrag dieser Anlagen partizipieren Sie über Überschussanteile. Die Höhe dieser Überschussanteile ist abhängig von den Erträgen, die die Versicherung in der Zukunft erwirtschaften wird. Dabei gibt es für alle klassischen Kapitallebensversicherungen eine sogenannte Garantieverzinsung. Diese beträgt zurzeit 2,25 Prozent und bezieht sich auf den reinen Kapitalanteil der Lebensversicherung. Der Kapitalanteil ist nicht die Höhe Ihres Beitrages, sondern Ihr Beitrag minus des Anteils, der für den Todesfallschutz notwendig ist, sowie abzüglich der Verwaltungs- und Betriebskosten.

Der Garantiezins gilt für die ganze Laufzeit Ihrer Lebensversicherung. Auch wenn Sie in der Zeitung lesen, dass der Garantiezins gesenkt oder erhöht wird, bezieht sich dies jeweils immer nur auf die dann erfolgenden Neuabschlüsse. Haben Sie bereits eine klassische Kapitallebensversicherung abgeschlossen, können Sie in der folgenden Tabelle den Garantiezins für Ihre Lebensversicherung ablesen. Der Garantiezins gilt branchenweit einheitlich.

Abschluss der Lebensversicherung	Garantiezins
bis 31.12.1986	3,0 Prozent p.a.
bis 30.06.1994	3,5 Prozent p.a.
bis 30.06.2000	4,0 Prozent p.a.

Abschluss der Lebensversicherung	Garantiezins
bis 31.12.2003	3,25 Prozent p.a.
bis 31.12.2006	2,75 Prozent p.a.
ab 01.01.2007	2,25 Prozent p.a.

Die einzig sichere Prognose, die die Lebensversicherungsgesellschaft Ihnen gegenüber für die Ablaufleistung im Erlebensfall, also nach dem Ablauf der Versicherung ohne den vorherigen Tod der versicherten Person, abgeben kann, ist die Prognose anhand der Garantieverzinsung. Alle darüber hinausgehenden Berechnungen sind mit Risiko behaftet und können Sie nicht fest einkalkulieren. Viele Versicherer benennen Ihnen Szenarien: So viel erhalten Sie, wenn wir weiterhin zu 4 Prozent p.a. anlegen können, so viel, wenn 5 Prozent p.a. möglich sind etc.

In der klassischen Kapitallebensversicherung haben Sie nach Ihrem Abschluss keinen Einfluss, wie der Versicherer Ihre Kapitalanteile anlegt. Auch den Assetmix werden Sie nur auf Nachfrage erfahren. Wenn Sie in die Anlageentscheidung eingreifen möchten, können Sie eine fondsgebundene Lebensversicherung wählen. Bei dieser kurz „FLV" genannten Variante wählen Sie aus einer Reihe von Investmentfonds aus, in die dann Ihre Sparanteile fließen. Die Entscheidung in Bezug auf den Fonds können Sie meist auch später ändern, entweder für die dann folgenden Beiträge oder inklusive Umschichtung der bereits erworbenen Anteile. Wenn Sie die Variante FLV wählen, sollten Sie den Versicherer nach den Möglichkeiten und Kosten des Tausches fragen. Ebenso erheben einige Versicherer bei den Fonds den Ausgabeaufschlag, andere wiederum nicht. Zweiteres ist natürlich für Sie günstiger. Achtung: Bei der FLV gibt es keine Mindestverzinsung. Diese verspricht der Versicherer nur, wenn er alleine über die Kapitalanlage entscheiden kann. Das ist eigentlich logisch, denn er kann ja nicht für Ihre Anlageentscheidung in Haftung gehen.

Der Entfall der Mindestverzinsung klingt zwar erst nach einem gewaltigen Nachteil. Dem steht aber auch ein großer Vorteil gegenüber: Alleine die fondsgebundene Lebensversicherung erlaubt Ihnen die Wahl eines hohen Aktienanteils im Assetmix. In der klassischen Lebensversicherung investieren die Versicherungsgesellschaften nicht über 30 Prozent in Aktien. Weitere Anlagen der Versicherer sind in der Regel Immobilien und Rentenwerte. Es ist bei der FLV also wie immer: Sie erkaufen sich die Chance höherer Erträge durch den Verzicht auf ein Stück Sicherheit, hier die Garantieverzinsung.

Welche Rendite ist bei klassischen Lebensversicherungen zu erwarten? In den neunziger Jahren betrugen die Überschussanteile der Versicherer häufig um die 6 bis 7 Prozent p.a. auf den Kapitalanteil. Doch die seit geraumer Zeit niedrigen Zinsen haben Spuren hinterlassen, so dass per heute gute Versicherer eine Rendite auf den Kapitalanteil von etwa 5 Prozent p.a. erreichen können, schwächere jedoch nur eine Rendite, die knapp oberhalb der Garantieverzinsung liegt. Wie gesagt, diese Rendite bezieht sich auf den Kapitalanteil Ihrer Lebensversicherung. In jungen Jahren lohnt sich deshalb der Abschluss einer Lebensversicherung aus zwei Gründen mehr als später:

Erstens können Sie über einen langen Zeitraum bis zu Ihrem Ruhestand auch genügend Kapital in Ihre Lebensversicherung rentierlich einbringen. Und zweitens benötigt die Versicherung in jungen Jahren natürlich einen geringeren Anteil Ihres Beitrages für die Absicherung des Todesfallrisikos. Damit bleibt also mehr für den Part Kapitalbildung. Beide Vorteile kumulieren sich erheblich. Daher

Lektion 23

Wenn Sie über eine Kapitallebensversicherung für Ihren Ruhestand ansparen wollen, empfiehlt sich ein Abschluss so früh wie möglich. Ab einem Alter von 50 Jahren wird die Risikokomponente in Ihrer Kapitallebensversicherung sehr teuer.

Bitte bedenken Sie bei Ihrer Entscheidung zu einer Kapitallebensversicherung, dass Sie mit ihr ein Bündel aus Risikolebensversicherung und Sparvertrag erwerben. Zur Risikoabsicherung Ihrer Familie benötigen Sie nicht zwingend die Kapitallebensversicherung, dafür genügt eigentlich schon die günstige Risikolebensversicherung. Es bleibt dann die Frage: Wollen Sie den Sparvertrag lieber in der Lebensversicherung oder getrennt abschließen? Beim getrennten Abschluss haben Sie eine größere Auswahl an Sparverträgen und Fondssparplänen, eine breitere Wahl an Fonds usw. Auch mal ein Aussetzen der Zahlung ist in der getrennten Form leichter. Zudem haben Sie bei der klassischen Kapitallebensversicherung keinen Einfluss auf den Assetmix. Dies geht allerdings bei der fondsgebundenen Lebensversicherung, und die aktuellen Steuervorteile sind auch beachtlich. Mehr dazu folgt später. Also, Sie merken: Der Abschluss einer Lebensversicherung sollte gut überlegt sein. Den besten Überblick verschaffen Sie sich, wenn Sie getrennt sowohl Ihren Bankberater als auch Ihren Versicherungsvertreter anhören und danach entscheiden. Auch Magazine wie Finanztest/Stiftung Warentest oder die Internet-Homepage

www.aspect-online.de

geben gute Tipps zur Auswahl. Aspect-Online wurde sowohl von der Zeitschrift ComputerBild wie von der Zeitschrift Öko-Test mit „sehr gut" ausgezeichnet. Und denken Sie, falls Sie die bereits angesprochene Berufsunfähigkeitsversicherung noch nicht haben und jünger als Jahrgang 1960 sind, an den Einschluss einer Berufsunfähigkeitszusatzversicherung (BUZ).

Zusätzlich noch ein Hinweis bezüglich Lebensversicherung und Durchhaltewillen: Der Abschluss einer Lebensversicherung führt zu einer langfristigen Bindung. Sie sollten in jedem Fall beabsichtigen, die Lebensversicherung bis zur Fälligkeit zu behalten. Wollen Sie nämlich aus einer Lebensversicherung aussteigen, das heißt sie kündigen, werden Sie in den ersten Jahren kaum die eingezahlten Beiträge wiedersehen, denn die Versicherung bezahlt die Abschlussprovision an den Versicherungsvertreter aus Ihren ersten Beiträgen. Zusätzlich zahlen die meisten Lebensversicherer erst am Schluss hohe Schlussüberschussanteile, die Sie natürlich nur erhalten, wenn Sie bis zum Ende durchhalten. Ihre Rückerstattung bei einer Kündigung der Versicherung nennt man den Rückkaufswert. Lösen Sie die Versicherung gar vor Ablauf von zwölf Jahren auf, entsteht zudem eine Steuerpflicht. Schade, dass trotz dieser Fakten nicht einmal 25 Prozent aller Kapitallebensversicherungen über 30 Jahre durchgehalten werden. Der Versicherungsnehmer bezahlt seinen Ausstieg durch den Verzicht auf den Schlussspurt teuer. Falls Sie irgendwann den Beitrag wirklich nicht mehr aufbringen wollen, sollten Sie die Versicherung besser beitragsfrei stellen lassen. Die Versicherung rechnet dann aus, welche niedrigere Versicherungssumme dann zu Ihren bereits geleisteten Beiträgen gehört, und lässt die Versicherung dann in diesem Umfang ohne weitere Beiträge bestehen.

Darüber hinaus gibt es noch einen weiteren wichtigen Grund durchzuhalten: Alle nach 2005 abgeschlossenen Lebensversicherungen unterliegen bezüglich ihres Kapitalertrages nur zur Hälfte der Einkommensteuer, wenn die Laufzeit des Vertrages mindestens 12 Jahre betrug und der Ablauf der Versicherung nach Vollendung des 60. Lebensjahres erfolgt. Dies ist ein Vorteil, auch im Vergleich zu Kapitalerträgen aus Wertpapieren, die ab 1.1.2009 der Abgeltungsteuer unterliegen. Es kann daher sinnvoll sein, Fonds im Mantel der FLV zu besparen statt durch direkten Fondserwerb. Dies gilt umso mehr, wenn Sie den mit der FLV beinhalteten Todesfallschutz für Ihre familiäre Situation benötigen. Bei bis 2005 abgeschlossenen Lebensversicherungen gibt es sogar eine komplette Steuerfreiheit.

> ### ▶▶▶ Lektion 24
>
> Mit einer Risikolebensversicherung sichern Sie Ihre Familie günstig gegen den Tod des Einkommensbeziehers ab. Bei einer Kapitallebensversicherung ist zusätzlich ein Sparvorgang eingebaut, der zu der Auszahlung einer Ablaufleistung bei Fälligkeit führt. Zurzeit beträgt die Rendite auf diesen Sparvorgang etwa 3 bis 6 Prozent p.a. bei einer Garantieverzinsung von 2,25 Prozent p.a. Mit einer fondsgebundenen Lebensversicherung können Sie Ihre Renditechancen bei Verzicht auf die Garantieverzinsung erhöhen.
>
> In jedem Falle sollten Sie eine abgeschlossene Kapitallebensversicherung oder fondsgebundene Lebensversicherung bis zur Fälligkeit durchhalten. Bei einer Kündigung in den ersten Jahren erhalten Sie häufig weniger als die gezahlten Beiträge zurück. Ab 1.1.2009 besitzt die Lebensversicherung einen Steuervorteil gegenüber Kapitalanlagen mit Abgeltungsteuer. Es kann daher steuerlich sinnvoll sein, Fonds im Rahmen der FLV zu erwerben statt direkt.

Noch ein Tipp für Verheiratete und Lebensgemeinschaften: Wenn Sie den Partner für den Fall Ihres Todes absichern wollen, sollte besser der Partner als Versicherungsnehmer die Police abschließen und Sie sind die versicherte Person. Egal, wer nun die Beiträge bezahlt, ist Ihr Partner wirtschaftlicher Eigentümer der Versicherung und erhält in Ihrem Todesfalle die Leistungen erbschaftssteuerfrei. Schließen Sie dagegen die Versicherung auf sich ab (Sie sind Versicherungsnehmer und versicherte Person zugleich) und tragen den Partner nur als Begünstigten ein, muss dieser in Ihrem Todesfall die Leistungen als Erbschaft/Schenkung versteuern. Zwar gelten bei der Erbschaftssteuer Freibeträge, aber mit obengenannter Vorgehensweise machen Sie es sich leichter, diese nicht zu überschreiten.

Vorsorgen mit einer privaten Rentenversicherung

Die private Rentenversicherung ist nicht mit der staatlichen Rentenversicherung zu verwechseln. Insbesondere unterscheiden sich beide in der jeweiligen Konstruktion. Sie wissen vom Anfang dieses Buches, dass die gesetzliche Rentenversicherung auf dem problematischen Umlageverfahren basiert. Ganz anders die private Rentenversicherung: Hier wird Ihnen für einen angesparten oder eingezahlten Geldbetrag eine lebenslange Rente versprochen. Das Verhältnis zwischen Rentnern und Beitragszahlern ist hier unerheblich, denn Ihr Geld wird nicht für heutige Rentner eingesetzt, sondern kommt für Sie und alle anderen Versicherungsnehmer zur Anlage und Risikoabsicherung. Die Leistungen der privaten Rentenversicherung werden daher beeinflusst von Ihrem Beitrag, Ihrer Lebenserwartung, den Renditen am Kapitalmarkt sowie den Versicherungsmodalitäten und -tarifen.

In den letzten Jahren hat die private Rentenversicherung einen enormen Aufschwung erlebt. Dieser Aufschwung verwundert nicht, denn die private Rentenversicherung kann einen zentralen Vorteil ausspielen: In der Auszahlphase der privaten Rentenversicherung erhalten Sie eben jene lebenslange Rente, während Sie bei der Lebensversicherung einmalig einen festen Betrag erhalten. Bei der Lebensversicherung oder dem Wertpapierdepot verbleibt nach der Auszahlung einfach noch die Frage: Bleibt am Ende des Geldes noch Lebenszeit übrig oder am Ende der Lebenszeit noch Geld? Dieses Problem erledigt sich bei der privaten Rentenversicherung, denn sie zahlt Ihnen ab Fälligkeit eine lebenslange Rente, egal wie lange Sie noch leben.

Dabei gibt es aber analog der Kapitallebensversicherung zu beachten, dass die Ihnen angebotene und prognostizierte Rente aus einem garantierten Anteil besteht und einem Anteil, der wiederum abhängig ist von den erzielten Überschüssen. Einen wichtigen Einfluss auf die Leistung der Rentenversicherung haben die Sterbetafeln, die die durchschnittliche Lebenserwartung der Bevölkerung reflektieren. Logisch ist, dass je länger die Bevölkerung im Durchschnitt lebt, desto länger muss der private Rentenversicherer zahlen und desto geringer fällt natürlich die monatliche Rente aus, die ja nun über einen längeren Zeitraum verteilt werden muss. Insoweit hat eine Anpassung der Sterbetafeln auf eine längere Lebenserwartung hin einen negativen Einfluss auf die Höhe der prognostizierten Rentenzahlungen aus dieser Versicherung.

Bei einer privaten Rentenversicherung wird der sogenannte Ertragsanteil der monatlichen Rente versteuert. Dieser Ertragsanteil beträgt zum Beispiel

Ertragsanteil (in Prozent)	**Alter des Rentenbeginns**
34	45
30	50
26	55 bis 56
25	57
24	58
23	59
22	60 bis 61
21	62
20	63
19	64
18	65 bis 66
17	67
16	68
15	69 bis 70
14	71
13	72 bis 73
12	74
11	75
10	76 bis 77
9	78 bis 79
8	80
5	85
4	88 bis 91
1	ab 97

der monatlichen Rente. Beträgt also Ihre monatliche Rente aus der privaten Rentenversicherung 200 Euro und startet Ihre Privatrente im Alter von 65 und sind die sonstigen genannten Voraussetzungen erfüllt, sind 18 Prozent der 200 Euro, also 36 Euro monatlich, zu Ihrem Steuersatz in Ihrer Einkommensteuererklärung zu versteuern. Beträgt dieser Steuersatz (hier einschließlich Soli und Kirchensteuer gerechnet) 40 Prozent, sind 14,40

Euro Steuer fällig. Nach Steuern haben Sie dann eine private Rente von 185,60 Euro.

Bitte berücksichtigen Sie auch, dass die Rentenversicherung keinen Todesfallschutz wie die Lebensversicherung kennt. Die Rentenversicherung fokussiert die Leistung einer monatlichen Rente ab einem von Ihnen frei wählbaren Alter. Dieses Alter bedingt natürlich auch die Höhe Ihrer Rente. Je später die Rente einsetzt, desto höher ist die Rente, die Sie zu erwarten haben. Logisch, denn der Versicherer muss diese höhere Rente dann ja nur für einen kürzeren Zeitraum zahlen.

▶▶▶ ▶▶▶ ▶▶▶ ▶▶▶ ▶▶▶ ▶▶▶ ▶▶▶ ▶▶▶ ▶▶▶ ▶▶▶ **Lektion 25**

Der Wegfall des Todesfallschutzes lässt bei der privaten Rentenversicherung anders als bei der Lebensversicherung keine Absicherung der Familie mit einer sofortigen und hohen Todesfallleistung zu. Im Gegenzug wirkt dies jedoch auch grundsätzlich renditesteigernd für Ihre private Rente, da dieser Risikoschutz ja auch nicht zu bezahlen ist.

Mit einer privaten Rentenversicherung erwerben Sie den Anspruch auf die Zahlung einer lebenslangen Rente. Ein beruhigendes Gefühl, denn Sie wollen ja aktiv und fit und lange leben.

Übrigens ist auch die Rentenversicherung in Form einer fondsgebundenen Rentenversicherung oder eben „klassisch" (Anlageentscheidung beim Versicherer) zu haben. Hier gilt das Gleiche wie bei der Kapitallebensversicherung: keine Garantie bei der eigenen Auswahl der Fonds, dafür über längere Zeiträume und bei guter Wahl der zugrunde liegenden Investmentfonds de facto die Chance auf höhere Erträge und Rentenzahlungen.

Braucht nicht jeder eigentlich eine private Rentenversicherung? Im Prinzip ja, denn nur diese Versicherung zahlt, solange Sie leben. Und das ist ein entscheidender Vorteil gegenüber anderen Spar- und Anlageformen. Aber Sie könnten ja auch folgenden Weg wählen: Sie schließen eine private Rentenversicherung ab, die Ihnen Rentenzahlungen ab einem Alter von 80 zusichert. Diese Versicherung ist billig zu haben, denn der Versicherer kalkuliert ja dann mit einer geringen Restlebenserwartung. Und bis 80 können Sie getrost das restliche Ersparte verkonsumieren. Werden Sie älter als 80, schließt ja dann die Rente aus der privaten Rentenversicherung an.

Beispiel:
Angenommen, Sie haben sich 170.000 Euro durch einen Fondssparplan oder eine fondsgebundene Lebensversicherung bis zum Alter von 65 aufgebaut. Mit 65 entscheiden Sie sich, zwei Jahre vor Beginn Ihrer gesetzlichen Rente in den wohlverdienten Ruhestand zu gehen. Von Ihrem Endkapital Anlegen und Sparen EKAS reservieren Sie für 65 und 66 je 40.000 Euro zum Leben, von den restlichen 90.000 Euro entnehmen Sie bis zum Alter von 80 pro Jahr je 5.000 Euro zur Aufbesserung der gesetzlichen Rente. Wegen der Zinsen und Zinseszinsen bis zum Alter von 80 brauchen Sie dafür nicht 65.000 Euro (13 x 5.000 Euro), sondern viel weniger (mehr dazu später). So schließen Sie mit 65 zusätzlich eine Rentenversicherung ab, die Ihnen ab 80 eine lebenslange Rente von 684 Euro pro Monat (Tarif Männer) sichert. Diese kostet Sie jetzt nur einen einmaligen Beitrag von 30.000 Euro. Mit dieser preiswerten Versicherung, die nur darauf ausgerichtet ist, Sie gegen Ihr Langlebigkeitsrisiko, wie es die Versicherungsbranche nennt, abzusichern, haben Sie sich alle Sorgen genommen, irgendwann mit 81 vielleicht Ihr gesamtes Kapital aufgebraucht zu haben und darben zu müssen. Und die 684 Euro pro Monat wären mit über 8.200 Euro im Jahr sogar mehr als die 5.000 Euro jährliche Entnahme zuvor. Kann man doch mit leben, oder?

Im Übrigen nennt man eine Rentenversicherung, die sofort nach Einzahlung mit der Rentenzahlung beginnt, eine Sofortrente, während eine Rentenversicherung, die erst später auszahlt und bis dann noch mit Ihrem Geld arbeitet, aufgeschobene Leibrente heißt.

▶▶▶ ▶▶▶ ▶▶▶ ▶▶▶ ▶▶▶ ▶▶▶ ▶▶▶ ▶▶▶ ▶▶▶ ▶▶▶ Lektion 26

Auch falls Sie hohe Leistungen aus Lebensversicherungen, Fondssparplänen etc. zu erwarten haben, können Sie nie sicher sein, ob Sie nicht mit einem hohen Alter gesegnet sein werden und Ihnen dann Ihr Geld auszugehen droht. Eine günstige Möglichkeit, hierfür vorzusorgen, ist eine private Rentenversicherung mit Rentenbezug ab zum Beispiel einem Alter von 80. So können Sie beruhigt in den Club der Hundertjährigen vorstoßen, ohne „blank" zu sein. Hinzu kommt der Vorteil, dass Sie bei einer privaten Rente ab 80 nur noch 8 Prozent des Rentenbezuges im Vergleich zu 18 Prozent im Alter von 65 versteuern müssen. Diese Rente erhalten Sie also fast komplett steuerfrei. Werden Sie nicht 80, entfällt sie allerdings auch ersatzlos. Das ist jedoch höchstens ein Problem der Erben, Ihr „Langlebigkeitsrisiko" ist dagegen perfekt abgedeckt.

Vorsorgen mit Zertifikaten

Zertifikate sind Anlageprodukte, die in mancherlei Hinsicht den Fonds sehr stark ähneln, in anderer Sicht aber wiederum sehr unterschiedlich sind. Fangen wir mal bei den Gemeinsamkeiten an: Auch mit Zertifikaten kann der Anleger an der Entwicklung ganzer Märkte und Regionen partizipieren. So bieten Indexzertifikate die Abbildung globaler oder regionaler Aktienmärkte 1:1 an. Bei diesen Zertifikaten mit Bezug auf einen marktbreiten Index partizipiert der Anleger so von der Entwicklung dieser Märkte und hat in dieser Hinsicht die Vorteile der Diversifikation in diesem Zertifikat gebündelt. Viele Zertifikate verlangen, anders als Fonds, keine Managementgebühr. Dann behält jedoch in der Regel der Emittent dieses Zertifikates die Dividenden der Wertpapiere ein. Der Verzicht auf die Managementgebühr zum Preis der Dividenden ist für den Anleger meist kein Vorteil, da in vielen Fällen die Dividendenrendite höher liegt als die vergleichbare Managementgebühr. Dann ist für den Anleger die Vereinnahmung der Dividende bei Zahlung einer Managementgebühr vorteilhafter. Finden Sie oder Ihr Berater jedoch ein Indexzertifikat mit einer günstigen Gebührenstruktur und Abbildung eines breiten, diversifizierten Marktes, kann dieses Zertifikat für die Anlage von Altersvorsorgekapital in Frage kommen.

Analog zu den Indexzertifikaten bilden auch die Garantiezertifikate ganze Märkte ab und diversifizieren so ihr Portfolio. Im Vergleich zu den Indexzertifikaten bieten die Garantiezertifikate allerdings ein Garantielevel, unter das das Zertifikat zum Laufzeitende nicht fallen kann. In der Zwischenzeit bis zum Laufzeitende des Zertifikates ist ein Abtauchen unter das Garantielevel wie beim Garantiefonds möglich. Dieser Wertverlust wird dann aber bis zur Fälligkeit des Zertifikates wieder aufgeholt. Das Garantieversprechen bezahlen Sie natürlich mit einem Preis, der entweder eine geringere Partizipation an Aufwärtstrends, eine Managementgebühr oder einen Dividendenverzicht bedeuten kann. Weniger Risiko heißt so auch weniger Ertrag und umgekehrt. Für Altersvorsorgesparen mit über zehn Jahren Perspektive gilt hier wie bei den Fonds: Hände weg von Garantieprodukten. Der Verlust an langfristigem Ertragspotential ist einfach zu groß. Und eine Zeit von mehr als zehn Jahre reduziert die Risiken der Einzeljahre substantiell, wie wir wissen.

Die meisten Zertifikate sind jedoch keine Index- oder Garantiezertifikate, sondern beziehen sich als Discount-, Hebel-, Outperformance- oder Bonuszertifikate auf einzelne Aktien. Hier können zwar interessante Wetten eingegangen werden, doch beim Thema Altersvorsorge rate ich Ihnen von dieser einzelwertbezogenen Spekulation ab. Sie erzielen damit keine hinreichende Diversifikation oder müssten sehr viele Einzelpapiere kaufen. Zudem begeben Sie sich je nach Zertifikatetyp in die Abhängigkeit von einem Investmentstil, der von Barrieren, Knockout-Schwellen etc. abhängt. Tun Sie sich das für Ihre Altersvorsorge nicht an.

Auch ist der rechtliche Schutz von Zertifikaten nicht so umfassend wie bei Investmentfonds: Zertifikate sind rechtlich Schuldverschreibungen. Das heißt, alles ist in Ordnung, solange sich der Emittent (gleich Schuldner) in einer einwandfreien finanziellen Lage befindet. Im sicher unwahrscheinlichen Konkursfall sind die Eigner von Zertifikaten Gläubiger und werden anteilig aus der Konkursmasse bedient. Fonds sind dagegen als „Sondervermögen" von einem Konkurs der Fondsgesellschaft unabhängig. Das Sondervermögen steht immer nur den Fondseignern zu.

Zudem bieten auch nur wenige Banken, meist Direktbanken, Sparpläne auf Zertifikate an, so dass die Chance zum Altersvorsorgesparen über Zertifikate stark beschränkt ist.

Vorsorgen mit Riester-Produkten

Unter der Riester-Rente versteht man eine Reihe staatlich geförderter Altersvorsorgeprodukte. Der ehemalige Arbeitsminister Walter Riester war für deren gesetzlichen Rahmen verantwortlich, daher der Name. Bei allen Riester-Produkten auf Basis Versicherung, Anlagekonto oder Fonds sind folgende gesetzlichen Regelungen gleich:

1. Der Anbieter muss den Werterhalt der Einzahlungen für den Beginn der Auszahlungsperiode garantieren.

2. Kapital kann aus den Riester-Verträgen vor Beginn des Bezugszeitraumes nur mit Rückzahlung der Förderung entnommen werden. Einzige Ausnahme hierzu ist die Entnahme für selbstgenutztes Wohneigentum.

3. Das in einem Riester-Vertrag gebundene Kapital wird im Falle einer Notlage nicht auf das Arbeitslosengeld II/Hartz IV angerechnet, jedoch im Alter gegebenenfalls auf die Grundsicherung, das ist die Sozialhilfe für Rentner.

4. Das Kapital eines Riester-Vertrages kann von einem Anbieter auf einen anderen übertragen werden.

5. In der Auszahlphase, frühestens ab einem Alter von 60, ist eine lebenslange Rente vorgeschrieben. Allerdings können bis zu 30 Prozent des Kapitals zu Rentenbeginn förderungsunschädlich entnommen werden. Dies ist zum Beispiel bei der Resttilgung einer Hypothek der eigenen Wohnung sinnvoll.

6. Die Teilauszahlungen (5.) und Rentenzahlungen aus der Riester-Rente unterliegen vollständig der Einkommensteuer. Dafür werden die Beiträge über Sonderausgabenabzüge und Zulagen de facto steuerfrei gestellt.

7. Die Riester-Förderung können alle rentenversicherungspflichtigen Arbeitnehmer sowie Beamte in Anspruch nehmen, nicht Selbständige oder Freiberufler.

Im Juni/Juli 2008 haben Bundestag und Bundesrat mit der Verabschiedung des Eigenheimrentengesetzes den sogenannten „Wohn-Riester" geschaffen. Analog dem Bausparvertrag zielt „Wohn-Riester" auf den Erwerb von Wohneigentum und genießt die Zulagenförderung analog den Riester-Verträgen in Versicherungen, Konten oder Fonds. Anstelle einer Rentenleistung im Alter tritt der Erwerb der selbstgenutzten Immobilie. Aus Gründen der nachgelagerten Besteuerung muss jedoch eine fiktiv errechnete Rente im Alter versteuert werden. Diese könnten Sie sich mit der eingesparten Miete erklären.

Wie sieht die Riester-Förderung denn nun genau aus? Sie besteht aus zwei Komponenten:

a) Altersvorsorgezulage

b) Sonderausgabenabzug

Bei der Altersvorsorgezulage, häufig Riester-Prämie genannt, werden folgende Zuschüsse vom Staat gezahlt:

	Grundzulage Ledige	Verheiratete	pro Kind
2007	114 Euro	228 Euro	138 Euro
Ab 2008	154 Euro	308 Euro	185/300 Euro

Eine Kinderzulage erhalten Riester-Sparer, die mindestens einen Monat im Jahr Kindergeld bezogen haben. Die 300 Euro pro Kind gelten nur für ab 2008 Neugeborene. Um frühes Riester-Sparen zu fördern, hat der Gesetzgeber zudem einen einmaligen „Berufseinsteiger-Bonus" in Höhe von 200 Euro für Riesterabschlüsse bis zum Alter von 25 Jahren und bei Zahlung des Mindesteigenbeitrages geschaffen.

2007 konnten maximal 1.575 Euro, seit 2008 maximal 2.100 Euro gefördert in einen Riester-Vertrag einbezahlt werden. Zur Erzielung der vollen Altersvorsorgezulage muss der Sparer aber auch einen Mindestbeitrag von 3 Prozent (2007) bzw. 4 Prozent (seit 2008) seines sozialversicherungspflichtigen Vorjahreseinkommens abzüglich der Zulagen aufbringen. Das sozialversicherungspflichtige Vorjahreseinkommen können Sie der Dezember-Gehaltsabrechnung Ihres Arbeitgebers entnehmen. In jedem Fall übersteigt es 2008 nicht die Beitragsbemessungsgrenze von 63.600 Euro im Westen und 54.000 Euro im Osten.

Nehmen wir mal ein Beispiel im Jahr 2008: Herbert ist Alleinverdiener seiner Familie mit einem Kind (geb. 2005) und hatte ein sozialversicherungspflichtiges Vorjahreseinkommen von 36.000 Euro. Er überlegt, eine Riester-Rente abzuschließen und fragt sich nach seinem Mindestbeitrag und seiner Förderung.

4 Prozent seiner 36.000 Euro wären 1.440 Euro im Jahr. Davon kann er aber seine Zulagen von 308 Euro und 185 Euro abziehen, macht am Ende einen Mindestbeitrag von 947 Euro im Jahr. Also: Ab 79 Euro im Monat erzielt Herbert eine Zulagenförderung von 493 Euro im Jahr 2008 und den Jahren danach. Alles zusammen (1.440 Euro) wird in seinem Riester-Vertrag für seine Altersvorsorge angelegt. Das ist nicht schlecht, und Sie sollten das zur Erzielung der Prämienhöhe in jedem Fall nutzen. Erreichen Sie den Mindestbetrag nicht, wird Ihre Zulage entsprechend anteilig gekürzt.

Sollte die Zulagenförderung noch nicht ausreichen, um Ihre Riester-Beiträge rechnerisch von der Einkommensteuer freizustellen, greift in Ihrer Steuererklärung zusätzlich und für diese Differenz ein Sonderausgabenabzug. Dieser Sonderausgabenabzug kann bei höheren Einkommen sehr vorteilhaft sein und stellt sicher, dass Ihre Riester-Beiträge letzten Endes wie aus dem unversteuerten Bruttogehalt geleistet wurden. Denn schließlich greift hier das Prinzip der nachgelagerten Besteuerung: Beiträge aus Bruttogehalt steuerfrei, Bezüge später dann versteuert. In jedem Fall erhalten Sie so das Günstigere von beidem: den Sonderausgabenabzug oder die Zulagenförderung. Sie sehen also:

- Bei Riester-Verträgen gibt es umfangreiche staatliche Förderung.
- Ihre Riester-Beiträge einschließlich Zulagen sind per Garantie gegen Kapitalverlust bis zum Auszahlungsbeginn gesichert.
- Ihr Riester-Vertrag ist im schlimmsten aller Fälle „Hartz-IV-sicher".

Also rate ich Ihnen:

▶▶▶ ▶▶▶ ▶▶▶ ▶▶▶ ▶▶▶ ▶▶▶ ▶▶▶ ▶▶▶ ▶▶▶ ▶▶▶ Lektion 27

Sind Sie Arbeitnehmer oder Beamter, sollten Sie in jedem Fall einen Riester-Vertrag abschließen und sich hohe Zulagen bzw. steuerliche Förderung sichern. Bei Erstabschluss bis zum Alter von 25 Jahren sichern Sie sich sogar eine einmalige Prämie in Höhe von 200 Euro vom Staat zusätzlich zur regulären Förderung.

> Ihr Riester-Vertrag erfährt über eine Kapitalgarantie Ihrer Beiträge und Zulagen sowie einer Anrechnungsfreiheit bei „Hartz IV" besonderen Schutz.
>
> Riester-Verträge gibt es schwerpunktmäßig als Fondslösung, in Form der Rentenversicherung, als Anlagekonto oder als „Wohn-Riester". In jungen Jahren (bis mindestens 45) empfehle ich Ihnen die Fondslösung oder die fondsgebundene Riester-Versicherung, um die positive Wirkung hoher Renditen von Aktienfonds über Jahrzehnte für sich arbeiten zu lassen. Wird dieser Zeitraum bis zur Bezugsphase (frühestens 60) zu kurz, ist die klassische Riester-Rentenversicherung ein stabiler Partner. Der „Wohn-Riester" kann bei Eigenheimplänen zum Einsatz kommen.

Lassen Sie sich am besten von Ihrem Berater vor dem Abschluss einer Riester-Rente eine Prognose erstellen, in welcher Höhe Ihre zu erwartende monatliche Riester-Rente bei unverändertem Fortbestand des Vertrages liegen wird. Wir kommen auf diesen Wert bei späteren Berechnungen zurück. Bei manchen Anbietern können Sie sich diese Prognose auch selbst im Internet erstellen lassen.

Noch ein Hinweis zu den immer wieder vorkommenden Vorwürfen, Riester-Sparen lohne sich für Millionen Geringverdiener nicht, da die Riester-Rente ja im Alter gegebenenfalls auf die Grundsicherung („Sozialhilfe für Rentner") angerechnet werde. In diesem Sinne hätte der Riester-Sparer seine Sparleistung besser ausgegeben statt gespart. Infolge der Anrechnung hätte er dann im Alter keinen Cent weniger Rente.

Ja, die Anrechnung ist nicht wegzudiskutieren. Sie ist auch richtig, denn die Grundsicherung soll ja nur greifen, wenn sich die Person gar nicht mehr aus eigenen Mitteln helfen kann.

Ja, bei einer alleinigen Betrachtung von gesetzlicher Rente und Riester-Rente könnte in Einzelfällen die Situation entstehen, dass sich Riester-Sparen nicht gelohnt hat, sofern die Riester-Rente voll angerechnet werden muss. Ist die Summe aus gesetzlicher Rente und Riester-Rente höher als die Grundsicherung, gilt dies aber bereits in vielen Fällen wieder nicht.

Und: Zurzeit kommen nur 65 Prozent des Bruttoeinkommens von Menschen über 65 aus der gesetzlichen Rente. Die anderen 35 Prozent kommen aus Betriebsrenten, Versicherungen, Mieten etc. Das heißt, eine alleinige

Abwägung von gesetzlicher Rente und Riester-Rente gegenüber der Grundsicherung ist theoretisch möglich, trifft aber in der Praxis wegen der weiteren Einkünfte der Rentner selten zu. Inklusive dieser 35 Prozent anderer Einkommen tritt dann meistens auch gar nicht der Bezugsfall für die Grundsicherung ein. Ergo auch keine Anrechnung der Riester-Rente. Somit hätte sich das „Riestern" also gelohnt.

Vorsorgen mit einer Rürup-Rente

Analog der Riester-Rente handelt es sich bei der Rürup-Rente – hier war der Sachverständige namens Bert Rürup am Werke – um eine staatlich geförderte Altersvorsorge auf Kapitaldeckungsbasis. Die Grundlagen sind:

1. Das eingebrachte Kapital ist bis zur Bezugsphase ab frühestens 60 gebunden.
2. In der Bezugsphase darf das angesparte Kapital nur verrentet werden. Eine Teilauszahlung von Kapital ist ausgeschlossen. Hier ist die Riester-Rente flexibler.
3. Im Falle des Todes des Versicherungsnehmers verfällt der Anspruch auf Auszahlung. Lediglich die Mitabsicherung des Ehepartners oder kindergeldberechtigter Kinder über eine Hinterbliebenenrente ist steuerlich gefördert möglich. Es kann zwar eine Beitragsrückgewähr für den Todesfall vereinbart werden, die darauf entfallenden Tarifbestandteile sind jedoch nicht steuerlich gefördert.
4. Eine Erwerbs- oder Berufsunfähigkeitsrente kann steuerlich gefördert in der Rürup-Rente enthalten sein, allerdings muss ihr Beitrag geringer als der Altersvorsorgebeitrag sein.
5. Die Rürup-Rente kann weder beliehen noch übertragen werden.
6. Kapital, das in einer Rürup-Rente gebunden ist, bleibt im Notfall bei der Anrechnung auf Hartz IV/Arbeitslosengeld II unberücksichtigt.
7. Es gibt – anders als bei der Riester-Rente – keine Förderung über Zulagen, sondern alleine steuerlich über Vorsorgeaufwendungen.
8. Anders als bei der Riester-Rente wird die Rürup-Rente nicht nur bei Angestellten und Beamten gefördert, sondern bei allen Steuerpflichtigen. Gerade für Selbständige bietet die Rürup-Rente damit die Möglichkeit zum Aufbau einer staatlich geförderten Altersvorsorge.

Die steuerliche Gestaltung der Rürup-Rente ist etwas kompliziert: Ledige können bis zu 20.000 Euro, Verheiratete bis zu 40.000 Euro Beiträge steuergefördert leisten. Allerdings werden deren Beiträge nur zu einem Prozentsatz steuerlich berücksichtigt, der im Jahr 2005 60 Prozent betrug und bis 2025 um 2 Prozent pro Jahr steigt:

Jahr	Steuerlich absetzbar (in Prozent)
2005	60
2006	62
2007	64
2008	66
2009	68
2010	70
2011	72
2012	74
2013	76
2014	78
2015	80
2016	82
2017	84
2018	86
2019	88
2020	90
2021	92
2022	94
2023	96
2024	98
ab 2025	100

Hierzu zwei Beispiele:

1. Bringt ein Verheirateter im Jahr 2008 7.000 Euro in eine Rürup-Rente ein, so sind 66 Prozent des Beitrages, also 4.620 Euro, als Sonderausgaben abzugsfähig.
2. Leistete ein Lediger 2007 den Maximalbeitrag von 20.000 Euro, so waren 64 Prozent, also 12.800 Euro, abzugsfähig.

Im Gegenzug zu der steuerlichen Förderung der Beiträge unterliegen die späteren Rentenzahlungen aus der Rürup-Rente im Sinne „nachgelagerter Besteuerung" auch wieder zu einem steuerpflichtigen Anteil der Einkommensteuer. Allein ausschlaggebend für diesen steuerpflichtigen Anteil ist das erste Jahr des Rentenbezuges:

Rentenbeginn ab	Steueranteil (in Prozent)
2005	50
2006	52
2007	54
2008	56
2009	58
2010	60
2011	62
2012	64
2013	66
2014	68
2015	70
2016	72
2017	74
2018	76
2019	78
2020	80
2021	81
2022	82
2023	83
2024	84
2025	85
2026	86
2027	87
2028	88
2029	89
2030	90
2031	91
2032	92
2033	93
2034	94
2035	95
2036	96
2037	97
2038	98
2039	99
Ab 2040	100

Lektion 28

Die Rürup-Rente bietet anders als die Riester-Rente nur eine steuerliche Förderung und keine Zulagen. Dafür sind die geförderten Beiträge mit bis zu 20.000 Euro für Ledige und 40.000 Euro für Verheiratete deutlich höher. Die Rürup-Rente ist insbesondere für Gutverdiener mit einem hohen Steuersatz und für Selbständige interessant.

Sie bietet an einigen Stellen weniger Flexibilität als die Riester-Rente: keine wahlweise Kapitalauszahlung bis 30 Prozent des Kapitalstocks sowie keine Entnahme für den Kauf von selbstgenutztem Wohneigentum.

In jedem Fall sollte – im obengenannten Rahmen steuerlich mitgefördert – eine Hinterbliebenenrente für den Ehepartner sowie, soweit nicht anderweitig versichert, eine Berufsunfähigkeitszusatzversicherung eingeschlossen werden.

Auch hier ein Beispiel: Alfred will ab 2017 seine Rürup-Rente in Anspruch nehmen. Seine Rente wurde mit 450 Euro pro Monat prognostiziert. Ab 2017 gilt für Alfred ein steuerpflichtiger Anteil bei seiner Rürup-Rente von 74 Prozent. Also unterliegen 333 Euro der Einkommensteuer. Beträgt der Grenzsteuersatz von Alfred dann zum Beispiel 25 Prozent, wären pro Monat 83,25 Euro Steuer fällig. Nach Steuern blieben Alfred 366,75 Euro zur Verfügung.

Vorsorgen zusammen mit dem Arbeitgeber

Jeder Arbeitnehmer hat das Recht auf Gehaltsumwandlung im Rahmen der betrieblichen Altersvorsorge. Allerdings kann der Arbeitgeber unter den vielen Optionen der betrieblichen Altersversorgung ein Modell für seine Mitarbeiter auswählen. Das Recht des Arbeitnehmers ist dann auf das von seinem Arbeitgeber gewählte Modell eingeschränkt. Dies muss kein Nachteil sein, denn durch die Bündelung aller seiner interessierten Arbeitnehmer auf ein Produkt eines Anbieters kann der Arbeitgeber auch Vorteile für den Arbeitnehmer aushandeln, zum Beispiel einen für seine Mitarbeiter besonders attraktiven Tarif. Häufig leistet der Arbeitgeber zur betrieblichen Altersversorgung sogar einen anteiligen Zuschuss.

Gerne wird als Modell die sogenannte Direktversicherung angeboten. Hier handelt es sich um eine Lebensversicherung, die Ihr Arbeitgeber für Sie abschließt. Die Ansprüche daraus stehen natürlich Ihnen zu.

Auf dem Feld der betrieblichen Altersversorgung gibt es eine ganze Reihe sogenannter „Durchführungswege" (zum Beispiel Pensionskasse, Pensionsfonds). Jeder dieser Durchführungswege ist mit spezifischen Eigenschaften verbunden. Es gibt auch ganze Bücher alleine zur betrieblichen Altersversorgung. Wir werden dieses Kapitel hier nicht zu weit aufspannen, aber folgende Lektion sollten Sie beherzigen:

▶▶▶ Lektion 29

Fragen Sie Ihren Arbeitgeber nach betrieblicher Altersversorgung. Er ist gesetzlich dazu verpflichtet, Ihnen eine Option zur Gehaltsumwandlung anzubieten. Fragen Sie auch danach, ob Ihr Arbeitgeber die Leistungen zur betrieblichen Altersversorgung (bAV) bezuschusst. Nutzen Sie dieses Angebot in jedem Fall, denn Sie kombinieren Steuervorteile, einen günstigen Tarif für Mitarbeiter Ihres Unternehmens sowie gegebenenfalls Zuschüsse Ihres Arbeitgebers zu Ihrem Vorteil.

So stocken Sie Ihre Sparrate auf

Ist das Geld ohnehin schon knapp? Riester hier, Sparvertrag dort – fällt das Sparen schwer neben all den täglichen Verpflichtungen, die auf Sie zurollen? Wenn ich da ein Seufzen oder ein „Ja" von Ihnen höre, dann sollten Sie ein paar versteckte Einsparpotentiale angehen. Dabei geht es mir bei den kommenden Vorschlägen nicht um einen Verzicht oder „Streichen", sondern darum, Leistungen, die Sie weiterhin nutzen wollen, intelligenter einzukaufen. Wir sollten uns hier aber dann versprechen, dass diese Einsparungen in Ihre Sparrate investiert werden und nicht in zusätzlichen Konsum.

Seit Jahrzehnten sind wir gewohnt, dass wir zum Beispiel Strom vom regionalen Versorger oder Telefonleistungen von der Deutschen Telekom beziehen. Das ist aus purer Gewohnheit – oder nennen wir es beim Namen: aus Bequemlichkeit – auch bei 80 bis 90 Prozent der Haushalte immer noch so. Dabei gibt es in diesen Märkten längst Wettbewerb, und Sie können die gleichen Leistungen auch ohne große Umstände bei anderen Unternehmen beziehen. Dazu müssen Sie lediglich „den inneren Schweinehund überwinden", wie eine Werbung so trefflich sagt.

„Nun, wie gehe ich an diesen Vergleich denn ran?", werden Sie sich fragen. Sie wollen nicht große Tabellen wälzen und den nächsten Samstag mit einem Dutzend Telefonaten verbringen, um in etwa einen Überblick zu bekommen, oder? Also, da helfe ich Ihnen mit ein paar nützlichen Internetseiten weiter:

Unter

www.verivox.de

finden Sie bei Angabe Ihres Wohnortes und Ihres letzten Jahresverbrauches an Strom sofort und passend zu Ihnen eine Auswertung, welcher Anbieter Ihnen zu welchen Jahreskosten Ihren Strombedarf deckt. Sie werden sich wundern, welches Einsparpotential Sie hier finden werden. Für einen Vierpersonenhaushalt sind alleine beim Strom leicht 100 bis 200 Euro Einsparung drin. Achten Sie aber bei den Angeboten auch ein bisschen auf die Tarifdetails, die bei Verivox mit dem i-Symbol gut dargestellt und leicht abzurufen sind. Einige der billigsten Anbieter verlangen zum Beispiel Vorauskasse. Da zahlen Sie den (günstigeren) Strom ein Jahr im Voraus. Auch sollten Sie die Dauer der Vertragsbindung und eventuelle Preisgarantien beachten. Letzteres wirkt natürlich bei steigenden Energiepreisen vorteilhaft. Mit einem solchen Vertrag sind Sie dagegen an den neuen Versorger erst mal für eine bestimmte Zeit gebunden. Also: Nicht das günstigste Angebot am Anfang der Tabelle ist gleich das beste für Sie. Wägen Sie ab. Aber entscheiden Sie sich. Denn Ihre Einsparungen bei den Stromkosten sind nur wenige Mouseklicks entfernt. Ein reibungsloser Wechsel des Versorgers ohne Unterbrechung des Strombezugs ist gesetzlich gesichert. Also: Nutzen Sie dieses Sparpotential.

Wer als Haushalt selbst Erdgas bezieht, kann den kostenlosen Service von Verivox auch zum Vergleich der Gasanbieter nutzen. Auch hier sind bei einem Vierpersonenhaushalt schnell Einsparungen von 100 bis 300 Euro im Jahr möglich – ebenso ohne Lieferunterbrechung und einfach mit ein paar Mouseklicks einzuleiten. Auch bei Gas gibt es einzelne Anbieter, die Ihnen für eine bestimmte Zeit eine Preisgarantie geben. In Zeiten steigender Energiepreise ist dieser Vorteil nicht zu vernachlässigen. Die halbe Stunde Mühe lohnt sich also in jedem Fall.

Kommen wir mal zu Ihren Telefonrechnungen. Wissen Sie, wie viel Sie für das Festnetz und die diversen Handys in der Familie pro Monat bezahlen? Wahrscheinlich werden Sie erschrecken, welche Summe hier zusammenkommt. Hier steckt eindeutig Einsparpotential, denn die Tarife entwickeln sich im Wettbewerb ständig weiter, und wenn jemand seinen alten, teuren Tarif aus Bequemlichkeit behält, ist es den Unternehmen ja nur recht. Leicht verdientes Geld, oder? Also, gehen wir mal zuerst an die Handytarife ran. Unter

   www.handytarife.de/index.php?tarifrechner

finden Sie ein Programm, das Sie Schritt für Schritt durch Ihre Handygewohnheiten führt und Ihnen dann benennt, welcher Anbieter für Ihren Telefonstil den günstigsten Tarif anbietet. Vergleichen Sie diese Summe dann mal mit Ihrer aktuellen Handyrechnung. 10 Euro Einsparung im Monat und mehr sind hier schnell zusammen. Sie können am Ende des Vergleichs durch handytarife.de auch direkt per Mouseklick zum „Tarifshop" gehen und dort einen neuen Anbieter und Tarif bestellen. Aber

Achtung: Anders als beim Wechsel des Gas- oder Stromanbieters stimmen sich die Handynetzbetreiber nicht automatisch bezüglich des Zeitpunkts des Wechsels ab. Sie müssen also unbedingt die Laufzeit Ihres bestehenden Vertrages beachten und diesen rechtzeitig kündigen. Sonst stehen Sie am Ende für eine Übergangszeit mit zwei Tarifen – alt und neu – da, und das führt dann bestimmt nicht zu Einsparungen.

Beim Telefonieren im Festnetz ist die Kostenfrage eng verknüpft mit den Internetleistungen, die Sie beziehen. Denn alle größeren Anbieter wie Telekom, Arcor, 1&1, Alice etc. bieten Flatrates für Telefon und DSL-Internet-Verbindung aus einer Hand. Bei einer solchen „Flatrate" auf Telefon und DSL ist dann die unbegrenzte Nutzung beider Leistungen enthalten. Ich fand zur Bewertung der verschiedenen Angebote hier die Internetseite

www.stadtus.de

unter der Rubrik „DSL-Tarife" sehr nützlich. Schauen Sie rein. Achtung: Auch bei Telefon und DSL gilt: unbedingt Vertragslaufzeit und Kündigungsfristen Ihres alten Vertrages beachten.

Bei größeren Anschaffungen (TV, Waschmaschine etc.) können Sie Einsparungen nicht nur durch den intensiven Vergleich von Angeboten, sondern auch über die Homepage

www.billiger.de

realisieren. Auf dieser Seite finden Sie einen bundesweiten Preisvergleich für alle möglichen Anschaffungen. Sie werden verwundert sein, was preislich geht. Also, unbedingt reinschauen, bevor Sie etwas Größeres kaufen.

Wenn Sie bei Versicherungstarifen vergleichen wollen und von der Materie ein bisschen Ahnung haben, kann Ihnen auch die mehrfach ausgezeichnete Homepage

www.aspect-online.de

gut weiterhelfen. Alleine schon der Wechsel Ihrer Autoversicherung zu einem Anbieter mit gleichen Leistungen, aber günstigeren Tarifen kann schnell über 100 Euro sparen. Auch für das Gespräch mit Ihrem Berater kann ein solcher Überblick helfen. Anders als bei Strom und Gas spielen hier die Beratung und der Service Ihres Versicherungsvertreters eine wichtige Rolle, gerade im Schadensfalle. Aber vielleicht kann Ihnen Ihr Fachmann ja auch mit einem günstigeren Tarif weiterhelfen?

▶▶▶ ▶▶▶ ▶▶▶ ▶▶▶ ▶▶▶ ▶▶▶ ▶▶▶ ▶▶▶ ▶▶▶ ▶▶▶ **Lektion 30**

Überwinden Sie alte Gewohnheiten. Stellen Sie die Leistungen wie Strom, Gas, Telefon, Handy, Autoversicherung mit einem Internetvergleich auf den Prüfstand und wechseln Sie Tarif oder Anbieter. Bei größeren Anschaffungen vergleichen Sie die Angebote mit www.billiger.de. Am Ende können Sie eine Summe von 300 bis 1.000 Euro im Jahr einsparen – je nach Haushaltsgröße und bisherigen Tarifen. So haben Sie leicht 50 Euro im Monat zum Aufstocken Ihrer Altersvorsorge zur Verfügung, ohne dass Sie auf gewohnte Leistungen verzichten müssen.

Und Sie wissen ja: Aus 50 Euro Sparrate werden bei 7 Prozent Ertrag über 30 Jahre insgesamt 58.801 Euro. Also, kein Pappenstil. Es lohnt sich.

Die beiden „gefräßigen Monster"

Die Steuern

Nun steigen wir in ein Kapitel ein, das Ihnen nicht viel Freude bereiten wird. Denn wir werden von unserem EKAS, dem Endkapital Anlage und Sparen, wieder etwas preisgeben müssen. Zwei „gefräßige Monster" haben es auf unseren Ertrag und Zuwachs heftig abgesehen:

- die Steuern und
- die Inflation.

Leider können wir beiden Raubtieren nicht aus dem Wege gehen. Beide greifen bemerkt oder unbemerkt gnadenlos zu, und daher bleibt nur eines: sich der Gefahr stellen. Ignorieren hilft hier nicht weiter, Wissen und Optimieren sind die bessere Strategie. Insoweit: Auch wenn es wehtut, dieses Kapitel ist unvermeidbar. Wir müssen uns den beiden Raubtieren stellen und sehen, dass wir mit möglichst viel „Beute" an ihnen vorüberkommen. Also, wollen wir lieber keine Zeit verlieren und gehen die beiden Themen nacheinander an.

Grundsätzlich gilt im Steuerrecht übersetzt folgende Maxime: „Jeder Ertrag wird irgendwann irgendwie besteuert." Spannend wird es jedoch in Bezug auf das „irgendwann", den Zeitpunkt der Besteuerung, und das „irgendwie" – einschließlich der Ausnahmen von der Regel, von denen das deutsche Steuerrecht letztlich viele kennt. Man kann sogar sagen, in dieser Hinsicht hat das deutsche Steuerrecht weltweite „Berühmtheit" erlangt, da es infolge so vieler anfänglich mal gerecht gemeinter Regelungen und Ausnahmen so komplex ist, dass selbst Experten ihre Schwierigkeiten mit dem Steuersystem haben. Auch soll die Mehrheit aller weltweiten Literatur zum Steuerrecht aus Deutschland stammen, weil es bei uns eben so viel zu erläutern und zu erklären gibt. Kein Wunder, dass es immer wieder den Ruf nach Steuervereinfachung und ab und zu die Erkenntnis gibt, dass „gerecht gemeint" infolge mangelnder Verständlichkeit häufig nicht als „gerecht empfunden" bei den Wählern ankommt. Immerhin gibt es mit der Abgeltungsteuer ab 2009 einen signifikanten Schritt in Richtung Vereinfachung der Besteuerung von Kapitalerträgen. Darauf werden wir noch zu sprechen kommen.

Was in jedem Fall bleibt, ist die Erkenntnis, dass besser dran ist, wer besser Bescheid weiß. Und das werden Sie sein. So bleibt uns nichts anderes übrig, als wesentliche Regelungen erst einmal gemeinsam durchzugehen. Wir werden dann durchrechnen, was die Besteuerung für Ihr Endkapital Anlegen und Sparen EKAS bedeutet.

Zwei Grundbegriffe der Besteuerung möchte ich gleich hier am Anfang erläutern: das zu versteuernde Einkommen und den Steuersatz. Das Finanzamt ermittelt das zu versteuernde Einkommen immer zuerst aus Ihren Einkünften, zum Beispiel dem Lohn, den Kapitalerträgen und den Mieteinnahmen. Auf dieses Einkommen wird dann gemäß Steuertabelle und deren Steuersatz Ihre Einkommensteuerschuld berechnet. Die Einkommensteuerschuld ist dann wiederum die Basis für die Berechnung des Soli und (mit Abstrichen) der Kirchensteuer. Nehmen wir einmal an, Sie hätten 2008 (über den Freibetrag hinausgehende) Dividendeneinnahmen aus deutschen Aktien von 600 Euro gehabt. Wegen des Halbeinkünfteverfahrens (s.u.) zählen nur 300 Euro zu Ihrem zu versteuernden Einkommen. Nehmen wir einschließlich Ihres Arbeitseinkommens mal einen Grenzsteuersatz von 30 Prozent an, dann zahlen Sie nach Ihrem Steuerbescheid de facto 90 Euro Einkommensteuer und 4,95 Euro Solidaritätszuschlag auf die 600 Euro Dividende.

Also: Zuerst beschäftigt uns die Frage, wie viel Prozent Ihres Kapitalertrages zum zu versteuernden Einkommen zählen. Danach kommt die Frage des Steuersatzes. Diese zweistufige Vorgehensweise ist die Praxis des Finanzamtes, die wir berücksichtigen müssen, um unsere Anlagestrategie in ihren steuerlichen Auswirkungen einzuschätzen.

Kommen wir zu dem Wörtchen „irgendwann" aus den ersten Zeilen des Steuerkapitels zurück: „Jeder Ertrag wird irgendwann besteuert." Die grundsätzliche Regel in Bezug auf das „irgendwann" ist, dass jeder Ertrag im Jahr des Zuflusses zu versteuern ist. Vereinnahmen Sie Zinsen im Jahr 2007, werden Sie diese auch in der Steuererklärung 2007 angeben und versteuern müssen, sofern Ihre Erträge den Freistellungsbetrag überschreiten. Der Freistellungsbetrag beträgt 801 Euro für Singles und 1.602 Euro für Verheiratete. In dieser Höhe bleiben Ihre Kapitalerträge steuerfrei. Diese Freistellungsgrenzen sind vor und nach der Einführung der Abgeltungsteuer in der Höhe unverändert. Ab 2009 schließt die Freistellungsgrenze allerdings pauschal alle Werbungskosten ein, die Ihnen bei der Erzielung von Kapitaleinkommen entstanden sein könnten. Das heißt, eine Erklärung höherer Werbungskosten (zum Beispiel aus Besuchen von Hauptversammlungen, Vermögensverwaltungs- und Depotgebühren) in der Einkommensteuererklärung ist ab 2009 ausgeschlossen.

Sie können den Freistellungsbetrag Ihrer Bank komplett zuweisen oder ihn auf mehrere Banken aufteilen. Die Summe aller Ihrer Freistellungsaufträge darf 801 Euro bzw. 1.602 Euro bei Verheirateten nicht übersteigen, sonst erhalten Sie Nachfragen seitens des Finanzamtes. Warum aufteilen? Wenn kein Freistellungsauftrag vorliegt oder dessen Höhe bereits ausgeschöpft ist, muss die Bank

- 2008 eine Zinsabschlagsteuer in Höhe von 30 Prozent plus Soli als Vorauszahlung auf Ihre Einkommensteuerschuld und

- ab 2009 eine Abgeltungsteuer in Höhe von 25 Prozent plus Soli und Kirchensteuer

einbehalten.

Haben Sie zum Beispiel

	Freistellungsauftrag	Zinsen 2008
bei Bank A	801 Euro	400 Euro
bei Bank B	-	300 Euro,

so wird Ihnen bei Bank B für 2008 eine Zinsabschlagsteuer (30 Prozent plus Soli auf 300 Euro, macht 94,95 Euro) abgezogen, obwohl Ihre gesamten Kapitaleinkünfte noch unter 801 Euro liegen. Sie können die zuviel gezahlte Zinsabschlagsteuer zwar in der Einkommensteuererklärung zurückfordern, aber bis dahin haben Sie dem Finanzminister erst mal kostenlos und ohne Zinsen jene knapp 95 Euro geliehen. Machen Sie keine Steuererklärung, erhalten Sie das Geld nicht mehr zurück.

Also: Die richtige Verteilung des Freistellungsbetrages bringt Vorteile. Sie sollten dies ruhig alle paar Jahre zusammen mit Ihrem Berater überprüfen. Und vergessen Sie dabei nicht, dass Sie auch Zinsen erhalten von Bausparkassen, Tagesgeldkonten etc. Manche Anlagen bringen auch nicht jährlich einen festen Zins, sondern die Zinsen werden erst am Ende der Laufzeit ausbezahlt, oder es gibt am Ende einen „Bonus" oder eine „Prämie", ein Betrag, der jedoch wie Zinsen behandelt wird. Diese Zinsen sind erst im Jahr des Zuflusses zu versteuern. Welche Auswirkung hat das?

Betrachten wir einmal ein Beispiel:

Sie sind ledig und konfessionslos und stehen Ende 2008 vor folgenden zwei Anlageangeboten Ihrer Bank:

A) ein Sparbrief mit 5 Prozent Zins über fünf Jahre, regelmäßig jährlich ausgezahlt
oder
B) ein Sparbrief mit 5,25 Prozent, thesaurierend bis zum Ende der fünf Jahre. In diesem Fall wird Ihnen der Zins nicht jährlich ausbezahlt, sondern erst mit Zinseszins am Ende der Laufzeit.

Bei einer Anlage von 10.000 Euro bringt Ihnen Variante A jährlich 500 Euro Zinsen, Variante B einschließlich Zinseszins 2.915 Euro Zinsen nach dem fünften Jahr. Sowohl der Zinssatz (5,25 Prozent statt 5,00 Prozent) als auch der erste Blick auf den Zinsertrag (2.915 Euro gegenüber 5 mal 500 Euro) lassen Variante B vor der Steuerbetrachtung interessanter erscheinen. Nehmen wir einmal an, Sie hätten sonst noch 200 Euro Zinsen pro Jahr bei derselben Bank, und der Freistellungsauftrag lautet über die vollen 801 Euro (ledig), dann ergibt sich folgender Vergleich:

	2009	2010	2011	2012	2013	Gesamt
Variante A:						
Zinsen Sparbrief	500 Euro	500 Euro	500 Euro	500 Euro	500 Euro	
Sonstige Zinsen	200 Euro	200 Euro	200 Euro	200 Euro	200 Euro	
Zinsen gesamt	700 Euro	700 Euro	700 Euro	700 Euro	700 Euro	
Steuer 26,4 Prozent über 801 Euro	0 Euro	0 Euro	0 Euro	0 Euro	0 Euro	
Summe Zinsen – Steuer						3.500 Euro
Variante B:						
Zins Sparbrief	0 Euro	0 Euro	0 Euro	0 Euro	2.915 Euro	
Sonstige Zinsen	200 Euro	200 Euro	200 Euro	200 Euro	200 Euro	
Zinsen gesamt	200 Euro	200 Euro	200 Euro	200 Euro	3.115 Euro	
Steuer 26,4 Prozent über 801 Euro	0 Euro	0 Euro	0 Euro	0 Euro	610 Euro	
Summe Zinsen – Steuer						3.305 Euro

Bei Variante A vereinnahmen Sie pro Jahr 200 + 500 Euro = 700 Euro Zinsen. Diese liegen unter dem Freibetrag, also fällt keine Steuer an.

Bei Variante B vereinnahmen Sie im ersten bis vierten Jahr je 200 Euro sonstige Zinsen. Diese liegen unter dem Freibetrag, also fällt keine Steuer an. Im fünften Jahr vereinnahmen Sie 200 Euro + 2.915 Euro = 3.115 Euro Zinsen. Der Betrag, der den Freistellungsbetrag von 801 Euro übersteigt, unterliegt der Zinsabschlagsteuer. Also sind 2.314 Euro zu 25 Prozent zuzüglich Soli zu versteuern. Also behält die Bank von Ihrem Ertrag 610,32 Euro Abgeltungsteuer ein. Und im Nu ist der Vorteil (415 Euro vor Steuer für B) der eigentlich rentierlicheren Anlage dahin. Mit in der Summe 3.305 Euro Zinseinnahmen nach Steuern würde Ihr Ertrag über fünf Jahre zusammen um 195 Euro niedriger liegen als bei Abschluss eines Sparbriefes Typ A mit 3.305 Euro.

Aber aufgepasst: Die Situation verändert sich bei diesem Beispiel sofort, wenn Sie neben der neuen Anlage (A oder B) bereits 850 Euro Zinsen einnehmen:

	2009	2010	2011	2012	2013	Gesamt
Variante A:						
Zins Sparbrief	500 Euro	500 Euro	500 Euro	500 Euro	500 Euro	
Sonstige Zinsen	850 Euro	850 Euro	850 Euro	850 Euro	850 Euro	
Zinsen gesamt	1.350 Euro	1.350 Euro	1.350 Euro	1.350 Euro	1.350 Euro	
Steuer 26,4 Prozent über 801 Euro	145 Euro	145 Euro	145 Euro	145 Euro	145 Euro	
Summe Zinsen − Steuer						6.025 Euro
Variante B:						
Zins Sparbrief	0 Euro	0 Euro	0 Euro	0 Euro	2.915 Euro	
Sonstige Zinsen	850 Euro	850 Euro	850 Euro	850 Euro	850 Euro	
Zinsen gesamt	850 Euro	850 Euro	850 Euro	850 Euro	3.765 Euro	
Steuer 26,4 Prozent über 801 Euro	13 Euro	13 Euro	13 Euro	13 Euro	782 Euro	
Summe Zinsen − Steuer						6.331 Euro

Jetzt ist Ihr Freistellungsauftrag schon durch die sonstigen Zinsen ausgeschöpft. Auch auf die jährlichen 500 Euro (A) fällt dann Steuer an. Ebenso natürlich für eine Anlage in Variante B auf die 2.915 Euro am Ende. Und dann gilt natürlich: Muss man in den zwei zu betrachtenden Alternativen (Typ A oder B) hier wie dort den gleichen Steuersatz zahlen und hat die Freibeträge bereits vor der anstehenden Anlageentscheidung ausgeschöpft, wählt man natürlich die am spätesten mögliche Steuerzahlung (B) und die rentablere Anlage (5,25 Prozent bei Variante B statt 5,00 Prozent bei Variante A).

Lektion 31

Kapitalerträge sind bis zu einer Höhe von 801 Euro bei Ledigen und 1.602 Euro bei Verheirateten von der Steuer freigestellt. Jeder Steuerzahler kann Freistellungsaufträge bis zu dieser Gesamthöhe auf eine oder mehrere Banken, Bausparkassen etc. verteilen. Die richtige Verteilung der Freistellungsbeträge auf Ihre Banken kann Steuerzahlungen vermeiden. Überprüfen Sie die Verteilung der Freibeträge alle 2 bis 3 Jahre mit Ihrem Berater. Die Freistellungsbeträge sind 2008 und 2009 in der Höhe unverändert.

Dieser Rat gilt generell und unverändert sowohl vor als auch nach der Umstellung der Besteuerung der Kapitaleinkünfte auf die Abgeltungsteuer zum 1. Januar 2009.

Wie sieht denn nun im Detail die Besteuerung aus? Dabei müssen wir zwischen 2008 (vor Abgeltungsteuer) und ab 2009 (ab Einführung der Abgeltungsteuer) unterscheiden. Sofern Sie dieses Buch erst nach dem 1. Januar 2009 lesen, können Sie die Ausführungen zur Besteuerung 2008 im übernächsten Kapitel ruhig überspringen. Sollten Sie dies Buch noch 2008 lesen, gibt es ein paar interessante Regelungen aus dem Steuerrecht 2008, die Sie nutzen können, wenn Sie noch im Jahr 2008 handeln. Mehr dazu im übernächsten Kapitel.

Einkommensteuer, Kirchensteuer und Soli

Die Einkommensteuertabellen sind gemäß Aussage des Bundesfinanzministeriums in 2008 und 2009 unverändert gültig. Aus der folgenden Tabelle können Sie die für die jeweiligen Einkommenshöhen gültigen Grenzsteuerbelastungen entnehmen

Grenzsteuersatz (in Prozent)			Zu versteuerndes Einkommen (in Euro)	
exkl. Soli	inkl. Soli	inkl. Soli + KiSt	ledig	verheiratet
15	15,8	17,2 / 17,0	7.665	15.330
20	21,1	22,9 / 22,7	10.500	21.000
25	26,4	28,6 / 28,4	15.000	30.000
30	31,7	34,4 / 34,1	25.920	51.840
35	36,9	40,1 / 39,7	37.400	74.800
40	42,2	45,8 / 45,4	47.772	95.544
42	44,3	48,1 / 47,7	52.152	104.304
45	47,5	51,5 / 51,1	250.000	500.000

Die Spalte „inkl. Soli + KiSt" beinhaltet je zwei Werte: den zweiten Wert für die Länder Baden-Württemberg und Bayern, den ersten Wert für alle anderen Bundesländer. Denn bei der Kirchensteuer ist zu berücksichtigen, dass diese in Bayern und Baden-Württemberg bei 8 Prozent, in den anderen Bundesländern bei 9 Prozent liegt. Der Solidaritätszuschlag beträgt zurzeit 5,5 Prozent. Sowohl die Kirchensteuer als auch der Solidaritätszuschlag werden als Zuschlag auf die Einkommensteuerschuld berechnet.

Verkompliziert wird die Sache noch dadurch, dass die Kirchensteuer zum einen als Sonderausgabe bei der Einkommensteuer abzugsfähig ist und ab sehr hohen Einkommen auf Antrag auch eine Kappung der Kirchensteuer vorgenommen werden kann. Beides wirkt in Richtung einer leicht geringeren Grenzsteuerbelastung, als oben in der Spalte „mit Soli und KiSt." angegeben.

Sie können übrigens im Internet unter

    www.abgabenrechner.de/ekst

für Ihr individuelles Einkommen die Steuerschuld, die Durchschnittsbelastung und den Grenzsteuersatz errechnen lassen. Leider gibt das Bundesfinanzministerium jedoch die Werte nicht einschließlich Kirchensteuer, die Grenzbelastung sogar ohne Soli und Kirchensteuer an. Insoweit erfahren Sie hier nur die „halbe Wahrheit", und Ihre Steuerbelastung über alles gerechnet liegt de facto noch etwas höher.

Sie können jedoch den Wert „Grenzbelastung Einkommensteuer" aus dem Abgabenrechner mit

a) 1,055 für Konfessionslose
b) 1,0135 für Bayern und Baden-Württemberg oder
c) 1,145 für andere Bundesländer

multiplizieren, und Sie erhalten die Grenzbelastung einschließlich Soli und bei b) und c) einschließlich Kirchensteuer, jedoch auch hier ohne Berücksichtigung „Sonderausgabe Kirchensteuer".

Beispiel:
Bei einem ledigen Katholiken aus der Pfalz beträgt das zu versteuernde Einkommen 2008 insgesamt 42.105 Euro. Seine Einkommensteuerschuld hierauf beträgt 10.000 Euro. Mit 5,5 Prozent Soli sind dann nochmals 550 Euro und mit 9 Prozent Kirchensteuer weitere 900 Euro fällig. Die 5,5 Pro-

zent bzw. 8 oder 9 Prozent berechnen sich – wie erläutert – nicht auf das zu versteuernde Einkommen, sondern auf die Einkommensteuerschuld.

Die Grenzsteuerbelastung des Pfälzers beträgt 42,8 Prozent unter Einrechnung von Soli und Kirchensteuer. Jeder Euro, den er 2008 noch hinzuverdient, ob als Überstundenvergütung oder Zinseinnahmen oberhalb der Freigrenze, wird mit 43 Cent Steuer belastet.

Das zu versteuernde Einkommen liegt infolge Werbekostenpauschale und Sonderausgabenabzüge für Arbeitnehmer wenige 1.000 Euro unter ihrem Bruttoeinkommen: Haben Sie einen weiten Weg zur Arbeit oder haben Sie anderweitig erhöhte Werbungskosten, ist die Differenz zwischen Bruttoeinkommen und zu versteuerndem Einkommen noch größer. Am besten, Sie blicken in Ihren letzten Einkommensteuerbescheid. Dort finden Sie Ihre Einkünfte, Ihr zu versteuerndes Einkommen, nicht jedoch Ihren persönlichen Grenzsteuersatz. Den müssen Sie dann in obiger Tabelle nachsehen oder mit Hilfe der Homepage des Bundesfinanzministeriums ermitteln.

Besteuerung von Kapitalerträgen bis 2008

Bis zum 31.Dezember 2008 gelten für Kapitalerträge zusammengefasst folgende Regeln:

Der Belastung mit Einkommensteuer unterliegen

	zu:
Zinsen	100 Prozent
Dividenden (Halbeinkünfteverfahren)	50 Prozent
Kursgewinne Fonds innerhalb von zwölf Monaten	100 Prozent
Kursgewinne Aktien (Halbeinkünfteverfahren) bis zwölf Monate	50 Prozent
Kursgewinne über zwölf Monate hinaus zu	0 Prozent
Kursgewinne von „Finanzinnovationen"	100 Prozent

Die Kapitalerträge können bis 801/1.602 Euro (ledig/verheiratet) freigestellt werden (s.o.). Kursgewinne innerhalb der Spekulationsfrist von zwölf Monaten lösen oberhalb 500/1.000 Euro eine Steuerpflicht für den gesamten Spekulationsgewinn aus. Also: 499 Euro Spekulationsgewinn sind noch steuerfrei, 501 Euro Spekulationsgewinn dagegen komplett steuerpflichtig. So können 2 Euro mehr Gewinn 200 Euro mehr Steuer auslösen.

Die im Jahresverlauf durch die Bank einbehaltene Zinsabschlagsteuer von 30 Prozent plus Soli (oberhalb des Freistellungsauftrages) ist nur eine Vorauszahlung auf die Einkommensteuer. Endabgerechnet wird im Einkommensteuerbescheid je nach Ihrem persönlichen Steuersatz. Dabei ist für Sie Ihr individueller Grenzsteuersatz wichtig, denn dieser gibt die Besteuerung Ihres letzten Euros an, den Sie in einem Jahr verdienen. Jeder Mehrverdienst, zum Beispiel aus Zinsen oder Dividenden, unterliegt Ihrem persönlichen Grenzsteuersatz.

Ich will hier zu der komplizierten Besteuerung bis 2008 nicht weiter ausholen, denn für die meisten Vorsorgesparer unter uns werden die Jahre und Jahrzehnte danach von Ausschlag sein.

Ein kurzer Tipp aber noch: Die Kursgewinne von Aktien, Rentenwerten und Fonds, die keine Finanzinnovationen darstellen und noch vor dem 1. Januar 2009 angeschafft wurden, unterliegen bezüglich ihrer Kursgewinne nicht der Einkommens- oder Abgeltungsteuer – also auch, wenn Sie diese erst beispielsweise 2022 verkaufen. Das ist ein großer Vorteil.

> **Lektion 32**
>
> Fonds, Rentenwerte und Aktien, die Sie noch vor dem 1. Januar 2009 kaufen und mindestens ein Jahr halten, sind bezüglich ihrer Kursgewinne bis zu deren Verkauf steuerfrei. Wenn Sie zum Beispiel erst nach 15 Jahren Ihren Fonds verkaufen, sind die ganzen Kursgewinne über 15 Jahre noch steuerfrei. Deshalb: Überlegen Sie sich vor 2009 gut, welche langfristig sinnvollen Anlagen Sie noch kaufen oder gar vorziehen, um von diesem Vorteil so lange wie möglich zu profitieren.

Diese vorteilhafte Regelung der Nichtversteuerung von Kursgewinnen bei einer Anschaffung bis zum 31. Dezember 2008 und einer Haltedauer von mindestens einem Jahr gilt nicht für Zertifikate. Hier gilt eine Steuerfreiheit nur bis maximal 30. Juni 2009 unter Beachtung der mindestens einjährigen Haltedauer. Also seit dem 30. Juni 2008 löst der Kauf von Zertifikaten in jedem Fall eine Besteuerung des Kursgewinnes aus.

Besteuerung von Kapitalerträgen ab 2009

▶▶▶ ▶▶▶ ▶▶▶ ▶▶▶ ▶▶▶ ▶▶▶ ▶▶▶ ▶▶▶ ▶▶▶ ▶▶▶ **Lektion 33**

Ab 1. Januar 2009 unterliegen alle Kapitaleinkünfte oberhalb des Freistellungsbetrages von 801/1.602 Euro (ledig/verheiratet) sowie alle Kursgewinne ab dem Kaufdatum 1. Januar 2009 einer einheitlichen Abgeltungsteuer

Diese beträgt

	Abgeltungsteuer	inkl. Soli	inkl. Soli+KiSt.
(jeweils in Prozent)			
bei Konfessionslosen	25,0	26,38	–
Kirchenmitglied:			
Bayern, Baden-W.	24,50	25,86	27,81
Andere Bundesländer	24,44	25,78	27,98

Mit dieser Abgeltungsteuer, die die Bank an der Quelle einbehält, ist die ganze Einkommensteuerschuld abgegolten. Für Steuerpflichtige mit einem Einkommensteuersatz von unter 25 Prozent besteht die Möglichkeit einer Verrechnung in der Steuererklärung. Dies hat insoweit nur bei einem zu versteuernden Einkommen von unter 15.000 Euro für Ledige und unter 30.000 Euro für Verheiratete Sinn.

Damit dürfte sich die Mehrzahl der Steuerpflichtigen die oberhalb 801/1.602 Euro sehr komplizierte Angabe ihrer Kapitaleinkünfte in der Steuererklärung sparen können. Ein wesentlicher Schritt zur Erleichterung, auch wenn sich viele einen niedrigeren Steuersatz oder eine Begünstigung für langfristiges Vorsorgesparen gewünscht hätten.

Das Einbehalten der Kirchensteuer an der Quelle erfolgt auf Antrag des Steuerpflichtigen bei seiner Bank. Ansonsten muss diese Besteuerung im Rahmen der Einkommensteuererklärung nachgeholt werden. Es ist davon auszugehen, dass die Banken ihre Kunden diesbezüglich noch ansprechen werden. Nutzen Sie den sofortigen Kirchensteuerabzug, um die Einkommensteuererklärung nicht doch einschließlich der Kapitalerträge vornehmen zu müssen.

Die Abgeltungsteuer gilt nur für Kapitalerträge. Ausgenommen sind zum Beispiel Erträge aus Immobilien. Für diese gilt nach wie vor die Besteuerung zum persönlichen Steuersatz sowie die Spekulationsfrist von zehn

Jahren bei Immobilien, das heißt, Wertgewinne bei Immobilien sind nach zehn Jahren weiterhin steuerfrei.

Dies hat auch Auswirkungen bei der Besteuerung offener Immobilienfonds, wie sie ab 50 Euro bei jeder Bank erworben werden können: Verkauft die Fondsgesellschaft Immobilien erst nach zehn Jahren Haltedauer oder länger, sind die daraus resultierenden Ausschüttungen nach wie vor steuerfrei, während die Mieteinnahmen abzüglich der Gebäudeabschreibungen der Besteuerung zum persönlichen Einkommensteuersatz unterliegen. Dies führt dazu, dass in der Mischung aus Mieterträgen und Wertgewinnen der Immobilien wesentliche Anteile von Wertzuwachs und Ausschüttung der offenen Immobilienfonds steuerfrei bleiben. Im Folgenden werden wir vereinfachend von 50 Prozent steuerfreiem und 50 Prozent steuerpflichtigem Anteil der Erträge aus Immobilienfonds ausgehen. Sie können den genauen Satz jedoch bei der Immobilienfondsgesellschaft oder Ihrem Berater erfragen. Die Angaben finden Sie auf jeden Fall im Rechenschaftsbericht Ihres Immobilienfonds, den Ihnen Ihre Bank gerne zukommen lässt.

▶▶▶ ▶▶▶ ▶▶▶ ▶▶▶ ▶▶▶ ▶▶▶ ▶▶▶ ▶▶▶ ▶▶▶ ▶▶▶ Lektion 34

Folgende Anteile Ihres Ertrages und Ihres Kursgewinnes und somit Ihrer Rendite unterliegen gemäß aktueller Rechtslage ab dem Kaufdatum 1. Januar 2009 der Besteuerung:

Aktien, Rentenwerte, Zertifikate	100 Prozent
Aktienfonds	100 Prozent
Rentenfonds	100 Prozent
Offene Immobilienfonds	ca. 50 Prozent

Mit diesen Anteilen können Sie das zu versteuernde Einkommen aus dem Ertrag (Tabellen 1 und 2) abschätzen, sofern Ihre Kapitalerträge über der Freistellungsgrenze von 801/1.602 Euro (ledig/verheiratet) liegen. Das Halbeinkünfteverfahren entfällt ersatzlos.

Diese Freistellungsgrenze überschreiten Sie übrigens schneller als gedacht. Schon mit einer Anlage von 20.000 Euro zu 4 Prozent Zins haben Sie als Lediger diese Grenze erreicht. Oder schauen Sie in folgender Tabelle nach:

Lektion 35

Für die Ausschöpfung des Freistellungsbetrages von 801 bzw. 1.602 Euro genügt eine Anlage von:

Bei Zinssatz (in Prozent)	ledig (in Euro)	verheiratet (in Euro)
2	40.050	80.100
3	26.700	53.400
4	20.025	40.050
5	16.020	32.040
6	13.350	26.700

Da die Freistellungsgrenze insoweit häufig schon durch Ihre Reserven ausgeschöpft ist und Altersvorsorgesparen in der Regel auf weit höhere Summen zielt, als oben angegeben, werden wir im Folgenden davon ausgehen, dass Ihre Vorsorgeanlagen vollständig der Abgeltungsteuer unterliegen. Davon ausnehmen werden wir nur Vorsorgeprodukte, die explizit steuerlich gefördert oder grundsätzlich anders besteuert werden, zum Beispiel durch eine nachgelagerte Besteuerung.

Beispiel:

Alfred
– verdient ein zu versteuerndes Einkommen von 52.000 Euro,
– ist verheiratet und katholisch,
– wohnt in Nordrhein-Westfalen (9 Prozent Kirchensteuer)
– hat Zinseinnahmen von 1.700 Euro bei einer Bank, also knapp über der Freistellungsgrenze.

Dann liegt sein persönlicher Grenzsteuersatz bei 30 Prozent (ESt) oder 34,4 Prozent einschließlich Soli und Kirchensteuer. Auf jeden weiteren verdienten Euro bezahlt Alfred also 34 Cent Steuer. In jedem Fall ist für ihn ab 2009 bei dieser Lage die Abgeltungsteuer mit 25 Prozent + Soli + Kirchensteuer günstiger, und er wird seine Kapitalerträge nicht bei der Einkommensteuererklärung angeben. Dies würde er ja nur tun, wenn sein Grenzsteuersatz (ESt) unter 25 Prozent läge, und davon ist Alfred ein Stück entfernt.

Also: Wie können wir jetzt bei seinem Endkapital Anlegen und Sparen EKAS die Steuer einigermaßen verlässlich abschätzen und abziehen? In den Tabellen 1 bis 3 im Anhang erkennen wir ja jeweils den Betrag unserer

Einzahlungen und den Ertrag. Mit Hilfe der Angaben in diesen Listen sowie der Erkenntnisse aus den Lektionen 33 und 34 können wir jetzt ermitteln, welche Steuer in etwa auf Alfreds Ertrag entfällt.

Setzen wir obiges Beispiel also fort: Alfred ist 35 Jahre alt und plant auf einen Ruhestand im Alter von 65. Er legt Erspartes in Höhe von 15.000 Euro in einem europäischen Aktienfonds an, 5.000 Euro in einem Immobilienfonds. In den Aktienfonds spart er zusätzlich monatlich 100 Euro, in einen europäischen Rentenfonds 50 Euro je Monat, jeweils mit 2 Prozent Dynamik. In seinem Assetmix ist Alfred viel konservativer als die Empfehlung aus Lektion 7. Aber nun gut, rechnen wir mal:

Gemäß Lektion 34 und der Einschätzung der Renditen ergibt sich ab 2009 in etwa:

	Rendite ca. (in Prozent p.a.)	steuerpflichtig (in Prozent)
Europäischer Aktienfonds	7	100
Europäischer Rentenfonds	4	100
Immobilienfonds	4	ca. 50

Nun können wir die EKA- und EKS-Berechnung je in einen steuerfreien und steuerpflichtigen Anteil zerlegen. Fangen wir einmal bei der Anlage an:

15.000 Euro Anlage Aktienfonds, 7 Prozent p.a., 30 Jahre:

In Tabelle 3a (Seite 202) finden Sie die Werte für 10.000 Euro mit:
66.119 Euro Ertrag und (logischerweise)
10.000 Euro Einzahlung

Für 15.000 Euro errechnen sich so:
99.178 Euro Ertrag vor Steuern und
15.000 Euro Einzahlung

Die 99.178 Euro sind zu 100 Prozent voll steuerpflichtig. Also entfallen auf die 99.178 Euro bei 27,98 Prozent Abgeltungsteuer einschließlich Soli und Kirchensteuer

27.750 Euro Abgeltungsteuer insgesamt.

Also bleiben dem Familienvater aus diesen 15.000 Euro am Ende:

	15.000 Euro	Einzahlung
+	99.178 Euro	Ertrag vor Steuern
–	27.750 Euro	Abgeltungsteuer von 27,98 Prozent
=	86.428 Euro	EKA nach Steuern

Bei der Anlage von 5.000 Euro in einen Immobilienfonds verfahren wir analog, jedoch gehen wir von 50 Prozent steuerfreiem Anteil bei den Erträgen aus:

    5.000 Euro Einzahlung
  11.218 Euro Ertrag vor Steuern
    5.609 Euro = 50 Prozent unterliegen der Abgeltungsteuer
    1.569 Euro Abgeltungsteuer von 27,98 Prozent

=   14.649 Euro EKA nach Steuern

Für die Sparpläne gehen wir mit Hilfe der Tabelle 2a (Seite 198) ebenso vor. Beim Aktienfondssparplan ergibt sich bei 100 Euro mit 2 Prozent Dynamik:

  48.682 Euro Einzahlungen
  95.759 Euro Ertrag vor Steuern
  26.793 Euro Abgeltungsteuer von 27,98 Prozent

117.648 Euro EKS nach Steuern

Beim Rentenfondssparplan mit 50 Euro und 2 Prozent Dynamik:

  24.341 Euro Einzahlungen
  19.547 Euro Ertrag vor Steuern
    5.469 Euro Abgeltungsteuer von 27,98 Prozent

38.419 Euro EKS nach Steuern

Damit ergeben sich in der Summe:

EKAS nach Steuern	=	EKASS = 257.144 Euro
Abgeltungsteuer gesamt	=	61.581 Euro

Das ist gottlob immer noch ein sehr gutes Polster für einen schönen Ruhestand. Allerdings erschreckt auch die hohe Steuerlast von 61.581 Euro, die Alfreds Bank an das Finanzamt abführen muss und die für seinen Ruhestand fehlen. Ohne Steuerabzug hätte Alfred immerhin über 318.725 Euro disponieren können. Dieser herbe Eingriff der Steuer in Ihre Altersvorsorgeplanung ist auch der Grund, warum immer wieder eine Begünstigung des privaten Altersvorsorge-Sparens gefordert wird. Mit Ausnahme von Riester- und Rürup-Produkten ist allerdings eine solche Förderung der privaten Altersvorsorge bisher nicht umgesetzt.

Zu den jetzt errechneten 257.144 Euro muss ich Sie zur Sicherheit noch einmal auf eine ganze Reihe von Annahmen hinweisen, die unseren Berechnungen zugrunde liegt:
– Bereits vor dem Altersvorsorgesparen sind Ihre Freistellungsbeträge ausgeschöpft.
– Der Abgeltungsteuersatz von 27,98 Prozent einschließlich Soli und Kirchensteuer wird hier für über 30 Jahre unverändert angenommen. Er kann aber vom Gesetzgeber in der Zwischenzeit erhöht oder gesenkt werden.
– Und natürlich haben wir bei den Renditen entscheidende Annahmen getroffen, die zwar historisch gut hinterlegt sind, aber noch keine Garantie für die Zukunft darstellen.

Nur ohne vernünftige Annahmen lassen sich keine Prognosen für die Zukunft erstellen. Insoweit sind die oben errechneten Werte wahrscheinlich das Beste, was wir für die Zukunft schätzen können.

▶▶▶ ▶▶▶ ▶▶▶ ▶▶▶ ▶▶▶ ▶▶▶ ▶▶▶ ▶▶▶ ▶▶▶ ▶▶▶ **Lektion 36**

In Formeln ausgedrückt, sind die Rechenschritte wie folgt:

Für jeden Teil Ihres Assetmix im Bereich Anlage errechnen Sie:

$$EKA\ n.\ St. = (Einzahlung + Ertrag - Ertrag \times \frac{Steueranteil \times Steuersatz}{100 \times 100}) \times \frac{Anlage}{10.000}$$

Für jeden Teil Ihres Assetmixes im Bereich Sparen errechnen Sie:

$$EKS\ n.\ St. = (Einzahlung + Ertrag - Ertrag \times \frac{Steueranteil \times Steuersatz}{100 \times 100}) \times \frac{Sparrate}{100}$$

> Das Endkapital Anlage und Sparen nach Steuern ergibt sich dann als Summe aller Einzelwerte:
>
> EKAS n. St. = EKA n. St. (Aktienfonds) + EKA n. St. (Rentenfonds)
>   + ...
>   + EKS n. St. (Aktienfonds) + EKS n. St. (Rentenfonds)
>   + ...
>
> Zur Verkürzung nennen wir den EKAS nach Steuern: EKASS.

Ich empfehle Ihnen die Berechnung Schritt für Schritt wie im Beispiel oben. Wer nicht jeden Tag mit Formeln rechnet, vertut sich leicht.

Die Inflation

Immerhin: Alfred, jetzt 35 Jahre alt, kann nach Steuern mit einem Endkapital Anlage und Sparen EKASS von 257.144 Euro im Alter von 65 rechnen. Das ist doch ein gutes Polster, um einerseits mit 65 zwei Jahre früher als mit 67 aufzuhören und noch etwas über die gesetzliche Rente hinaus übrig zu haben. Man fängt doch instinktiv an mit Rechnungen wie: Wenn Alfred mit 65 für zwei Jahre noch ohne Rente je 3.000 Euro im Monat entnimmt, dann hat er doch mit 67 immer noch 185.144 Euro über. Da kann er doch gleich mit 63 aufhören zu arbeiten.

Aber Achtung, hier schlägt nämlich Monster Nummer zwei zu, das wir bislang noch nicht berücksichtigt haben.

Kennen Sie noch die Sätze Ihrer Großmutter: „Vor 30 Jahren hat ein Brötchen mal 10 Pfennig gekostet." Oder denken Sie mal selber zurück, was in Ihren Kinderjahren ein Eis gekostet hat und was es heute kostet. Tja, dazwischen liegt die bekannte Inflation oder Geldentwertung, die in der Regel so schleichend wirkt, dass wir sie nur feststellen, wenn wir uns über Jahrzehnte zurückerinnern. Die letzte Preiserhöhung bei Ihrer bevorzugten Automarke betrug wahrscheinlich um die 2 Prozent, aber was kostete Ihr Lieblingsmodell vor 20 Jahren?

Die Kumulation auch einer jährlich gering erscheinenden Inflation über Jahrzehnte wirkt gewaltig auf die Kaufkraft Ihrer Ersparnisse. So bedeuten zum Beispiel 2 Prozent Inflation pro Jahr, dass Sie in 40 Jahren 2,21 Euro für Waren ausgeben müssen, für die Sie heute nur 1 Euro über den Ladentisch wandern lassen. Oh Schreck. Sie ahnen schon, dass wir die obengenannten 257.144 Euro von Alfred in einem anderen Licht sehen müssen. Ohne Zweifel sind 257.144 Euro in heutiger Kaufkraft eine Menge Geld, aber was sind 257.144 Euro in 30 Jahren noch wert?

In Tabelle 4 (Seite 204) finden Sie die Antwort auf die Frage „Was kosten Waren im heutigen Wert von 1 Euro in x Jahren nach y Prozent Inflation?" Sie werden dort die 2,21 Euro im Schnittpunkt der Linien „2,0 Prozent"

Inflation und „40 Jahre" finden. Also können wir mit diesen 2,21 Euro in 40 Jahren, die bei 2 Prozent Inflation pro Jahr die gleiche Kaufkraft haben werden wie heute 1 Euro, doch zukünftige Vermögen auf heutige Kaufkraft herunterrechnen und gewinnen so ein Gefühl, was all dies Endkapital Anlegen und Sparen nach Steuern in heutiger Kaufkraft wert wäre, oder? So kommen wir dann am Ende zu einem EKAS nach Steuern und nach Inflation – dem einzigen realistischen Wert, der uns ein Gefühl vermittelt, womit wir in 30 bis 40 Jahren leben müssen oder können.

Nun, von welchen Inflationsraten sollte man ausgehen? Die einzige Hilfe, die wir hier wieder einsetzen können, sind die Erfahrungen aus der Vergangenheit: Gemessen an Zahlen sowohl des Statistischen Bundesamtes als auch von Eurostat und bezogen auf Westdeutschland, später Gesamtdeutschland, betrug die Inflation:

1,9 Prozent p.a.	in den 50er Jahren
2,6 Prozent p.a.	in den 60er Jahren
4,9 Prozent p.a.	in den 70er Jahren
2,6 Prozent p.a.	in den 80er Jahren
2,3 Prozent p.a.	in den 90er Jahren
1,7 Prozent p.a.	2000 bis 2007

Zum Verständnis dieser Zahlen müssen wir kurz mal in unserer Vergangenheit graben: Warum fast 5 Prozent p.a. Inflation in den siebziger Jahren? Kommen Sie darauf, woran das lag? Ja, Sie haben Recht, die zwei Ölkrisen lagen in diesem Zeitraum. Der Ölpreis explodierte von unter 3 Dollar je Fass auf über 30 Dollar.

Klammert man diese historische Phase der zwei Ölkrisen aus, so lag die Inflation in der Jahrzehntbetrachtung zwischen 1,7 Prozent und 2,6 Prozent p.a. Daher:

▶▶▶ ▶▶▶ ▶▶▶ ▶▶▶ ▶▶▶ ▶▶▶ ▶▶▶ ▶▶▶ ▶▶▶ ▶▶▶ Lektion 37

Die Inflation, die schleichende Geldentwertung durch Preiserhöhungen, ist der zweite große Feind Ihrer Altersvorsorgeersparnisse. In der Betrachtung vergangener Jahrzehnte lag die Inflation in den Phasen außerhalb der zwei Ölkrisen zwischen 1,7 Prozent p.a. und 2,6 Prozent p.a. im Zehnjahresdurchschnitt.

Kumuliert über Jahrzehnte wirkt die Inflation gewaltig. Mit Hilfe der Tabelle 4 (Seite 204) können Sie den Geldwertschwund errechnen.

Also, was sind die 257.144 Euro EKAS von Alfred in 30 Jahren nun wert? Nehmen wir 2,0 Prozent p.a. Inflation an, so beträgt der Tabellenwert = 1,81, bei 2,5 Prozent p.a. Inflation jedoch bereits 2,10.

Also beträgt

$$\text{EKAS n.St.} + \text{n.Infl. (2,0 Prozent)} = \frac{257.144 \text{ Euro}}{1,81} = 142.068 \text{ Euro}$$

$$\text{EKAS n.St.} + \text{n.Infl.(2,5 Prozent)} = \frac{257.144 \text{ Euro}}{2,10} = 122.449 \text{ Euro}$$

Was heißen diese Werte nun für Alfred? Sicher, er hat gemäß allen vernünftigen Annahmen im Alter von 65 ein Endkapital Anlage und Sparen nach Steuern EKASS von 257.144 Euro zu erwarten. Umgerechnet auf die heutige Kaufkraft, werden diese 257.144 Euro aber nur zwischen 122.449 Euro bei 2,5 Prozent p.a. Inflation und 142.068 Euro bei 2,0 Prozent p.a. Inflation wert sein. Also frisst im Falle der 2,5 Prozent pro Jahr die Inflation von den 257.144 Euro insgesamt 134.695 Euro auf – ein wahrhaft gefräßiges Monster.

Von
318.725 Euro EKAS bleiben
257.144 Euro EKAS nach Steuern (EKASS) und
122.449 Euro EKAS nach Steuern und Inflation (2,5 Prozent) = EKASSI

Diese 122.449 Euro reichen aber, um mit 65 Jahren zwei Jahre früher aufzuhören. Entnimmt er nach heutiger Kaufkraft je 3.000 Euro im Monat (das sind 6.300 Euro im Monat in 30 Jahren, da 3.000 Euro x 2,10), bleiben im Alter von 67 immer noch 50.449 Euro nach heutiger Kaufkraft (105.943 Euro nach Kaufkraft in 30 Jahren) zur Aufbesserung der gesetzlichen Rente. Kommt Alfred mit einer Entnahme von 2.400 Euro statt 3.000 Euro hin, reichen die 72.000 Euro gar für 2,5 Jahre statt für zwei Jahre. Also Ausstieg mit 64,5 Jahren.

De facto hat unser Familienvater sogar noch etwas mehr zur Verfügung, denn wir haben bisher die Zinsen bzw. die Rendite auf das verbleibende Kapital nach 65 „unterschlagen". EKAS und EKAS nach Steuern und Inflation waren ja auf 30 Jahre Anlagezeit (Alter 35 bis 65) berechnet. Sie merken, wir sind nun schon nahe dran, ein realistisches Gefühl dafür zu bekommen, wofür das Sparen und Anlegen, wofür Ihre Entschlossenheit letztlich gut sind. Gerechnet nach Steuern und nach Inflation, können wir zum ersten Mal ermessen, was wir uns später in etwa leisten können.

Lektion 38

Der EKAS nach Steuern und nach Inflation (kurz: EKASSI) ist die einzige Größe, die uns ein Gefühl dafür vermittelt, welcher heutigen Kaufkraft unser zukünftiges Altersvorsorgevermögen EKAS netto nach Steuern entspricht.

$$\text{EKASSI} = \text{EKAS n.St.+ n.Infl.} = \frac{\text{EKAS n.St.}}{\text{Tabellenwert (Tab. 4)}}$$

Sie werden sich jetzt natürlich fragen: Gut, jetzt habe ich eine Ahnung, was mein Altersvorsorgevermögen EKAS wirklich mal nach Steuern und Inflation als EKASSI wert ist. Aber wie soll ich jetzt wissen, wie lange mir dieses Geld reicht? Oder wie lange reichen Alfred die 122.449 Euro?

Das sind gute Fragen und daher wollen wir ihnen ein neues Kapitel widmen.

Genießen Sie Ihr Leben

So nutzen Sie Ihr Vorsorgevermögen

Warum nenne ich dieses Kapitel „Genießen Sie Ihr Leben" statt einfach die „Rente" oder „Auszahlphase"? Ganz einfach: Von Anfang an wollten wir uns ein aktives und genussreiches Leben auch nach dem Arbeiten ermöglichen. Neben Fitness und Gesundheit gehört hierzu ein guter Kapitalstock. Wie wir den aufbauen, war Thema bis hierhin. Nun geht es darum, wie wir den Kapitalstock intelligent für dieses aktive, genussreiche Leben einsetzen. Und dazu gehört auch die richtige Einstellung: Wer sich nur als Rentner sieht, wird auch so leben und sich jeden Monat in die Reihe stellen, um seine Rente bei der Bank abzuholen. Wer aktiv leben und genießen will, der wählt seinen eigenen Takt und hat vorgesorgt. Mit den Ratschlägen aus dem letzten Kapitel dieses Buches holen wir jetzt noch das meiste aus dem Altersvorsorgekapital heraus und brauchen uns dann hoffentlich keine Sorgen mehr zu machen. Also: Wir verzehren nicht das Geld, sondern wir genießen, was wir im wahrsten Sinn des Wortes verdient haben.

Betrachten wir nun einmal die verschiedenen Ansprüche, die Sie bereits erworben haben. Dabei streben wir jetzt immer eine Betrachtung nach Steuern und nach Inflationsbereinigung an, um in der Welt der heutigen Kaufkraft, in unserer Vorstellungswelt zu bleiben und uns nicht „zu reich zu rechnen".

Die gesetzliche Rente

Die gesetzlichen Rentenversicherungsträger informieren Sie mittlerweile regelmäßig über den bereits erworbenen und prognostizierten Stand Ihrer Rentenansprüche. So informiert Sie die Deutsche Rentenversicherung, früher Bundesversicherungsanstalt für Angestellte (BfA), in einem Brief mit dem Titel „Die Renteninformation – Ihr aktueller Kontostand" regelmäßig über Ihre Rentenansprüche. Auf Blatt 2 finden Sie unter Punkt „3. Hochrechnungen Ihrer künftigen Altersrente" auf der rechten Seite drei Beträge.

Ihre Renteninformation

Sehr geehrter Herr ▆▆▆▆▆,

in dieser Renteninformation haben wir die für Sie vom 01.12.1978 bis zum 31.12.2006 gespeicherten Daten und das ab 01.01.2008 geltende Rentenrecht berücksichtigt. Die **Regelaltersgrenze** erreichen Sie am **07.07.2029** (Altersgrenze für die Regelaltersrente). Änderungen in Ihren persönlichen Verhältnissen und gesetzliche Änderungen können sich auf Ihre zu erwartende Rente auswirken. Bitte beachten Sie, dass von der Rente auch Kranken- und Pflegeversicherungsbeiträge sowie gegebenenfalls Steuern zu zahlen sind. Auf der Rückseite finden Sie zudem wichtige Erläuterungen und zusätzliche Informationen.

Rente wegen voller Erwerbsminderung
Wären Sie heute wegen gesundheitlicher Einschränkungen voll erwerbsgemindert, bekämen Sie von uns eine monatliche Rente von: 1.358,66 EUR

Höhe Ihrer künftigen Regelaltersrente
Ihre bislang erreichte Rentenanwartschaft entspräche nach heutigem Stand einer monatlichen Rente von: 833,70 EUR
Sollten bis zur Regelaltersgrenze Beiträge wie im Durchschnitt der letzten fünf Kalenderjahre gezahlt werden, bekämen Sie ohne Berücksichtigung von Rentenanpassungen von uns eine monatliche Rente von: 2.069,41 EUR

Rentenanpassung
Aufgrund zukünftiger Rentenanpassungen kann die errechnete Rente in Höhe von 2.069,41 EUR tatsächlich höher ausfallen. Allerdings können auch wir die Entwicklung nicht vorhersehen. Deshalb haben wir - ohne Berücksichtigung des Kaufkraftverlustes - zwei mögliche Varianten für Sie gerechnet. Beträgt der jährliche Anpassungssatz 1 Prozent, so ergäbe sich eine monatliche Rente von etwa 2.570 EUR. Bei einem jährlichen Anpassungssatz von 2 Prozent ergäbe sich eine monatliche Rente von etwa 3.200 EUR.

Zusätzlicher Vorsorgebedarf
Da die Renten im Vergleich zu den Löhnen künftig geringer steigen werden und sich somit die spätere Lücke zwischen Rente und Erwerbseinkommen vergrößert, wird eine zusätzliche Absicherung für das Alter wichtiger ("Versorgungslücke"). Bei der ergänzenden Altersvorsorge sollten Sie - wie bei Ihrer zu erwartenden Rente - den Kaufkraftverlust beachten.

Mit freundlichen Grüßen   **Anlagen:** Beiblatt
Ihre Deutsche Rentenversicherung Bund

Bitte nehmen Sie diesen Beleg zu Ihren Rentenunterlagen.

Grundlagen der Rentenberechnung

Die Höhe Ihrer Rente richtet sich im Wesentlichen nach Ihren durch Beiträge versicherten Arbeitsverdiensten. Diese rechnen wir in **Entgeltpunkte** um. Ihrem Rentenkonto schreiben wir einen Entgeltpunkt gut, wenn Sie ein Jahr lang genau den Durchschnittsverdienst aller Versicherten (zurzeit 29.488 EUR) erzielt haben. Daneben können Ihnen aber auch Entgeltpunkte für bestimmte Zeiten gutgeschrieben werden, in denen keine Beiträge (z.B. für Fachschulausbildung) oder Beiträge vom Staat, von der Agentur für Arbeit, von der Krankenkasse oder anderen Stellen (z.B. für Wehr- oder Zivildienst, Kindererziehung, Arbeitslosigkeit und Krankheit) für Sie gezahlt wurden. Um die Höhe der Rente zu ermitteln, werden alle Entgeltpunkte zusammengezählt und mit dem so genannten aktuellen Rentenwert vervielfältigt. Der aktuelle Rentenwert beträgt zurzeit 26,27 EUR in den alten und 23,09 EUR in den neuen Bundesländern. Das heißt, ein Entgeltpunkt entspricht heute beispielsweise in den alten Bundesländern einer monatlichen Rente von 26,27 EUR. Beginnt die Rente vor oder nach Erreichen der Regelaltersgrenze, führt dies zu Abschlägen bzw. Zuschlägen bei der Rente.

Rentenbeiträge und Entgeltpunkte

Bisher haben wir für Ihr Rentenkonto folgende Beiträge erhalten:

Von Ihnen	79.876,50 EUR
Von Ihrem/n Arbeitgeber/n	79.825,37 EUR
Aus den erhaltenen Beiträgen und Ihren sonstigen Versicherungszeiten haben Sie bisher insgesamt Entgeltpunkte in folgender Höhe erworben:	31,7359

Rente wegen voller Erwerbsminderung

Bei einer Rente wegen Erwerbsminderung schreiben wir Ihnen, sofern Sie das 60. Lebensjahr noch nicht vollendet haben, zusätzliche Entgeltpunkte gut, ohne dass hierfür Beiträge gezahlt worden sind. Eine Erwerbsminderungsrente wird auf Antrag grundsätzlich nur gezahlt, wenn in den letzten fünf Jahren vor Eintritt der Erwerbsminderung mindestens drei Jahre Pflichtbeitragszeiten vorliegen.

Höhe Ihrer künftigen Regelaltersrente

Sollten für Sie in den letzten fünf Kalenderjahren auch Beiträge für Zeiten der beruflichen Ausbildung oder der Kindererziehung gezahlt bzw. Zeiten nach dem Fremdrentengesetz vorgemerkt worden sein, haben wir diese nur bei der Berechnung Ihrer bislang erreichten Rentenanwartschaft, nicht jedoch für die Ermittlung des Durchschnittswerts berücksichtigt. Für eine zuverlässige Prognose über die Höhe Ihrer künftigen Rente können diese Zeiten nicht herangezogen werden.

Rentenanpassung

Die Dynamisierung (Erhöhung) der Rente erfolgt durch die Rentenanpassung. Sie richtet sich grundsätzlich nach der Lohnentwicklung, die für die Rentenanpassung - insbesondere aufgrund der demografischen Entwicklung - nur vermindert berücksichtigt wird. Die Höhe der zukünftigen Rentenanpassungen kann nicht verlässlich vorhergesehen werden. Wir haben Ihre Rente daher unter Berücksichtigung der Annahmen der Bundesregierung zur Lohnentwicklung dynamisiert. Die ermittelten Beträge sind - wie alle weiteren späteren Einkünfte (z.B. aus einer Lebensversicherung) - wegen des Anstiegs der Lebenshaltungskosten und der damit verbundenen Geldentwertung (Inflation) in ihrer Kaufkraft aber nicht mit einem heutigen Einkommen in dieser Höhe vergleichbar (**Kaufkraftverlust**). So werden bei einer Inflationsrate von beispielsweise 1,5 Prozent pro Jahr bei Erreichen Ihrer Regelaltersgrenze 100 EUR voraussichtlich nur noch eine Kaufkraft nach heutigen Werten von etwa 72 EUR besitzen.

Unser Service

Haben Sie Fragen, benötigen Sie unseren Rat? Rufen Sie uns einfach an. Sie erreichen uns unter der kostenfreien Nummer unseres Servicetelefons 0800 100048070 von Montag bis Donnerstag von 7:30 Uhr bis 19:30 Uhr und am Freitag von 7:30 Uhr bis 15:30 Uhr. Sie können sich aber auch in den mehr als 1.000 Auskunfts- und Beratungsstellen der Deutschen Rentenversicherung oder im Internet informieren. Wir sind auch für Sie da, wenn Sie Fragen zur staatlich geförderten zusätzlichen Altersvorsorge oder zur Grundsicherung im Alter und bei Erwerbsminderung haben.

Bitte orientieren Sie sich an dem letzten der drei Werte unter „Höhe Ihrer künftigen Regelaltersgrenze". Dort steht:

„Sollten bis zur Regelaltersgrenze Beiträge wie im Durchschnitt der letzten fünf Kalenderjahre gezahlt werden, bekämen Sie ohne Berücksichtigung von Rentenanpassungen von uns eine monatliche Rente von: xxx Euro." Danach sind noch Werte aufgeführt, die von einer jährlichen Rentenanpassung ausgehen. Doch Achtung: Keiner garantiert Ihnen diese Rentenanpassungen, und zweitens wollen wir die Inflation außen vor lassen. Diese ist in den Rentenanpassungen aber mitenthalten. Also ist aus Sicht der heutigen Kaufkraft der erste Wert auf Blatt 2, Punkt 3 derjenige, der der Wahrheit sehr nahe kommen könnte.

Selbst dieser Wert könnte am Ende noch zu hoch sein, nämlich dann, wenn auf Dauer die Rentenanpassungen unter der Inflationsrate liegen. Dies ist natürlich über 30 Jahre schwer zu prognostizieren. Insoweit können wir entweder den benannten Wert aus der Renteninformation übernehmen oder selbst Abschläge vornehmen: Gehen wir zum Beispiel von 2 Prozent Inflation und nur 1 Prozent Rentenanpassung über die nächsten Jahrzehnte aus, können wir mit Hilfe von Tabelle 4 weiterkommen. Allerdings nehmen wir hier jetzt nur die Differenz von Inflation und erwarteter Rentenanpassung (zum Beispiel 2 – 1 = 1 Prozent) und lesen den Wert bis zu unserem Renteneintritt in der Tabelle ab. Bei 20 Jahren liegt dieser zum Beispiel bei 1,22 Euro. Teilen wir nun den Wert der Rente durch diese 1,22, so haben Sie einen selbst ermittelten korrigierten Rentenwert für Ihre Annahmen bezüglich 2 Prozent Inflation und 1 Prozent Rentenanpassungen pro Jahr. Lag der Wert gemäß Renteninformation zum Beispiel bei 1.312 Euro, so würde der korrigierte Wert in diesem Fall bei 1.075 Euro (= 1.312 Euro: 1,22) liegen.

Sie haben selbst die Wahl: Entweder übernehmen Sie den Wert aus der Renteninformation in der Annahme, dass auf lange Sicht die Rentenanpassungen vielleicht nicht die Lohnentwicklung, aber immerhin die Geldentwertung ausgleichen werden. Haben Sie daran Zweifel, können Sie mit Hilfe des gerade genannten Verfahrens selbst einen Sicherheitsabschlag vornehmen. Entsprechend Ihrer Annahme notieren Sie sich bitte Ihren Orginal- oder korrigierten Wert aus Ihrer Renteninformation für Ihre eigene Berechnung am Ende des Buches.

Ab wann beziehen Sie Rente?

Der Deutsche Bundestag hat mit dem Altersgrenzenanpassungsgesetz vom 20. April 2007 die sukzessive Anhebung der Regelaltersgrenze von 65 auf 67 Jahre beschlossen. Die Regelaltersgrenze beträgt für die Jahrgänge:

Geburtsjahr	Eintrittsalter
1946 oder älter	65
1947	65 + 1 Monat
1948	65 + 2 Monate
1949	65 + 3 Monate
1950	65 + 4 Monate
1951	65 + 5 Monate
1952	65 + 6 Monate
1953	65 + 7 Monate
1954	65 + 8 Monate
1955	65 + 9 Monate
1956	65 + 10 Monate
1957	65 + 11 Monate
1958	66
1959	66 + 2 Monate
1960	66 + 4 Monate
1961	66 + 6 Monate
1962	66 + 8 Monate
1963	66 + 10 Monate
1964	67

Wer jedoch vorher bereits über 45 Beitragsjahre versichert war, kann auch zukünftig mit 65 Jahren in Rente gehen.

Wie wird Ihre gesetzliche Rente besteuert?

2005 wurde eine 50-prozentige Besteuerung der gesetzlichen Rente eingeführt. Bis 2020 steigt dieser Steueranteil pro Jahr um 2 Prozent, danach bis 2040 um je 1 Prozent. 2040 ist dann eine 100-prozentige Besteuerung der gesetzlichen Rente erreicht. Allerdings wird je Rentner der Steueranteil ab dem ersten Jahr des Rentenbezuges „festgehalten". Also, wer zum Beispiel im Jahr 2015 erstmals gesetzliche Rente bezieht, hat einen Steueranteil an der Rente von 70 Prozent. Dieser ist dann zeit seines Lebens stabil und unverändert.

Rentenbeginn ab	Steueranteil (in Prozent)
2005	50
2006	52
2007	54
2008	56
2009	58
2010	60
2011	62
2012	64
2013	66
2014	68
2015	70
2016	72
2017	74
2018	76
2019	78
2020	80
2021	81
2022	82
2023	83
2024	84
2025	85
2026	86
2027	87
2028	88
2029	89
2030	90
2031	91
2032	92
2033	93
2034	94
2035	95
2036	96
2037	97
2038	98
2039	99
Ab 2040	100

Im Gegenzug zu der Einführung der Rentenbesteuerung werden die Rentenbeiträge sukzessive von Jahr zu Jahr steigend von der Einkommensteuer freigestellt. Hier findet also eine langsame und sukzessive Umstellung der Rentenbesteuerung von der Beitrags- auf die Bezugsphase statt. Man spricht hier von der Einführung der „nachgelagerten Besteuerung".

Gemäß dem Rentenversicherungsbericht der Bundesregierung 2006 betrug die durchschnittliche Rentenhöhe:

	West	Ost
Rentner	981 Euro	1.057 Euro
Rentnerin	464 Euro	661 Euro

Die höhere Rente in den ostdeutschen Bundesländern ist auf die längere durchschnittliche Beitragsdauer zurückzuführen.

Die niedrige Höhe der durchschnittlichen gesetzlichen Renten ist eigentlich erschreckend. Auch wenn Sie über Jahrzehnte sehr hohe Einkommen bezogen haben sollten, werden Sie infolge der Wirkung der Beitragsbemessungsgrenze nicht über 2.000 Euro gesetzliche Rente in heutiger Kaufkraft beziehen. Gut, dass Sie vorgesorgt haben.

Und dann greift auch noch die Steuer zu. Aber Achtung, halbe Entwarnung: Im aktuellen Steuertarif greift die Besteuerung erst ab einem zu versteuernden Einkommen von 15.328 Euro bei Ehepaaren zu (7,664 Euro bei Ledigen, zuzüglich gegebenenfalls 5.808 Euro je Kind). Diese Beträge werden als das steuerliche Existenzminimum angesehen und dürfen gemäß Bundesverfassungsgericht nicht besteuert werden. Als Folge dessen wird für die Mehrzahl der Rentner trotz jenes steuerpflichtigen Anteils die gesetzliche Rente steuerfrei bleiben.

Beispiel 1:
Willy und Erna leben in Paderborn und beziehen ab 2008 jene obengenannte durchschnittliche Rente. Bei Willy kommen so 981 Euro und bei Erna 464 Euro an. Zusammen macht das 1.445 Euro im Monat. Da beide die Rente erstmals 2008 beziehen, beträgt der steuerpflichtige Anteil 56 Prozent, hier also 809,20 Euro im Monat oder 9.710.40 Euro im Jahr. Damit liegen Willy und Erna satt unter den 15.328 Euro, ab denen die erste Steuer fällig wäre. Sie könnten also noch für 5.618 Euro im Jahr zusätzliche Einnahmen erzielen, und auch diese blieben noch steuerfrei. Würden sie zum Beispiel Zinsen in dieser Höhe erzielen, könnten sie die Zinsabschlagsteu-

er (im Jahr 2008) oder die Abgeltungsteuer (ab 2009) in voller Höhe über eine Steuererklärung zurückholen. Ergo könnten sie noch 468 Euro im Monat zusätzlich steuerfrei einnehmen. Zusammen mit der Rente hätten Willy und Erna so 1.913 Euro im Monat zur Verfügung – steuerfrei.

Beispiel 2:
Fritz hat über Jahrzehnte gut verdient. Sein Rentenanspruch ist 1.800 Euro ab 2009. Seine Frau Henriette hat, bevor die Kinder kamen, zehn Jahre gearbeitet und hat einen Rentenanspruch von 350 Euro ab 2010. Also: Die 1.800 Euro von Fritz unterliegen zu 58 Prozent der Steuer. Das macht 12.528 Euro steuerpflichtiges Einkommen pro Jahr. Bei Henriette liegt die Steuerquote bei 60 Prozent. Also beträgt ihr steuerpflichtiges Einkommen 2.520 Euro. Zusammen kommen Fritz und Henriette auf 15.048 Euro steuerpflichtiges Einkommen und liegen damit noch unterhalb der Eingangsbesteuerung. Also fällt auch hier keine Steuer auf die Rente an. Erzielen Fritz und Henriette aber Zinsen über den Freibetrag von 1.602 Euro hinaus, fällt Abgeltungsteuer an. Teile dieser Abgeltungsteuer können zwar über die Steuererklärung wieder zurückgeholt werden, solange wie in diesem Beispiel der individuelle Grenzsteuersatz unter 25 Prozent liegt, aber eine komplette Steuerfreiheit dieser zusätzlichen Erträge geht nicht mehr.

Zusätzlich aufgepasst: Zwar werden die Steueranteile (jene 56 Prozent, 58 Prozent oder 60 Prozent) pro Rentner festgehalten. Steigt aber die Rente, kann auch das zu versteuernde Einkommen über jene 15.328 Euro steigen. Das Bild ändert sich natürlich sukzessive für Rentenbezieher, die erst in zehn Jahren und mehr ihre erste Rente beziehen.

Beispiel 3:
Bernd und Uli sind zwölf Jahre jünger als Fritz und Henriette, haben aber bei unveränderter Beitragsleistung die gleichen Rentenansprüche. Beide beziehen erst im Jahr 2020 ihre erste Rente. Gehen wir von einem unveränderten Existenzminimum und unveränderten Steuersätzen aus, dann bleibt noch der höhere Steueranteil von dann 80 Prozent. Ihre Rentenansprüche von 1.800 Euro und 350 Euro machen im Jahr 25.800 Euro aus. Davon sind nun 80 Prozent steuerpflichtig, also 20.640 Euro. Hierauf würden Bernd und Uli insgesamt 920 Euro Einkommensteuer bezahlen. Immer noch kein Beinbruch. Zudem: Wer weiß schon, wo 2020 die Höhe des steuerfreien Existenzminimums liegt? Vielleicht bei 21.000 Euro statt 15.328 Euro? Dann würden Bernd und Uli auch noch keine Steuern bezahlen.

Das steuerfreie Existenzminimum (jene 7.664 bzw. 15.328 Euro) ist durch Urteile des Bundesverfassungsgerichtes sehr hart abgesichert und wird alle paar Jahre auch seitens des Gesetzgebers nach oben angepasst. In jedem Fall wissen Sie jetzt, wie Sie das steuerpflichtige Einkommen aus Ihrer zukünftigen Rente in etwa abschätzen können.

▶▶▶ ▶▶▶ ▶▶▶ ▶▶▶ ▶▶▶ ▶▶▶ ▶▶▶ ▶▶▶ ▶▶▶ ▶▶▶ **Lektion 39**

Ihre gesetzliche Rente unterliegt zu einem festen Prozentsatz der Einkommensteuer. Dieser Prozentsatz ist vom Jahr des Rentenbeginns abhängig. Die exakten Werte können Sie in der obigen Tabelle entnehmen.

Wollen Sie das steuerpflichtige Einkommen aus Ihrer zukünftigen Rente abschätzen, können Sie aus Sicht der heutigen Kaufkraft wie folgt vorgehen: Nehmen Sie in dem Zwischenbescheid Ihres Rentenversicherungsträgers den Hochrechnungswert Ihrer Rente, der bei einer Weiterzahlung Ihrer Beiträge, aber ohne Rentenerhöhungen zustande kommt. Diesen Rentenanspruch multiplizieren Sie mit dem Prozentsatz aus der Tabelle 5 auf Seite 205. Dieses zu versteuernde Einkommen aus Ihrer gesetzlichen Rente vergleichen Sie mit dem steuerlichen Existenzminimum von 7.664 Euro für Ledige und 15.328 Euro für Verheiratete. Der darüber liegende Betrag ist zu versteuern. Die Besteuerung gemäß aktuellem Recht können Sie auf

 www.abgabenrechner.de/ekst

ermitteln.

Diese Berechnung passt auch sehr gut zu unserer Kalkulation bei Endkapital Anlegen und Sparen nach Steuern und Inflation EKASSI. Auch dort findet zum besseren Verständnis die Betrachtung nach Steuern und in heutiger Kaufkraft statt. Wir gehen im Folgenden nun vereinfachend davon aus, dass

a) Ihre gesetzliche Rente im steuerfreien Bereich bleibt (Das traf auch für die Beispiele 1 bis 3 weitgehend zu.)
 und
b) alle weiteren Einkünfte aber oberhalb dieser Grenze liegen und
 mit ihren steuerpflichtigen Anteilen zu versteuern sind.

Diese Annahme vereinfacht uns eine hinreichend plausible Berechnung Ihrer Versorgungssituation.

Die private Rentenversicherung

Wir hatten uns mit der privaten Rentenversicherung bereits im Vorsorgekapitel auseinandergesetzt. Ein großer Vorzug der privaten Rentenversicherung ist die Zusage einer lebenslangen Zahlung. Sie entgehen also der bangen Frage: „Was wird länger da sein – das Geld oder ich?" Daher wird die private Rentenversicherung fast in jeder Planung des Ruhestandes vorkommen, allerdings gibt es hier ein paar wichtige Tipps, auf die wir gleich zu sprechen kommen werden und die dieses „Risiko Ihrer Langlebigkeit", wie es in der Versicherungswelt gerne genannt wird, eliminieren. Private Rentenversicherungen sind mit ihrem Ertragsanteil zu versteuern. Zurzeit gehen die Finanzbehörden von einem Ertragsanteil an Ihrer privaten Rente in Höhe von 18 Prozent im Alter von 65 aus. Auf Seite 100f. hatte ich Ihnen bereits diesen steuerpflichtigen Ertragsanteil auch für andere Startzeitpunkte Ihrer privaten Rentenversicherung aufgelistet.

▶▶▶ Lektion 40

Die private Rentenversicherung sichert Ihnen eine lebenslange Rente zu. Ein Teil dieser Rente ist garantiert, ein Teil Ertragsprognose des Versicherers. Seien Sie sich des Garantieanteiles bewusst.

Beim Start der Rentenleistung im Alter von 65 ist ein Ertragsanteil von 18 Prozent Ihrer privaten Rente steuerpflichtig. Ertragsanteile für andere Altergruppen finden Sie auf Seite 100.

Sie können eine private Rentenversicherung nicht nur durch eine längere Sparphase aufbauen, sondern auch durch eine Einmaleinzahlung. So können Sie zum Beispiel im Alter von 65 einen größeren Betrag aus Ihrem EKAS in eine private Rentenversicherung einbringen und erhalten sofort (Sofortrente) oder aufgeschoben (aufgeschobene Rente) eine Rentenzahlung. Sie können dabei eine Dynamik in Ihre private Rente von zum Beispiel 2 Prozent p.a. einbauen, um der Inflation entgegenzuwirken. Dann ist allerdings die Startrente niedriger als bei Verträgen ohne Dynamik. Der Abschluss einer Rentenversicherung erfordert, anders als bei der Lebensversicherung, keine Gesundheitsprüfung oder Angaben zur Gesundheit. Denn schließlich würde der Versicherer ja von einem früheren Tod profitieren.

Welche Sofortrente können Sie in etwa erwarten? Hierzu greife ich beispielhaft auf bestehende Tarife von Versicherungsanbietern zurück, die gegen eine Einmaleinzahlung eine lebenslange Rentenzahlung anbieten. Eckpunkte solcher Tarife ohne Dynamik finden Sie in Tabelle 6 (Seite 206). Natürlich werden sich diese Rentenversicherungstarife im Laufe der Zeit und mit Blick auf die steigende Lebenserwartung der Bevölkerung verändern. Tabelle 6 kann daher, wenn Sie es wirklich genau wissen wollen, ein individuelles Angebot Ihres Versicherers nicht ersetzen. Aber eine erste Orientierung kann sie Ihnen sehr wohl geben.

Doch zurück zu Alfred mit seinen 122.449 Euro EKASSI. Wäre er heute 65 Jahre alt und würde er 60.000 Euro in eine private Rentenversicherung mit einem Tarif wie in Tabelle 6 einbringen, könnte er eine garantierte Rente von 258 Euro und eine Gesamtrente einschließlich Sofortüberschussbeteiligung in Höhe von 330 Euro pro Monat erhalten. Diese private Rente würde also mit 330 Euro starten und könnte gemäß den erzielten Überschüssen der Versicherung steigen oder fallen, nicht jedoch unter die Garantierente von 258 Euro. Das ist schon einmal eine gute Ergänzung der gesetzlichen Rente. Hier wäre ein Ertragsanteil von 18 Prozent = 59,40 Euro pro Monat steuerpflichtig. Bei einem individuellen Grenzsteuersatz von 30 Prozent beträgt die Steuer somit 17,82 Euro pro Monat.

Natürlich ist der heutige Tarif keine Garantie dafür, dass auch in 30 Jahren noch eine private Rente in dieser Höhe zu erzielen sein wird. Dies hängt im Wesentlichen von den erzielbaren Renditen und der Lebenserwartung der Bevölkerung ab: Je höher die Renditen, desto mehr Rente kann der Versicherer zahlen. Je höher die durchschnittliche Lebenserwartung der Bevölkerung, desto geringer ist die Rente, die der Versicherer zahlen kann.

Sie müssen aber nicht Ihr gesamtes Erspartes in eine private Rentenversicherung einbringen – aus purer Angst, dass Ihnen das Ersparte ausgehen kann. Denn Sie können auch wie folgt vorgehen:

▶▶▶ ▶▶▶ ▶▶▶ ▶▶▶ ▶▶▶ ▶▶▶ ▶▶▶ ▶▶▶ ▶▶▶ ▶▶▶ **Lektion 41**

> Sichern Sie sich auf jeden Fall mit einer privaten Rentenversicherung mit hohem Rentenbezug ab dem Alter von 80 Jahren ab. Sie können dann Ihr Erspartes bis zum Alter von 80 getrost aufbrauchen, denn ab dann setzt ja die private Rente ein. In Tabelle 7 (Seite 207) finden Sie Orientierungspunkte für einen aktuellen Tarif dieser Art. Lassen Sie sich im Detail aber von Ihrer Versicherung ein Angebot erstellen.

Würde Alfred also für die gleichen 60.000 Euro wie oben statt einer Sofortrente eine aufgeschobene Leibrente ab 80 abschließen, könnte er mit 1.368 Euro, garantiert aber mindestens mit 762 Euro im Monat rechnen. Oder anders herum: Möchte Alfred die gleichen 330 Euro Rentenanspruch im Monat, aber mit Auszahlungsstart ab 80 statt sofort mit 65, genügen knapp 14.500 Euro statt der 60.000 Euro. Nun könnte Alfred die verbleibenden 45.500 Euro sowie den Rest seines EKASSI sukzessive bis zum Alter von 80 aufbrauchen und hätte dann ab 80 neben seiner gesetzlichen Rente noch die dann hinzukommende aufgeschobene Leibrente. So macht das Genießen seiner Ersparnisse Spaß, ohne Angst zu haben, dass man später durch ein langes Leben einmal ohne Geld dastehen könnte. Ein beruhigendes Gefühl.

Warum erhalten Frauen hier weniger Privatrente? Ungerecht? Nein, weit gefehlt, denn Frauen haben eine um sieben Jahre höhere Lebenserwartung als Männer. Die Versicherung wird also in der Regel länger zahlen müssen. Und, ehrlich gesagt, ich würde gerne eine höhere Privatrente gegen eine sieben Jahre längere Lebenszeit eintauschen.

Noch ein Tipp zum Abschluss von Rentenversicherungen für Ehepaare, ob Sofortrente oder aufgeschobene Leibrente: Ohne Zweifel erzielen Sie aus einer Rentenversicherung ohne Zahlungen nach dem Tod des Versicherungsnehmers (Beitragsrückgewähr und Ähnliches) die höchste private Rente für sich selbst. Stirbt bei Ehepaaren aber der alleinige Versicherungsnehmer, fällt dessen private Rente auch für die Witwe/den Witwer weg. Anders als bei der gesetzlichen Rente gibt es keine weiteren Leistungen an die Witwe/den Witwer. Sie können dem aber entgegenwirken, indem Sie zwei Rentenversicherungen über je die halbe Summe abschließen, je eine auf den Ehemann und die Ehefrau. Zwar fällt dann im Todesfall immer noch eine der beiden Privatrenten weg, die Witwe/der Witwer bleibt aber nicht ohne die Leistungen aus seinem eigenen Vertrag. Da die Lebenshaltungskosten des/der Verstorbenen entfallen, kann die verbliebene Rente aus dem zweiten Vertrag eventuell sogar ausreichen.

Die Lebensversicherung

Die Kapitallebensversicherung hat mit dem Erreichen Ihrer Ruhestands- und Auszahlphase in der Regel ihren Zweck erfüllt. Meist richtet sich die Laufzeit der Lebensversicherung ja auch an dem Zeitpunkt Ihres Wechsels aus dem Arbeits- in das Privatleben aus. Bei Fälligkeit der Kapitallebensversicherung erhalten Sie insofern einen größeren Kapitalbetrag, der dann sinnvoll in Kapitalanlagen mit Auszahlplänen oder eine private Rentenversicherung angelegt wird.

Der Abschluss einer neuen Lebensversicherung als Rentner ist wenig sinnvoll, denn zum einen wird die Absicherung des Todesfallrisikos verständlicherweise bei höherem Alter überproportional teuer, und zum anderen ist die Kapitallebensversicherung ein klassisches Ansparprodukt zum Aufbau von Kapital und nicht zum Verzehr.

Lektion 42

Lassen Sie sich Ihre fällige Kapitallebensversicherung auszahlen und schließen Sie keine neue Kapitallebensversicherung mehr ab. Die Kapitallebensversicherung ist ein Ansparprodukt, und der Preis des Todesfallrisikos nimmt im Alter exorbitant zu.

Hatten Sie sich in der Vergangenheit für eine fondsgebundene Lebensversicherung entschieden und ist diese nun fällig, so sollten Sie überlegen, ob Sie anstelle der Kapitalauszahlung die Übernahme der angesparten Fondsanteile aus Ihrer Versicherung wählen. Dies ist bei den meisten Versicherungsgesellschaften möglich. Sie sparen sich dadurch eventuell die Kosten einer Neuanlage, zum Beispiel Ausgabeaufschläge. Auch wenn Sie gegebenenfalls von Aktien- in Rentenfonds umsteigen müssen, ist ein solcher Tausch bei derselben Fondsgesellschaft meistens günstiger als ein Verkauf und Neukauf.

Noch ein Hinweis zur Besteuerung Ihrer fälligen Lebensversicherung: Alle vor 2005 abgeschlossenen Lebensversicherungen, die über mindestens zwölf Jahre laufen und mindestens fünf Jahre bespart wurden, sind bezüglich ihrer Erträge komplett steuerfrei. Ab 2005 unterliegen alle Lebensversicherungen der Einkommensteuer. Allerdings werden bei Lebensversicherungen, die mindestens zwölf Jahre laufen, mindestens fünf Jahre bespart wurden und frühestens ab 60 ausgezahlt werden, nur die Hälfte der Erträge besteuert.

Immobilien

Das Thema Immobilien haben wir bereits im Vorsorgekapitel umfangreich behandelt. Wenn Sie richtig geplant haben, sollte Ihre Immobilie – ob eigengenutzt oder vermietet – nun schuldenfrei sein. Damit erzielen Sie einen der folgenden zwei Effekte:

a) Ihr Bedarf an monatlicher Rente ist geringer, weil Sie mietfrei wohnen oder
b) Sie erzielen nun Mieteinnahmen, und die Hypotheken sind getilgt.

Wie schon zuvor im Vorsorgekapitel dargestellt, ist a) ein steuerfreier Effekt, während b) zu Steuern auf die Mieteinnahmen führt.

Aktien und Rentenwerte

Aktien und Aktienfonds haben für Sie wahrscheinlich über einen langen Zeitraum hohe Renditen erbracht und Ihr Endkapital Anlage und Sparen EKAS erheblich gesteigert. Dies sollte zumindest gelten, wenn Sie weit diversifiziert in Standardaktien angelegt haben oder dies ein Fondsmanager für Sie getan hat.

Doch Aktien oder Aktienfonds haben so viel wie nichts in jenem Teil Ihrer Anlage zu suchen, den Sie nun für Ihre unmittelbar bevorstehenden Wünsche im Ruhestand benötigen. Erinnern Sie sich noch an die ersten Kapitel des Buches, in denen ich Ihnen das durch lange Anlagedauer reduzierte Risiko der Aktienanlage dargestellt habe, während das Risiko einer Anlagefrist von einem Jahr leicht minus 50 Prozent erreichen konnte? Bitte beherzigen Sie diese Erkenntnis auf beiden Seiten:

Lektion 43

So sinnvoll und unersetzlich die Anlage in Aktien und Aktienfonds für Jahrzehnte Ihres Altersvorsorgeaufbaus ist, so riskant ist diese Anlage, wenn Sie das Geld in den nächsten Jahren für Ihren Ruhestand dringend benötigen. Schichten Sie Aktien- und Aktienfonds bereits in den letzten Jahren vor Ihrem Ruhestand regelmäßig in kleineren Schritten in Rentenwerte, Renten- und Immobilienfonds oder verzinsliche Konten um. Oder investieren Sie das Geld in eine private Rentenversicherung.

Schichten Sie Ihre Aktienfondsanteile bei der gleichen Fondsgesellschaft per „Tauschauftrag" in Rentenfondsanteile um, sparen Sie sich sogar die Zahlung eines Ausgabeaufschlages für die Rentenfonds fast vollständig. Die meisten Fondsgesellschaften verlangen dann nur eine Tauschgebühr von 0,5 bis 1,0 Prozent.

Im Übrigen bieten manche Fondsgesellschaften eine Art Umschichtungsautomatik an, durch die Ihr angespartes Vermögen in vielen Monatsschritten in einen anderen, sicheren Fonds umgeschichtet werden. Fragen Sie Ihren Berater danach.

Wie nutzen Sie nun Ihre Rentenwerte, Renten- und Immobilienfonds, Festgeld etc. für monatliche Auszahlungen? Dabei haben Sie zwei Möglichkeiten:

a) Sie greifen das Kapital nie an und leben nur von den Zinsen bzw. Ausschüttungen. Dies ist so ziemlich die einzige Möglichkeit, wie Sie ohne eine private Rentenversicherung eine Art lebenslange Rente erhalten. Nur: 4 Prozent Zins auf zum Beispiel 60.000 Euro machen aber auch nur 200 Euro Zinsen pro Monat und vor Steuern aus. Bei 27,98 Prozent Abgeltungsteuer (einschließlich Soli und Kirchensteuer) bleiben 144,04 Euro pro Monat. Alfred hatte aber oben in einer privaten Rentenversicherung für 60.000 Euro eine Gesamtrente von 330 Euro und nach Steuern von 312,18 Euro pro Monat erhalten (bei einem angenommenen Grenzsteuersatz von 30 Prozent). Dafür sind allerdings die 60.000 Euro weg, während oben bei der reinen Entnahme der Zinsen Ihr Kapital für Sie erhalten bleibt. Der Kapitalerhalt muss Sie allerdings nicht unbedingt beschäftigen, denn was später einmal vererbt wird, ist zuerst einmal zweitrangig für die Beantwortung der Frage, wie Sie Ihren Ruhestand genießen.

b) Sie „verzehren" Ihr Kapital in einer bestimmten Zeit. Das heißt, neben dem Aufbrauch von Zinsen und Ausschüttungen greifen Sie jeden Monat ein Stück vom Kapital an. Da die Erträge dann immer kleiner werden, wird sich der Kapitalverzehr beschleunigen. Bei Renten- und Immobilienfonds mit relativ geringen Wertschwankungen lässt sich aber ziemlich genau ausrechnen, was Sie monatlich entnehmen dürfen, so dass das Kapital nach x Jahren aufgebraucht sein wird. Da Sie sich gemäß Lektion 41 eine private lebenslange Rente ab 80 durch eine Einmalzahlung heute sichern können, ist ein Kapitalverzehr des restlichen Vermögens zwischen 65 und 80 kein Problem für Sie.

Wie funktioniert dieser Kapitalverzehr?

Natürlich können Sie, wenn Sie zum Beispiel 60.000 Euro in Bundesanleihen besitzen, erstens deren Zinsen verkonsumieren und zusätzlich jeden Monat ein paar Hundert Euro der Anleihen verkaufen. Nur zahlen Sie für diese Verkaufstaktik auf zweierlei Art einen hohen Preis:

1. Die monatlichen Gebühren für die Verkäufe werden hoch sein.

2. Ihrem Berater macht diese Taktik auch keinen Spaß. Jeden Monat kommen Sie in die Bank mit Ihrem legendären Verkaufsauftrag. Es geht auch einfach und viel eleganter mit einer anderen Methode: über Auszahlpläne bei Investmentfonds oder über ein Anlagekonto, von dem aus jeden Monat ein fester Betrag auf Ihr Girokonto überwiesen wird.

Auszahlpläne mit Investmentfonds

Schon in mehreren Kapiteln haben wir die Vor- und Nachteile von Investmentfonds gemeinsam beleuchtet. Während in der Ansparphase die Chance weit diversifizierter Aktienfonds und der Cost-Average-Effekt wichtig sind, kommen in der Auszahlphase bzw. kurz davor weitere Vorteile zur Geltung:

In Lektion 43 hatte ich Sie auf die notwendige Umschichtung von Aktienfonds in Renten- oder Immobilienfonds vor Beginn Ihrer Auszahlphase aufmerksam gemacht. Führen Sie Ihr Fondsdepot bei der Fondsgesellschaft selbst, was auch ohne Probleme und auf Nachfrage über Ihre Bank vermittelt wird, so können Sie bei den meisten Fondsgesellschaften für eine Umschichtungsgebühr von 0,5 bis 1,0 Prozent in andere Fonds der Gesellschaft wechseln. Sie ersparen sich auf diese Weise die Zahlung eines neuen Ausgabeaufschlages für den erworbenen Fonds. Noch wichtiger ist in der Auszahlphase aber Vorteil Nummer zwei:

▶▶▶ ▶▶▶ ▶▶▶ ▶▶▶ ▶▶▶ ▶▶▶ ▶▶▶ ▶▶▶ ▶▶▶ ▶▶▶ Lektion 44

> Der Verkauf von Investmentfonds kostet nichts, zumindest wenn die Fondsanteile direkt an die Kapitalanlagegesellschaft zurückgegeben werden. Hier liegt ein klarer Kostenvorteil bei der Auszahlung aus Investmentfonds im Vergleich zur Direktanlage in zum Beispiel Rentenwerten. Liegen die Fonds im Fondsdepot bei der Fondsgesellschaft selbst, lässt sich unkompliziert ein Auszahlplan vereinbaren, der Ihnen monatlich einen gleich hohen Betrag aus dem Verkauf Ihrer Fondsanteile zukommen lässt.

Bei verzinslichen Konten können Sie über einen entsprechender Dauerauftrag oder regelmäßige Abhebungen zu Lasten Ihres Anlagekontos ähnlich vorgehen. Vergleichen Sie die Angebote der Banken in Bezug auf Zinssatz und gegebenenfalls Kontoführungsgebühren. Bei den meisten Banken sind solche Anlagekonten kostenfrei.

Zurück zum Auszahlplan beim Investmentfonds: Wie geht das mit dem gleich hohen Betrag beim Auszahlplan? Der Wert der Fondsanteile schwankt doch. Die gleich hohe Auszahlung ist dadurch möglich, dass Sie auch Bruchteile eines Fondsanteiles kaufen oder verkaufen können. Steht der Anteilswert Ihres Rentenfonds bei 61,31 Euro, und Ihr Auszahlplan lautet auf 300 Euro, dann werden 4,893 Anteile Ihres Fonds verkauft. Im nächsten Monat sind es dann bei einem Anteilswert von zum Beispiel 61,51 Euro eben nur 4,877 Anteile etc. Dies ist bei Aktien und Anleihen nicht möglich. Dort können Sie jeweils nur ganze Stückzahlen verkaufen. Der Betrag variiert entsprechend.

Und vergessen Sie nicht: Solange ein Fondsanteil nicht zurückgegeben ist, arbeitet das in ihm angelegte Geld für Sie weiter, das heißt, der Fondsmanager vereinnahmt für Sie Zinsen und Erträge, und im Grundsatz und bei sonst unveränderten Bedingungen steigt Ihr Fondsanteil mit diesen Erträgen mit. Zum Zeitpunkt Ihres Verkaufes erhalten Sie über den gestiegenen Fondspreis Ihren Ertragsanteil mit ausbezahlt.

Machen Sie sich diese Vorteile beim Wechsel in den Ruhestand zunutze und richten einen Auszahlplan für Ihr Investmentdepot ein. In Tabelle 8a (Seite 208) habe ich Ihnen bereits errechnet, welche Rate Sie monatlich entnehmen können, wenn Sie 100.000 Euro bei 2 bis 6 Prozent p.a. Rendite und einer Laufzeit von zehn bis dreißig Jahren aufbrauchen wollen. Ebenso finden Sie in Tabelle 8b (Seite 209) die Monatsraten für die gleiche Frage, sofern Sie zu Beginn der Auszahlphase einen Fonds mit 5 Prozent Ausgabeaufschlag neu kaufen müssen und nicht – wie oben beschrieben – mit geringer Gebühr tauschen können. Betrachten wir mal ein Beispiel:

Georg ist 65 Jahre alt und verfügt über ein Endkapital Anlegen und Sparen nach Steuern EKASS in Höhe von 80.000 Euro aus einem Fondssparplan und erhält 90.000 Euro Auszahlung nach Steuern aus einer Kapitallebensversicherung. Wie kann er diese Mittel nun zur Aufbesserung seiner gesetzlichen Rente einsetzen?

Georg entscheidet sich gegen eine Sofortrente aus einer privaten Rentenversicherung. Stattdessen nimmt er 50.000 Euro aus der Zahlung der Kapitallebensversicherung und erwirbt eine aufgeschobene Rente ab 80, die ihm voraussichtlich 1.140 Euro pro Monat einschließlich Überschussanteile auszahlen wird.

Die 80.000 Euro aus einem Aktienfondssparplan in einem Investmentdepot hat er in den letzten Jahren mit 0,5 Prozent Tauschgebühr in einen europäischen Rentenfonds getauscht. Für die verbliebenen 40.000 Euro aus der Kapitallebensversicherung kauft er weitere Rentenfondsanteile mit 3 Prozent Ausgabeaufschlag hinzu. Wenn er Glück hat, kann er seinen Berater bei dieser Anlagesumme zu einer Reduzierung des Ausgabeaufschlages bewegen. Bleiben wir zur Sicherheit beim vollen Ausgabeaufschlag, dann hat Georg für 40.000 Euro Rentenfonds im Wert von 38.800 Euro gekauft. Georg rechnet mit 4 Prozent p.a. Rendite des Rentenfonds und möchte das Kapital in 15 Jahren, also bis zum Einsetzen der aufgeschobenen Rente ab 80 aufbrauchen. In Tabelle 8a finden wir für 100.000 Euro (ohne Ausgabeaufschlag) einen möglichen Entnahmebetrag von 736,10 Euro. Rechnen wir diesen Wert nun auf 118.800 Euro, die Georg ja im Rentenfonds hat, hoch, ergeben sich 874 Euro monatliche Entnahme bei einem voraussichtlichen Kapitalverzehr in 15 Jahren und 4 Prozent Rendite pro Jahr.

Eine Renditeabweichung von 0,2 Prozent p.a. führt bei 100.000 Euro Startbetrag zu etwa 10 Euro Differenz zu den Auszahlwerten aus den Tabellen 8a und 8b. Liegt die Rendite diese 0,2 Prozent p.a. höher, sind 10 Euro mehr entnehmbar, liegt die Rendite um 0,2 Prozent p.a. niedriger, sind 10 Euro weniger entnehmbar, als in den beiden Tabellen kalkuliert. Georg entscheidet sich aus Sicherheit für einen Entnahmebetrag von 850 Euro monatlich. Bei diesem Betrag reicht ihm sein Kapitalstock ziemlich sicher für 15 Jahre, solange die Rendite nicht im Durchschnitt der 15 Jahre signifikant unter die angenommenen 4 Prozent p.a. fällt.

Was geschieht nun konkret bei der Ausführung von Georgs Auszahlplan? Wenn er oder sein Berater mit der Prognose von 4 Prozent p.a. Rendite recht hat, dann werfen die 118.800 Euro ja am Anfang einen Ertrag von 4.752 Euro pro Jahr bzw. 396 Euro pro Monat ab. Das heißt, im ersten Monat werden die 396 Euro Ertrag (im Fondsanteil) und 454 Euro Kapital entnommen, um 850 Euro an Georg auszuzahlen. Sein Kapital beträgt – unter sonst unveränderten Umständen – nach der ersten Auszahlung noch 118.346 Euro (= 118.800 Euro – 454 Euro). Jeden Monat wird nun der Ertrag auf die langsam und dann immer schneller sinkende Kapitalsumme geringer, und es wird regelmäßig immer mehr Kapital angegriffen, um die 850 Euro auszuzahlen. Diese Entwicklung ist jedoch in den Tabellen 8a und 8b einkalkuliert.

Was muss Georg nun bei einem solchen Auszahlplan versteuern? In jedem Falle sind die Kapitalerträge zu versteuern. Hier erinnere ich an die Abgeltungsteuer von 25 Prozent + Solidaritätszuschlag + Kirchensteuer, also maximal 27,98 Prozent. Diese 27,98 Prozent wirken aber nicht auf die 850 Euro, die Georg entnimmt, sondern natürlich nur auf seinen Kapitalertrag, also die 396 Euro im ersten Monat. Wir wissen nun, dass die Kapitalerträge von Georg sukzessive von 396 Euro pro Monat auf 0 Euro pro Monat am Ende des Auszahlplanes sinken. Seine letzte Auszahlung von 850 Euro besteht gewissermaßen nur noch aus Kapital, eben den letzten 850 Euro, und 0 Euro Ertrag. Im Falle eines Rentenfonds unterliegen die Erträge gemäß Lektion 34 zu 100 Prozent der Abgeltungsteuer. Bei den ersten 850 Euro Auszahlung errechnet sich auf die 396 Euro Erträge bei einem Steuersatz von 27,98 Prozent ein Steuerbetrag in Höhe von 110,80 Euro. Seine Steuerlast aus dem Vermögen des Auszahlplanes würde also mit 110,80 Euro pro Monat beginnen und dann mit den infolge Kapitalverzehr sukzessive fallenden Erträgen (und steigendem Kapitalverzehr) bis zum Ende der 15 Jahre auf 0 Euro sinken. Nach Steuern betrachtet, bezieht Georg also einen Auszahlplan, der mit 850 Euro − 110,80 Euro = 739,20 Euro netto beginnt und sukzessive auf 850 Euro − 0 Euro = 850 Euro netto ansteigt. Dieser ansteigende Nachsteuereffekt ist für Georg günstig, denn er wirkt hiermit der Inflation, die ja auch in der Auszahlphase greift, entgegen und bezieht nach Einbezug der Steuern jedes Jahr netto mehr aus dem Auszahlplan.

Wie groß ist denn nun das Risiko von Georg im obengenannten Beispiel, falls er mit seiner Renditeerwartung unrecht hat und der Fonds über die gesamte Laufzeit des Auszahlplanes nur 3 Prozent p.a. erwirtschaftet statt 4 Prozent p.a.? In diesem Fall hätte Georg gemäß Tabelle 8a monatlich mit 818 Euro (688,63 Euro x 118.800 ./. 100.000) 56 Euro weniger zur Verfügung als die zuvor errechneten 874 Euro. Georg war ja vorsichtig und hatte den Auszahlplan nur über 850 Euro laufen lassen. Dennoch würde es bei einem Irrtum in der Rendite von einem vollen Prozentpunkt nicht ganz reichen. Der Auszahlplan würde etwa ein halbes Jahr vor Ablauf der 15 Jahre „leer" sein. Liegt die Rendite stattdessen bei 5 Prozent p.a., hätte Georg weit über 10.000 Euro am Ende des Auszahlplanes übrig oder könnte den Auszahlplan um über ein Jahr länger laufen lassen. Sie sehen also: Lassen Sie einen Auszahlplan mit Kapitalverzehr nicht unbeobachtet über seine Laufzeit laufen. Werfen Sie zur Halbzeit zusammen mit Ihrem Berater einen Blick auf den Zwischenstand Ihres Investmentdepots sowie die Kapitalmarktrenditen. Passen Sie dann gegebenenfalls den Auszahlbetrag an die veränderte Situation an.

Stirbt Georg im Verlaufe seines Auszahlplanes, so würden Investmentanteile verbleiben und den Enkeln/Kindern als Erbe zur Verfügung stehen, während im Falle der privaten Rentenversicherung die monatliche Zahlung ohne Restguthaben zu Ende wäre.

Lektion 45

Alles in allem ist die Entscheidung zwischen privater Rentenversicherung und Investmentauszahlplan auch von Ihrer privaten „Generationenplanung" abhängig. Wollen Sie nichts vererben, kann Ihnen egal sein, ob noch Kapital übrig bleibt. In diesem Falle können Sie die private Rentenversicherung ohne Sorge für die Nachfahren wählen. Für Sie selbst bietet sie in Bezug auf den garantierten Rentenanteil berechenbare Sicherheit – allerdings bei Aufgabe des Eigentums an dem eingezahlten Kapital.

Sind Ihnen Eigentum, Nachfahren oder Erbe wichtig, ist eine Strategie mit einem Investmentauszahlplan ein guter Ansatz. Dabei können Sie wählen zwischen einem Auszahlplan ohne bzw. mit Kapitalverzehr. Ohne Kapitalverzehr stehen Ihnen nur die regelmäßigen Erträge zur Auszahlung zur Verfügung, allerdings bleibt Ihnen das Kapital dann ewig erhalten und Sie beziehen diese Auszahlung aus den Erträgen „ewig". Beim Auszahlplan mit Kapitalverzehr wird das Vermögen des Investmentdepots innerhalb einer Frist aufgebraucht.

Der Auszahlplan eines Investmentdepots ist jedoch abhängig von der Rendite, die der Fonds in dieser Auszahlphase erwirtschaftet. Ist die Rendite höher als gedacht, bleibt am Ende des Auszahlplanes noch Vermögen übrig, im umgekehrten Falle geht das Geld bereits vor Ablauf der Auszahlphase aus. Gehen Sie in Ihrer Renditeplanung zusammen mit Ihrem Berater hier auf Nummer sicher und überprüfen Sie zur Halbzeit Ihres Auszahlplanes den Depotbestand und die Renditeerwartungen. Zusätzlich sollten Sie sich in diesem Fall gemäß Lektion 41 mit einer aufgeschobenen Leibrente ab 80 gegen „Langlebigkeit" absichern. Armut im Alter wollen wir auf jeden Fall vermeiden.

Kommen wir noch einmal zur Situation von Georg zurück und betrachten die Situation eines Auszahlplanes ohne Kapitalverzehr. Wenn Georg auf jeglichen Aufbrauch des Kapitals verzichtet und nur die jährlichen Erträge entnimmt, was steht ihm denn dann zur Verfügung? Das ist einfach zu berechnen:

$$\text{Auszahlrate (ohne Kapitalverzehr)} = \text{Kapital} \times \frac{\text{Rendite}}{100}$$

Bei einer angenommenen Rendite von 4 Prozent p.a. ergeben 118.800 Euro Kapital Erträge von 4.752 Euro pro Jahr oder 396 Euro pro Monat. Wenn Georg damit auskommt, braucht er sein Kapital nicht einmal anzugreifen und behält die 118.800 Euro unverändert in seiner Hand. Allerdings ist sein monatlicher Auszahlplan so 454 Euro je Monat geringer als im Falle mit Kapitalverzehr. Und natürlich sind auch diese Erträge von 396 Euro pro Monat steuerpflichtig. Die 110,80 Euro Abgeltungsteuer einschließlich Soli und Kirchensteuer pro Monat muss Georg in etwa konstanter Höhe einplanen, da das Kapital ja über die Laufzeit erhalten bleibt und nicht verzehrt wird. Seine Auszahlung entspricht hier seinen Erträgen, und nach Steuern kann Georg hier über netto 285,20 Euro verfügen. Dies vergleicht sich mit netto 739,20 Euro (anfangs) bis 850 Euro (letzte Auszahlung) pro Monat beim Auszahlplan mit Kapitalverzehr:

Georg mit 118.800 Euro	Auszahlung vor Steuer	Steuer	Auszahlung nach Steuer
Auszahlplan ohne Kapitalverzehr	396 Euro	110,80 Euro	285,20 Euro
Auszahlplan mit Kapitalverzehr:			
Erste Rate	850 Euro	110,80 Euro	739,20 Euro
Letzte Rate	850 Euro	ca. 0 Euro	850 Euro

Hätte Georg sich statt für einen Rentenfonds für einen offenen Immobilienfonds entschieden, würde er aus heutiger Sicht ähnliche Erträge erzielen, jedoch bei einem nur etwa zu 50 Prozent steuerpflichtigem Anteil. Statt 110,80 Euro würden folglich nur etwa 55 Euro Steuer anfallen. Dies ist als Alternative eine Erwägung wert.

Die zwei „gefräßigen Monster" werden alt

Natürlich hat sich an der Situation, dass Steuern und Inflation Ihre Altersvorsorgeersparnisse angreifen, eigentlich nichts geändert. Dennoch beißen die beiden gefräßigen Monster in übertragenem Sinne nicht mehr ganz so herzhaft zu. Und dies liegt an folgenden Fakten:

- Die Steuern beziehen sich nur auf die steuerpflichtigen Ertragsanteile Ihrer Bezüge aus der gesetzlichen und privaten Rente oder aus Auszahlplänen. Erstens unterliegen die aus dem Kapital entnommenen Zahlungen nicht der Besteuerung, sondern nur die Erträge aus dem Kapital. Kapitalverzehr ist im Grundsatz steuerfrei. Und zweitens sind auch bei den Erträgen nur steuerpflichtige Anteile zu berücksichtigen – sowohl bei der gesetzlichen als auch bei der privaten Rente, bei Immobilienfonds etc. Im Falle von Georg waren aus 850 Euro Auszahlplan nur ca. 396 Euro im Falle eines Rentenfonds und ca. 198 Euro im Falle eines offenen Immobilienfonds steuerpflichtig. In der Summe aus gesetzlicher und privater Rente sowie Auszahlplänen und angesichts der Steuerfreiheit von über 15.000 Euro für Verheiratete kann es gut vorkommen, dass Sie auf Ihre Bezüge und Erträge keine oder nur geringe Steuern zahlen. Selbst die Abgeltungsteuer können Sie sich dann über Ihre Steuererklärung zurückholen.

- Zahlungen aus dem Ertrag und Kapitalverzehr sind nur im Falle von Bezügen, die der nachgelagerten Besteuerung unterliegen (zum Beispiel Riester-Rente) und ursprünglich aus dem unversteuerten Bruttoeinkommen heraus aufgebaut wurden, voll steuerpflichtig.

- Haben Sie sich für eine eigengenutzte Immobilie entschieden und deren Hypothek wie empfohlen bis zu Beginn Ihrer Auszahlphase getilgt, sparen Sie sich nun steuerfrei die Miete, die andere aus versteuertem Einkommen zahlen.

- Auch im Falle einer vermieteten Immobilie, die Sie nun hoffentlich auch schuldenfrei gestellt haben, unterliegen die Mieteinnahmen infolge Abschreibungen nur teilweise der Steuer.

- Die Inflation entfaltet insbesondere über lange Zeiträume ihre gefährliche Wirkung. Der erste gesparte Euro ist in der Vorsorgephase dann nach 40 Jahren und 2 Prozent Inflation p.a. nur noch etwa 45 Cent wert. Dies haben wir bei EKASSI berücksichtigt. Über 20 bis 30 Jahre in Ihrer Genussphase verzehren Sie Ihr Kapital: Der erste Euro in jenem ersten Jahr ist natürlich noch 1 Euro wert, im zweiten Jahr 98 Cent usw. Nach 20 Jahren werden so zwar auch nur 67 Cent Kaufkraft verbleiben. Bis dorthin haben Sie aber schon viel Kapital aufgebraucht. Einfach gesagt: Zwischen Kapital und Konsum liegen im Schnitt nicht so große Zeiträume, in der die Inflation so greifen kann wie bei der Ansparphase.

- Im Falle der Auszahlpläne mit Kapitalverzehr und einer privaten Rentenversicherung mit Dynamik können die steigenden Nettozahlungsströme nach Steuer der Geldentwertung durch Inflation entgegenwirken. Dies gilt hoffentlich auch für die gesetzliche Rente.

- Im Falle einer aufgeschobenen Leibrente ab 80 werden nur 8 Prozent Ertragsanteil der Rente versteuert.

Die beiden gefräßigen Monster Steuern und Inflation sind also auch alt geworden und beißen nicht mehr ganz so kraftvoll zu. Ist auch gut so, denn nichts ist schwieriger, als ein aufgebautes Vermögen gegen alle möglichen Risiken zu erhalten.

Fünf Musterfälle: So bereiten Sie sich vor

Fall 1: Helena M., 25 Jahre, Industriekauffrau

Ausgangssituation:

Helena M., von ihren Freunden auch „Leni" genannt, hat nach ihrem Abitur eine Ausbildung zur Industriekauffrau abgeschlossen und ist seitdem bei einem mittelständischen Arbeitgeber, der Alfred Bullermann KG in Paderborn, beschäftigt. Sie ist evangelisch und unverheiratet. Die Verdienste der ersten Berufsjahre hat sie für Auto, Einrichtung der Wohnung etc. benötigt und verfügt noch über keine wesentlichen Ersparnisse. Allerdings hat sie 2006 eine Kapital-Lebensversicherung mit BUZ (Berufsunfähigkeitszusatzversicherung) abgeschlossen, in die sie jährlich aus dem 13. Gehalt 1.100 Euro einzahlt. Die Versicherung prognostiziert ihr eine Ablaufleistung im Erlebensfall im Alter von 65 in Höhe von 110.000 Euro. Außer dieser Lebensversicherung mit BUZ besitzt Leni noch eine Kfz-Vollkaskoversicherung für ihr neues Auto sowie eine Privathaftpflichtversicherung.

Nach ihren ersten Anschaffungen bleibt ihr nun erstmals von ihrem Bruttoeinkommen von 2.500 Euro über die Ausgaben für Urlaub, Auto, Wohnung hinaus 125 Euro pro Monat sowie weitere 300 Euro aus dem 13. Gehalt zum Sparen. Zusammen macht dies im Schnitt 150 Euro pro Monat.

Frage:

Leni fragt sich, wie soll sie nun die 150 Euro anlegen, und was kann sie an möglicher Altersversorgung dafür erwarten?

Lösung:

Mit der Privathaftpflichtversicherung, der Berufsunfähigkeitszusatzversicherung und der „Vollkasko" hat Leni bereits wesentliche Lebensrisiken abgesichert. Allerdings sollte sie ihre neu eingerichtete Wohnung noch mit einer Hausratversicherung schützen. Denn ein Wasserschaden oder Ähnliches könnte Leni in dem Aufbau ihres Hausstandes wieder um Jahre zurückwerfen und jede Ersparnisbildung ruinieren. Eine Hausratversicherung für einen jungen, noch kleinen Haushalt kann Leni für rund 100 Euro jährlich abschließen und ist damit abgesichert. Mit der Kapitallebensversicherung als Direktversicherung hat sie bereits 2006 einen steuerlich begünstigten Schritt zum Aufbau einer ersten privaten Altersvorsorge gemacht.

Lobenswert ist auch, dass Leni mit 25 Jahren früh über den Aufbau privater Ersparnisse zur Altersvorsorge nachdenkt. Dieses Alter lässt ihr etwa 40 Jahre bis zum Ruhestand, und wir wissen, seitdem wir die Tabellen 1 bis 3 kennen, wie vorteilhaft eine lange Sparphase für das Erreichen ehrgeiziger Ziele ist. Kommen zu dieser langen Sparphase noch Entschlossenheit, Durchhaltevermögen und die intelligente Auswahl der Anlageprodukte hinzu, hat Leni eine gute Chance, später einmal „alle Trümpfe in der Hand zu halten".

Leni hat dieses Buch gelesen. Daher weiß sie aus den Lektionen 4 und 7, dass sie in dieser frühen Phase ihres Lebens für ihr Altersvorsorgesparen voll auf die Assetklasse Aktien setzen sollte. Ihre Sparphase von 40 Jahren ermöglicht ihr bei der Assetklasse Aktien herausragende Chancen bei vertretbaren Risiken. Allerdings hat sie noch keinen Reservetopf gebildet, auf den sie in Notlagen zugreifen kann, ohne das Altersvorsorgevermögen angreifen zu müssen. Von den 150 Euro monatlich packt sie daher 50 Euro monatlich auf ein verzinsliches Konto oder in einen Renten- oder Geldmarktfonds. 100 Euro sollen zugunsten der Altersvorsorge in einen europäischen Aktienfonds fließen, den sie mit ihrem Bankberater sorgfältig ausgewählt hat. Der Fonds ist bereits von einer unabhängigen Ratingagentur als einer der 20 Prozent besten seiner Klasse bewertet und ausgezeichnet worden. Der Fonds hat einen Ausgabeaufschlag von 5 Prozent. Der Berater schätzt eine dauerhafte Rendite von konservativ 7 Prozent p.a. Da Leni aus diesem Buch den Effekt der Dynamik auf das Endkapital Sparen EKS kennt, schließt sie den Fondssparplan über 100 Euro monatlich mit einer jährlichen Anpassung von 2 Prozent ab.

Was kann Leni nun erwarten?

Anhand Tabelle 2b sehen wir bei 100 Euro Sparrate, 40 Jahren Laufzeit und 7 Prozent p.a. Rendite:

Einzahlungen 72.482 Euro
Ertrag 230.258 Euro

Zusätzlich kann Leni ja noch mit der Lebensversicherung rechnen:

Lebensversicherung   110.000 Euro

Lenis Endkapital Sparen EKS beträgt nun also, wenn sie 65 Jahre alt ist:

EKS = 72.482 + 230.258 + 110.000 =   412.740 Euro

Alle Achtung! Wenn das nicht zu einem schönen, aktiven Ruhestand beiträgt. Um sicherzugehen, möchte Leni die Auswirkungen der Steuern und Inflation eleminieren und berechnet das Endkapital Anlage und Sparen nach Steuern EKASS sowie das Endkapital Anlage und Sparen nach Steuern und inflationsbereinigt EKASSI Schritt für Schritt:

EKAS = EKA + EKS = 0 + 412.740 =   412.740 Euro

In den ersten Jahren ihrer Ansparphase werden das Kapital und dessen Erträge zwar noch klein sein und unter der Freistellungsgrenze von 801 Euro für Ledige liegen. Doch bereits ab 20.100 Euro und bei 4 Prozent steuerpflichtiger Ausschüttung des Fonds übersteigt der Ertrag jene 801 Euro, und die Abgeltungsteuer wird erstmals fällig. Da zwischen 20.000 Euro und jenen über 300.000 Euro am Ende der 40 Jahre die größte Wegstrecke liegt, rechnen wir hier vorsichtshalber wie bei einer kompletten Versteuerung mit Abgeltungsteuer, Soli und Kirchensteuer zu 27,98 Prozent. Leni berechnet:

Steuer (Sparplan) = Ertrag x 27,98 ./. 100 = 230.258 Euro x 27,98 / 100
                  = 64.426 Euro

„Ganz schön viel Steuern", denkt Leni und hat recht.

Bei der Lebensversicherung muss Leni die Hälfte ihrer Erträge in der Einkommensteuer veranlagen. Leni schätzt gemäß Tabelle 5 den späteren persönlichen Steuersatz auf 35 Prozent einschließlich Soli und Kirchensteuer. So entsteht bei der Lebensversicherung folgende Steuerpflicht:

Auszahlung =	110.000 Euro
Beiträge = 42 x 1.100 =	46.200 Euro
Ertrag (LV) =	63.800 Euro
Steuer = 63.800 ./. 2 x 35 ./.100 =	11.165 Euro
Steuer (Gesamt) = Steuer (Sparplan) + Steuer (LV) =	
64.426 Euro + 11.165 Euro =	75.591 Euro

Als Endkapital Sparen und Anlegen errechnet sich dann:

EKASS = EKAS − Steuern = 412.740 Euro − 75.591 Euro
 = 337.149 Euro

Bei der Inflation geht Leni zusammen mit ihrem Berater von langfristig 2,0 Prozent p.a. aus. Aus Tabelle 4 weiß sie, dass sie dann in 40 Jahren 2,21 Euro für Waren zahlen muss, die heute 1 Euro kosten. Also errechnet sie das Endkapital Anlage und Sparen nach Steuern und inflationsbereinigt:

EKASSI = EKASS ./. Tabellenwert = 337.149 ./. 2,21 = 152.556 Euro

Auch wenn Leni in 40 Jahren wahrscheinlich 412.740 Euro vor Steuern und 337.149 Euro nach Steuern in der Hand halten wird, so entspricht dieser zukünftige Betrag einer heutigen Kaufkraft von 152.556 Euro. Leni ist froh, dass sie die Berechnung bis zum EKASSI durchgeführt hat. Mit den über 400.000 Euro hätte sie sich doch zu sicher gefühlt. Allerdings entspricht der Betrag von 152.556 Euro immer noch etwa zehn Jahresnettogehältern von Leni heute. Selbst wenn Leni mit 65 aufhört und die Rente erst mit 67 einsetzen sollte, kann Leni im Alter von 65 und 66 locker etwa 26.000 Euro pro Jahr in heutiger Kaufkraft ausgeben – und das ist mehr, als sie aktuell überhaupt verdient – und hat immer noch 100.000 Euro in der Hand. Würde sie diesen Betrag in eine private Rentenversicherung mit Sofortrente im Alter von 67 einbringen, könnte Leni gemäß heutigen Versicherungsprämien mit 520 Euro monatlicher Sofortrente einschließlich prognostizierter Überschussanteile rechnen. Als garantierten Anteil hätte Leni auf jeden Fall 410 Euro pro Monat bis an ihr Lebensende sicher. In heutiger Kaufkraft wohlgemerkt. In einer Kaufkraft von 1.149 Euro (2,21 x 520 Euro) zu den Preisen in 40 Jahren. Was immer Leni als gesetzliche Rente erhält, mit 520 Euro privater Rente zusätzlich und in heutiger Kaufkraft gerechnet, könnte Leni schon mehr als gut leben.

Nicht zu vergessen, dass Leni ja neben den 100 Euro Sparplan für Altersvorsorge noch 50 Euro monatlich in einen Reservetopf einzahlt. Wenn sie das nicht aufbraucht, hat sie auch aus diesem Sparvorgang nach 40 Jahren viel Geld übrig, das wir noch gar nicht eingerechnet haben. Vielleicht später doch ein paar Monate in Spanien leben?

In jedem Fall: Wenn Leni mit Ausdauer durchhält, wird sie auch aus anfänglich kleinen Summen dank intelligenter Vorsorgestrategie später ein sattes Vorsorgepolster haben, bei dem sie entscheiden kann, wann sie wo leben will. Da wird der eine oder andere Kollege dann neidisch auf die „schlaue Leni" schauen: Wie hat Leni das geschafft?

Fall 2: Markus L., 32 Jahre, Ingenieur und Ilona R., 28 Jahre, Krankenschwester

Ausgangssituation:

Markus L., konfessionslos, hat mit 26 Jahren sein Studium als Diplom-Maschinenbauingenieur abgeschlossen und begann bei der Robotnix AG, dem Unternehmen, bei dem er bereits als Praktikant mehrfach in den Semesterferien gearbeitet hatte. Markus ist noch unverheiratet, lebt aber seit zwei Jahren mit seiner Ilona in einer 87 qm großen Dreizimmerwohnung zusammen. Ilona, 28 Jahre alt und konfessionslos, ist Krankenschwester und träumt von baldigem Nachwuchs, für den sie ihren Beruf auch aufgeben würde.

Markus und Ilona sind Doppelverdiener und leben gut. Hausstand und zwei Autos, ein Kleinwagen und ein Cabrio, sind bezahlt. Beide reisen gerne und wollen noch zwei Jahre die Welt sehen, bevor sie sich dann um Kinder kümmern werden. Markus verdient knapp 40.000 Euro und spart monatlich 200 Euro auf einem verzinslichen Konto. Bis jetzt hat er 12.000 Euro zusammen. Seit diesem Jahr spart Markus auch monatlich 100 Euro einschließlich Zulagen in einem steuerbegünstigten Riester-Fondssparplan mit Aktienfonds an. Ilonas Gehalt ist für den neuen Kleinwagen und die Reisen draufgegangen. Sie spart nur vermögenswirksame Leistungen ihres Arbeitgebers und hat so etwa 4.000 Euro zusammen.

Markus hat bereits vor zwei Jahren eine Risikolebensversicherung mit BUZ (Berufsunfähigkeitszusatzversicherung) abgeschlossen, begünstigt ist Ilona. Privathaftpflichtversicherung, eine Hausratversicherung über 15.000 Euro sowie Vollkaskoversicherungen für die Autos bestehen. Ilona und Markus wollen, wenn die Kinder groß sind, mehr Freiräume und ihr Hobby Reisen fortsetzen.

Frage:

Markus und Ilona planen definitiv gemeinsam. Wie sollen sie nun ihre Altersvorsorgeplanung angesichts der baldigen gemeinsamen Situation ausrichten? Werden sie sich später ihren Traum vom Hobby Reisen wieder leisten können, und wie können sie das finanzieren?

Lösung:

Der Check, ob sich Ilona und Markus gegen die wesentlichen Lebensrisiken abgesichert haben, fällt positiv aus. Lediglich die Hausratversicherung auf einen Hausstand im Wert von 15.000 Euro dürfte aus früheren Jahren kommen, als Markus noch alleine lebte und weniger Einrichtung vorhanden war. Für eine 87 qm große Wohnung mit normaler Ausstattung sind 15.000 Euro eindeutig eine Unterversicherung. Markus und Ilona sollten diese Hausratversicherung anpassen, sonst würde die Versicherung im Schadensfall nur Teile des Schadens übernehmen, und das kann dann schnell teuer werden. Gut ist auch, dass Markus Ilona bereits mit seiner Risikolebensversicherung abgesichert und begünstigt hat. Im schlimmsten Falle steht Ilona nicht mittellos da.

Ansonsten müssen sich Ilona und Markus ganz auf ihre neue geplante Lebenssituation einstellen: Dabei wird der beabsichtigte Nachwuchs ja einiges ändern in ihrem Leben. Die Dreizimmerwohnung könnte erst einmal bei einem Kind reichen, wenn aus dem Arbeitszimmer ein Kinderzimmer wird. PC und so müssen dort raus, dürften bei 87 qm aber noch woanders Platz finden. Kleinwagen und Cabrio wird nicht mehr gehen. Wo soll da der Kinderwagen hin? Also wird mindestens ein Auto gegen einen „Familienwagen" ausgetauscht werden müssen. Ilona und Markus sind realistisch und wissen, dass sie für das Cabrio mehr Geld bekommen, wenn sie es in Zahlung geben. Also wird der Kleinwagen, der auch weniger Unterhalt kostet, bleiben und das Cabrio gehen, wahrscheinlich gegen ein Auto mit Heckklappe. Markus und Ilona planen Ilonas 4.000 Euro als Aufpreis für das Familienauto ein.

Auch wenn Markus später verheiratet und als Alleinverdiener mit Kinderfreibetrag deutlich weniger Steuern bezahlen wird und die Ausgaben für Reisen dann wie geplant zurückgehen, muss er einkalkulieren, dass er in Zukunft weniger beiseitelegen kann. Markus und Ilona sollten von den 12.000 Euro daher 5.000 Euro „auf der hohen Kante lassen", um finanziell beweglich zu bleiben und nicht auf die geplante Altersvorsorge zurückgreifen zu müssen, wenn es mal „eng wird". Ebenso sollten nur 150 Euro monatlich – neben der Fortführung des Riester-Renten-Vertrages – als Sparleistung eingeplant werden.

Markus sollte sich mit 32 Jahren an 100 Prozent Aktienanteil im Assetmix orientieren. Markus und Ilona wollen daher die 150 Euro komplett für einen Aktienfondssparplan einsetzen. Sollten später mehr als 150 Euro übrig bleiben, wollen sie den Rest sowie das 13. Gehalt weiterhin verzinslich als Reserve anlegen. Die 7.000 Euro der 12.000 Euro Ersparnis, die nicht als Notfalltopf benötigt werden, sollen jedoch in einen europäischen Mischfonds umgeschichtet werden, bei dem mit 6 Prozent p.a. Ertrag gerechnet wird.

Markus und Ilona haben inzwischen mit dem Berater ihrer Bank gesprochen und gemeinsam einen globalen Aktienfonds gefunden, der im langfristigen Vergleich stets gut abgeschnitten hat und zuletzt von einem Anlagemagazin mit vier von fünf Sternen ausgezeichnet wurde. Markus und Ilona haben sich bewusst für einen globalen Aktienfonds entschieden, weil sie alle Chancen weltweit nutzen wollen. Von ihren früheren Reisen wissen sie, welcher Aufbruch in Asien stattfindet. Sie wollen an solchen Chancen partizipieren. Der Berater der Bank nennt eine vergangene Zehnjahresperformance des Fonds von 8 Prozent p.a., gemeinsam gehen sie jedoch vorsichtshalber von 7 Prozent p.a. für die Zukunft aus. Der Fonds hat 5 Prozent Ausgabeaufschlag. Markus geht weiterhin von Tarifsteigerungen für sein Gehalt von mindestens 2 Prozent p.a. aus und plant daher eine Dynamik von 2 Prozent p.a. in den Sparplan mit ein.

Mit welchem Altersvorsorgevermögen können Markus und Ilona nun mit 67 Jahren (Markus) rechnen? Wäre vielleicht ein früherer Ruhestand möglich?

Anhand Tabelle 2b sehen wir bei 100 Euro Sparrate, 35 Jahren Laufzeit (bis 67), 2 Prozent Dynamik und 7 Prozent p.a. Rendite:

Einzahlungen (100 Euro pro Monat) =	59.993 Euro
Ertrag (100 Euro pro Monat) =	145.766 Euro

Mit der 150-Euro-Sparrate von Markus ergeben sich so:

Einzahlungen (150 Euro pro Monat) =	89.990 Euro
Ertrag (150 Euro pro Monat) =	218.649 Euro

Zusätzlich erbringt der Riester-Sparplan von monatlich 100 Euro mit einem Aktienfonds bei 7 Prozent p.a. Ertrag, 5 Prozent Ausgabeaufschlag und ohne Dynamik:

Einzahlungen (100 Euro pro Monat) =   42.000 Euro
Ertrag (100 Euro pro Monat) =   121.907 Euro

Somit ergibt sich das Endkapital Sparen wie folgt:

EKS = 89.990 + 218.649 + 42.000 + 121.907 =   472.546 Euro

Da der Riester-Sparplan jedoch steuerfrei und zulagengefördert aus dem Bruttoeinkommen bezahlt wird, ist die Versteuerung der gesamten Leistung (Einzahlung und Ertrag) im Ruhestand beim Bezug der Auszahlungen fällig (nachgelagerte Besteuerung). Dies müssen wir nachher bei der Ermittlung des EKASSI berücksichtigen.

Die 7.000 Euro Anlage in einem Mischfonds ergäben bei 6 Prozent p.a. Ertrag, 0 Prozent Ausgabeaufschlag (geringe Tauschgebühr) und 35 Jahren Anlagedauer:

Einzahlungen (10.000 Euro) =   10.000 Euro
Ertrag (10.000 Euro, 0 Prozent Ausgabeaufschlag) =   63.184 Euro

Und für 7.000 Euro:

Einzahlungen (7.000 Euro) =   7.000 Euro
Ertrag (7.000 Euro, 0 Prozent Ausgabeaufschlag) =   44.229 Euro

Somit ergibt sich das Endkapital Anlage:

EKA = 7.000 + 44.229 =   51.229 Euro

Und letztlich das Endkapital Anlage und Sparen:

EKAS = EKS + EKA = 51.229 + 472.546 =   523.775 Euro

Achtung: Nicht der gesamte Betrag von 523.775 Euro EKAS stehen im Alter von 67 „flüssig" zur Verfügung. Natürlich muss zum einen noch die Steuer berücksichtigt werden. Und die 163.907 Euro im Riester-Vertrag sind gemäß Gesetz zu mindestens 70 Prozent lebenslang zu verrenten. Bis zu 30 Prozent könnten zu Beginn der Bezugsphase entnommen werden. Ilona und Markus wollen die Riester-Rente zu 100 Prozent in Rentenform erhalten und kein Kapital entnehmen:

EKAS Riester = 163.907 Euro
EKAS ohne Riester = 359.869 Euro

Nun zur Steuer: Dabei berücksichtigen wir für die Anlagen ohne Riester die Abgeltungsteuer von 26,38 Prozent für Konfessionslose:

Steuer (EKA ./. Mischfonds) = 26,38 ./. 100 x 44.229 = 11.668 Euro
Steuer (EKS ./. Aktienfonds) = 26,38 ./. 100 x 218.649 = 57.680 Euro

Steuer (Mischfonds + Aktienfonds) = 69.348 Euro

Der Riester-Renten-Vertrag unterliegt der nachgelagerten Besteuerung. Infolge der Steuerfreiheit der Einzahlungen aus dem Bruttogehalt erfolgt die Besteuerung komplett in der Bezugsphase, bezogen auf Einzahlung und Ertrag, zum dann geltenden individuellen Grenzsteuersatz der Einkommensteuer. Wir gehen von knapp über 30.000 Euro zu versteuerndem Einkommen in der Rentenphase und somit gemäß heutigem Steuertarif von etwa 28 Prozent Grenzsteuersatz einschließlich Soli aus. Der Anbieter von Markus Riester-Rente prognostiziert ihm eine monatliche Rente von 744 Euro ab 67 aus seinem Riester-Vertrag. Diese komplette Riester-Rente unterliegt nun in jedem Bezugsjahr der Einkommensteuer.

Steuer (Riester-Rente) = 28 ./. 100 x 744 Euro = 208 Euro pro Monat
Riester-Rente netto = 536 Euro pro Monat

Somit ergibt sich nach Steuer:

Riester-Rente netto = 536 Euro pro Monat

EKASS (ohne Riester) = EKAS (ohne Riester) − Steuer
= 359.869 − 69.348 = 290.521 Euro

Und bei einer Inflationsrate von 2 Prozent p.a. finden wir in Tabelle 4 bei 35 Jahren einen Wert von 2,00 Euro. Somit ist das Endkapital Anlage und Steuern nach Steuern und inflationsbereinigt sowie ohne Riester:

EKASSI (ohne Riester) = EKASS (ohne Riester) ./. Tabellenwert
= 290.521 ./. 2,00 = 145.260 Euro

Riester-Rente netto in heutiger Kaufkraft
= 536 ./. 2,00 = 268 Euro pro Monat

Das heißt, Markus und Ilona können im Alter von 67 (Markus) neben einer Riester-Rente von 268 Euro netto im Monat in heutiger Kaufkraft (536 Euro in zukünftiger Kaufkraft) mit einem zusätzlichen Endkapital ihrer Altersvorsorge von 145.260 Euro in heutiger Kaufkraft oder 290.521 Euro in der Kaufkraft in 35 Jahren rechnen.

Wäre Markus bereits heute 67 Jahre alt, könnte er für 50.000 Euro Einmalbeitrag eine aufgeschobene private Rente von 1.045 Euro pro Monat ab 80 erwerben. 8 Prozent hiervon wären mit der Einkommensteuer belegt, ergibt bei 28 Prozent auf 83,60 Euro eine monatliche Steuer von 23,40 Euro. Netto blieben also 1.022 Euro im Monat.

Noch besser als der Abschluss nur einer Rentenversicherung wäre der Abschluss zweier Versicherungen (je in etwa halber Höhe) auf Ilona und Markus. Im Todesfall stünde dann keiner von beiden ganz ohne private Rente da. Die verbleibenden 95.000 Euro könnten Markus und Ilona dann tauschen in einen Rentenfonds mit 4 Prozent p.a. Ertrag. Bei einem Auszahlplan einschließlich Kapitalverzehr über 15 Jahre könnten Markus und Ilona gemäß Tabelle 8a insgesamt 699 Euro pro Monat entnehmen, und zwar gemäß heutiger Kaufkraft. Dies entspricht 1.398 Euro pro Monat (699 Euro x 2,00) in der Kaufkraft in 35 Jahren. Auch wenn wir auf die 4 Prozent Erträge der 95.000 Euro noch 26,38 Prozent Abgeltungsteuer einschließlich Soli, also 1.002 Euro im ersten Jahr oder 84 Euro im Monat (und dann sukzessive abnehmend) abziehen müssen, sieht die Rechnung gut aus: Ab 67 können Markus und Ilona in jedem Fall gut leben und erhalten zusätzlich zur gesetzlichen Rente in etwa heutiger Kaufkraft:

Riester-Rente netto	lebenslang ab 67	268 Euro pro Monat
Auszahlplan netto	67 bis ca. 82	615 Euro pro Monat
	(netto erstes Jahr, dann ansteigend)	
Aufgeschobene Leibrente netto	lebenslang ab 80	1.022 Euro pro Monat

Damit lassen sich Reisen schon finanzieren. Und vielleicht, falls es noch besser läuft als geplant, sogar ein früherer Ausstieg aus der Berufstätigkeit als mit 67.

Fall 3: Andreas A., 45 Jahre, Diplom-Kaufmann und Franziska A., 40 Jahre, Mutter

Ausgangssituation:

Andreas A., katholisch, ist seit elf Jahren verheiratet mit Franziska. Der Sohn ist sechs Jahre alt und wird gerade eingeschult. Vor 18 Jahren hat Andreas einen Bausparvertrag abgeschlossen und vor sechs Jahren eine Doppelhaushälfte gekauft. Mit dem Bausparvertrag konnte Andreas etwa 20 Prozent Eigenkapital einbringen. Die verbleibende Hypothek tilgt Andreas mit 2 Prozent p.a., damit die Schulden auf das Haus mit 64 Jahren (39 plus 25) abgetragen sind (siehe Lektion 14). Neben dieser Hypothek können sich Andi und Franzi nur 40 Euro monatlich vermögenswirksames Sparen in einen VL-fähigen Aktienfonds (seit zehn Jahren) sowie seit kurzem 80 Euro monatlich für einen Investmentfondssparvertrag leisten. Mehr ist momentan nicht drin, auch wenn Andi mit 54.000 Euro bei seinem Arbeitgeber, der Adam Lichtermann OHG, eigentlich ganz gut verdient. Wegen des Hausbaus waren Andi und Franzi in den letzten sechs Jahren nur zweimal im Ausland in Urlaub, ansonsten bei Onkel Alfons auf dem Bauernhof im Bayrischen Wald.

Franzi hat im letzten Jahr allerdings 40.000 Euro geerbt und erst einmal auf das Sparbuch gelegt. Eigene größere Ersparnisse besitzen Franzi und Andi darüber hinaus nicht. Sie hatten alles in das Haus eingebracht. Das neue Haus, der Hausrat und das Auto sind jeweils gut versichert. Ebenso besteht eine Privathaftpflichtversicherung. Der Bankberater hat den beiden vor dem Hausbau eine Risikolebensversicherung mit einem Todesfallschutz von 250.000 Euro und eine Berufsunfähigkeitszusatzversicherung empfohlen, so dass Franzi im Todesfall von Andi nicht alleine mit den Schulden zurechtkommen müsste und das Haus dann in etwa schuldenfrei wäre oder bei Berufsunfähigkeit von Andi eine lebenslange Rente einsetzen würde.

Frage:

Wie sollen Andi und Franzi nun die ererbten 40.000 Euro anlegen, und was können sie in 20 Jahren mit 65 (Andi) davon erwarten? Wie sieht die

Altersversorgung dann aus? Können Franzi und Andi ihre Sparleistung noch irgendwie erhöhen?

Lösung:

Andi und Franzi sind gut versichert gegen die großen Lebensrisiken. Das ist auch richtig so, denn schließlich gilt es, Kind und Frau vernünftig abzusichern, sollte dem Andi etwas zustoßen. Franzi hat Lektion 30 nicht vergessen und möchte den Fondssparplan durch Einsparungen im Haushalt aufstocken. Sie geht die Verträge ihres Haushaltes durch und entscheidet sich, Gas- und Stromanbieter zu wechseln. Gemäß den Angaben im Internet können Andi und Franzi so im Jahr etwa 200 Euro sparen. Auch die Autoversicherung wird gewechselt und bringt noch einmal 140 Euro. Die zusätzlichen 340 Euro investieren die beiden bewusst in die Aufstockung des Fondssparplanes von 80 auf 110 Euro im Monat.

Womit können Franzi und Andi nun bereits im Rahmen ihres VL-Vertrages und ihres Fondssparplanes rechnen?

Den VL-Vertrag bespart Andi seit zehn Jahren und verlängert ihn regelmäßig, ohne das Kapital anzugreifen. Ab 35 (Beginn VL-Sparen vor zehn Jahren) bis zum Alter von 65 beträgt die Dauer des Sparvorganges 30 Jahre. Andi bzw. sein Bankberater rechnet mit 8 Prozent p.a. Ertrag seines weltweit anlegenden Aktienfonds. In den letzten zehn Jahren hat der Fonds dies auch in etwa erwirtschaftet. Der VL-Vertrag ist wie alle vermögenswirksamen Leistungen ohne Dynamik und in der Höhe mit 40 Euro monatlich konstant. Der Ausgabeaufschlag des Fonds beträgt 5 Prozent.

Einzahlungen (100 Euro) =	36.000 Euro
Ertrag (100 Euro) =	99.010 Euro

Damit für 40 Euro monatlich VL:

Einzahlungen (40 Euro) =	14.400 Euro
Ertrag (40 Euro) =	39.604 Euro
EKS (VL) =	54.004 Euro

Für den vor drei Monaten begonnenen Fondssparplan ergeben sich bei 20 Jahren Laufzeit (45 bis 65) und dem gleichen Fonds:

Einzahlungen (100 Euro) =	24.000 Euro
Ertrag (100 Euro) =	30.539 Euro

Für 110 Euro monatliche Einzahlung:

Einzahlungen (110 Euro) =	26.400 Euro
Ertrag (110 Euro) =	33.593 Euro
EKS (Sparplan) =	59.993 Euro

Zusammen:

EKS (VL + Sparplan) =	113.997 Euro

Da Franzi und Andi bereits mit dem Hausbau erheblich außerhalb der Assetklasse Aktien investiert sind, entscheiden sie sich gemeinsam dafür, von den ererbten 40.000 Euro insgesamt 30.000 Euro zusätzlich in ihren erfolgreichen Aktienfonds zu investieren. Denn letztlich haben sie die ersten Kapitel dieses Buches noch gut in Erinnerung und wissen, was eine Anlage in der Assetklasse Aktien über die Dauer von 20 Jahren alles leisten kann. Im Alter von 65 bis 67 wollen sie dann aber regelmäßig und letztlich den Gesamtbestand ihres Aktienfonds zur Sicherheit in einen Renten- oder Immobilienfonds tauschen. Die verbleibenden 10.000 Euro aus der Erbschaft bleiben für den Notfall langfristig verzinslich bei der Bank angelegt.

Einzahlungen (10.000 Euro) =	10.000 Euro
Ertrag (10.000 Euro) =	34.390 Euro
Einzahlungen (40.000 Euro) =	40.000 Euro
Ertrag (40.000 Euro) =	137.560 Euro
EKA (40.000 Euro) =	177.560 Euro

Damit verfügen Franzi und Andi im Alter von 65 voraussichtlich über ein Endkapital Anlage und Sparen für ihre Altersvorsorge von:

EKAS	=	EKA + EKS
	=	177.560
		+ 113.997
	=	291.557 Euro

Nicht schlecht. Nicht zu vergessen, dass Franzi und Andi ja bei 2 Prozent Tilgung mit 65 auch die letzte Rate für die Hypothek ihres Hauses bezahlen werden und beide dann miet- und zinsfrei wohnen werden. Doch rechnen wir mal weiter, bis wir die beiden gefräßigen Monster Steuern und Inflation herausgerechnet haben.

Bei der Berechnung der anfallenden Steuern legen wir die 27,98 Prozent Abgeltungsteuer einschließlich Soli und Kirchensteuer zugrunde:

Steuern (Sparplan)	=	33.593 Euro x 27,98 ./. 100
	=	9.399 Euro
Steuern (VL)	=	39.604 Euro x 27,98 ./. 100
	=	11.081 Euro

Anmerkung: Die Steuerrechnung zu VL ist nicht ganz korrekt. Denn der VL-Vertrag besteht ja seit zehn Jahren. In dieser Zeit existierte noch keine Abgeltungsteuer, die Einkünfte waren noch in der Einkommensteuererklärung zu versteuern. Man müsste daher den VL-Vertrag zerlegen in

a) einen Sparvorgang der letzten zehn Jahre,
   damals der Einkommensteuer unterliegend,

b) eine Anlage des in a) Ersparten über weitere 20 Jahre,
   versteuert per Abgeltungsteuer und

c) einen neuen Sparvorgang von 40 Euro pro Monat über 20 Jahre,
   versteuert per Abgeltungsteuer.

Da der größte Teil der Erträge des VL aber wegen des Zinseszinseffektes erst in den nächsten 20 Jahren anfällt und nicht in den letzten zehn Jahren, ist die einfachere Rechnung, einheitlich über die Abgeltungsteuer, höchstens um wenige 100 Euro unpräzise und daher akzeptabel.

Steuern (Anlage)	=	137.560 x 27,98 ./. 100
	=	38.489 Euro
Steuern (gesamt)	=	58.969 Euro

So ergibt sich nach Abzug der Steuern:

EKASS	=	EKAS-Steuern
	=	291.557 – 58.696
	=	232.588 Euro

Bei 2,0 Prozent p.a. Inflation über 20 Jahre zeigt die Tabelle 4 einen Wert von 1,49 Euro, die in 20 Jahren notwendig sind, um 1,00 Euro heutiger Kaufkraft zu entsprechen. So können wir nun auch den letzten Schritt hin zum Endkapital Anlage und Sparen nach Steuern und inflationsbereinigt vornehmen:

EKASSI	=	EKASS ./. Tabellenwert
	=	232.588 ./. 1,49
	=	156.099 Euro

Mit 151.142 Euro im Alter von 65 nach Steuern und in heutiger Kaufkraft haben Franzi und Andi nicht gerechnet. Bringen die 40.000 Euro Anlage und jene 40 Euro VL und 110 Euro Fondssparplan so viel? Dabei hat Franzi ja noch 10.000 Euro als Notgroschen verzinst beiseitegelegt. Und das Haus ist dann auch abbezahlt.

Franzi und Andi können es noch kaum glauben und rechnen mal weiter: Wenn man miet- und zinsfrei wohnt, reichen im Alter von 65 doch wohl 2.000 Euro pro Monat in heutiger Kaufkraft aus, um mehr als ordentlich zu leben. Bernd, ihr Sohn, ist dann mit 26 Jahren auch „aus dem Haus", selbst wenn er später studieren sollte. Also wenn Andi im Alter von 65 aufhören würde und er im Alter von 65 und den ersten acht Monaten von 66 (bis zum Renteneintritt mit 66 und 8 Monaten) zusammen 40.000 Euro (2.000 Euro pro Monat x 20 Monate) entnähme, wären ja noch 116.099 Euro in heutiger Kaufkraft übrig. Nur mal überschlagen als Auszahlplan aus einem eingetauschten Rentenfonds mit 4 Prozent p.a. Rendite könnten Andi und Franzi über 25 Jahre monatlich 608 Euro (siehe Tabelle 8a) entnehmen und hätten das Kapital erst im Alter von 90 aufgebraucht. Oder sie kaufen sich mit 65 zwei Rentenversicherungen mit aufgeschobener Leibrente ab 80, und das verbliebene Kapital wird bis 80 aufgebraucht. Sohn Bernd erbt ja dann immer noch das schuldenfreie Haus.

Andi und Franzi wissen, dass sie in der nächsten Nacht sehr gut schlafen werden. Eigentlich hatten sie angesichts ihrer geringen Sparrate ohne Dynamik mit weniger gerechnet. Nun können Sie eventuell mit 65 oder früher aufhören und es sich gut gehen lassen.

Fall 4: Alfons D., 54 Jahre, Kfz-Meister und Eva D., 50 Jahre, Hausfrau

Ausgangssituation:

Alfons D., evangelisch, hat nach der mittleren Reife eine Ausbildung zum Kraftfahrzeugmechaniker abgeschlossen. Seit dem Alter von 16 Jahren ist er damit berufstätig und hat später noch die Meisterausbildung draufgesattelt. Alfons leitet heute die Werkstatt des Autohauses Alfred Zack in Döbelsheim und verdient mit 45.000 Euro gut. Seit 32 Jahren ist er verheiratet mit seiner Eva, von Freunden kurz „Evy" genannt. Die Tochter Elisabeth ist 32 Jahre alt und selbst verheiratet. Häufig kommt sie mit den zwei Enkeln in die elterliche Vierzimmermietwohnung zu Besuch.

VL macht Alfons über den Arbeitgeber, seit er 16 ist, und bespart einen Aktienfonds mit 5 Prozent Ausgabeaufschlag. Sein Versicherungsvertreter hat ihm mit 19 Jahren eine Kapitallebensversicherung mit 45 Jahren Laufzeit empfohlen, die gemäß damaliger Prognose am Ende 347.000 DM auszahlen sollte. Dies entspricht 177.418 Euro. Zusätzlich besitzen Evy und Alfons noch 25.000 Euro in einem Sparbrief, der demnächst fällig wird.

Alfons will mit Evy noch gemeinsam eine Menge unternehmen. Alfons arbeitet ja, seit er 16 ist, und will nun wissen, ob sich ihr Sparen irgendwie auszahlt und was er davon hat. Eigentlich will er in zehn Jahren aufhören zu arbeiten. Geht das?

Frage:

Kann Alfons vielleicht schon mit 64, also zum Zeitpunkt der Auszahlung seiner Kapitallebensversicherung aufhören, und wie kommen Evy und Alfons dann zurecht?

Lösung:

Alfons Versicherungsvertreter war fleißig. Neben der Kapitallebensversicherung hat er bei Alfons keine wesentliche Lücke gelassen, die Alfons und

Evy einem großen Risiko aussetzen würde. Also bleibt die Frage: Was können Evy und Alfons aus der Kapitallebensversicherung und dem VL-Sparen sowie der Anlage ihrer 25.000 Euro erwarten?

Alfons hat gehört, dass die ehemalige Prognose seiner Versicherung über die erwartete Auszahlung im Alter von 64 im Laufe der langen Jahre nicht stabil ist. Diese Prognose ist immerhin 35 Jahre alt. Allerdings hat er in den letzten Jahren immer regelmäßig Briefe seiner Versicherung erhalten, die er meist nicht gelesen, aber immer aufgehoben hat. Als erstes nimmt sich Alfons das letzte dieser Schreiben einmal vor. In diesem Brief findet er auch tatsächlich Angaben zur „aktuell zu erwartenden Ablaufleistung bei Weiterzahlung der Beiträge". Dabei hat die Versicherung aber drei Werte errechnet: nämlich die möglichen Ablaufleistungen bei 4 Prozent, 5 Prozent und 6 Prozent p.a. Ertrag für die verbleibenden Jahre. Dabei orientiert sich der mittlere der drei Werte meist an den aktuellen Überschussanteilen und stellt aus Sicht der Versicherung den wahrscheinlichsten Ausgang dar. Alfons ist aber vorsichtig und verlässt sich nur auf den niedrigsten Wert unter den dreien. Dieser nennt 158.211 Euro als Ablaufleistung im Alter von 64, wenn Alfons weiterhin regelmäßig einzahlt. Diese Leistung ist zwar niedriger als die 35 Jahre alte Prognose. Aber immerhin ist diese Auszahlung steuerfrei, da Alfons seine Lebensversicherung ja weit vor dem Jahr 2005 abgeschlossen hatte. Diese Altfälle unter den Kapitallebensversicherungen sind unter bestimmten Voraussetzungen (mindestens zwölf Jahre Laufzeit, mindestens fünf Jahre Einzahlung) ja noch steuerfrei.

Die vermögenswirksamen Leistungen seines Arbeitgebers in Höhe von 40 Euro fließen, seit Alfons 16 ist, regelmäßig in einen deutschen Aktienfonds. Alfons hat eigentlich immer gut gelebt und nicht gegeizt. Aber die vermögenswirksamen Leistungen hat er nie angerührt. Auch wenn die Verträge alle sieben Jahre fällig wurden, hat er den Fondsbestand stehengelassen und mit einem neuen Vertrag angeschlossen.

Von 1968 bis 2007 hat der DAX 30 als Index von 30 großen deutschen Unternehmen eine durchschnittliche Rendite von 8,4 Prozent p.a. erbracht. So weist Alfons VL-Depot auch mit 103.000 Euro nach 38 Jahren (und Steuern) bereits einen stolzen Betrag aus. Von diesem Zwischenstand aus werden Alfons und sein Berater weiterrechnen. Denn erstens liegt ja solch ein Zwischenstand in Form eines Depotauszuges vor, von dem aus solide weitergerechnet werden kann. Und zweitens wurden die Steuern in den letzten 38 Jahren ja bereits bezahlt, während die Steuern der nächsten zehn

Jahre ja noch anfallen. In Alfons Fall ist es sinnvoll, die VL in drei Bestandteile zu zerlegen:
a) den Sparvorgang der letzten 38 Jahre, versteuert über die Einkommensteuer: Hierzu liegt mit den 103.000 Euro ja ein (bereits in der Vergangenheit versteuerter) Endstand vor.
b) eine Anlage von 103.000 Euro für die nächsten zehn Jahre (Alter 54 bis 64), zu versteuern über die Abgeltungsteuer.
c) einen (weiterlaufenden) 40-Euro-VL-Sparplan für die nächsten zehn Jahre zu versteuern über die Abgeltungsteuer.

Dabei rät der Berater Alfons zwar, den VL-Sparplan (c) weiterhin in den Aktienfonds weiterlaufen zu lassen, angesichts des Alters von 54 Jahren aber seinen Assetmix breiter aufzustellen und seinen VL-Kapitalstock (b) zu 50 Prozent in Rentenwerte umzuschichten (siehe Lektion 7). Alfons lässt 50.000 Euro im Aktienfonds liegen und tauscht 53.000 Euro mit einer Tauschgebühr von 0,5 Prozent in einen Euro-Rentenfonds. Nach Tauschgebühr kommen 52.735 Euro im Rentenfonds zur Anlage. Der Berater schätzt den Ertrag des Rentenfonds auf ca. 4 Prozent p.a. Also können wir jetzt drei Bestandteile des ursprünglichen VL sauber durchrechnen:
- 50.000 Euro Aktienfonds (schon angelegt, daher kein Ausgabeaufschlag mehr) mit rund 8 Prozent Ertrag p.a. für weitere zehn Jahre
- 52.735 Euro Rentenfonds (kein Ausgabeaufschlag, da innerhalb Investmentdepot getauscht) mit etwa 4 Prozent Ertrag p.a. für weitere zehn Jahre
- 40 Euro monatlich weiterhin VL in Aktienfonds mit 5 Prozent Ausgabeaufschlag und rund 8 Prozent Ertrag p.a. für weitere zehn Jahre

50.000 Euro Aktienfonds:

Einzahlung (10.000 Euro)	=	10.000 Euro
Ertrag (10.000 Euro)	=	11.589 Euro
Einzahlung (50.000 Euro)	=	50.000 Euro
Ertrag (50.000 Euro)	=	57.945 Euro
EKA (50.000 Euro in AF)	=	107.845 Euro

52.735 Euro Rentenfonds:

Einzahlung (10.000 Euro)	=	10.000 Euro
Ertrag (10.000 Euro)	=	4.803 Euro

Einzahlung (52.735 Euro)	=	52.735 Euro
Ertrag (52.735 Euro in RF)	=	25.329 Euro
EKA (52.735 Euro in RF)	=	78.064 Euro

40 Euro monatlich in Aktienfonds mit 5 Prozent Ausgabeaufschlag:

Einzahlungen (100 Euro, 10 Jahre)	=	12.000 Euro
Ertrag (100 Euro, 10 Jahre)	=	5.265 Euro
Einzahlungen (40 Euro, 10 Jahre)	=	4.800 Euro
Ertrag (40 Euro, 10 Jahre)	=	2.106 Euro
EKS (40 Euro VL in AF)	=	4.800 + 2.106
	=	6.906 Euro

Also wissen Alfons und sein Berater jetzt, was das bisherige und zukünftige VL-Vermögen in zehn Jahren bringen wird:

EKAS (48 Jahre VL gesamt)	=	107.845 +
		78,064 + 6.906
=		192.815 Euro

Keine schlechte Summe für einen monatlichen Aufwand von 40 Euro. Hinzu kommt die bei Alfons steuerfreie Auszahlung der Lebensversicherung:

EKS (LV)	=	158.211 Euro

Und die 25.000 Euro aus dem Sparbrief? Alfons und Evy behalten diese als eiserne Reserve und legen sie erneut auf zehn Jahre zu 4 Prozent p.a. Rendite an. Macht 37.007 Euro in zehn Jahren. Kein schlechter Reservetopf.

Damit verfügen Evy und Alfons mit 64 voraussichtlich über folgendes Endkapital Anlage und Sparen für ihre Altersvorsorge (ohne die „eiserne Reserve"):

EKAS	=	EKAS(VL)
		+ EKS (LV)
=		192.815
		+ 158.211
	=	351.026 Euro

Die Steuerberechnung lautet wie folgt:

Steuern (LV)	=	0 Euro
Steuern (50.000 Euro in Aktienfonds)	=	57.945 Euro x 27,98 ./. 100
	=	16.213 Euro
Steuern (52.735 Euro in Rentenfonds)	=	25.329 Euro x 27,98 ./. 100
	=	7.078 Euro
Steuern (40 Euro monatlich in Aktienfonds)	=	2.106 Euro x 27,98 ./. 100
	=	589 Euro
Steuern (Gesamt)	=	23.880 Euro

Somit errechnet sich das Endkapital Anlage und Sparen nach Steuern zu:

EKASS	=	EKAS-Steuern
	=	351.026 – 23.880
	=	327.146 Euro.

Bei 2 Prozent p.a. Inflation benötigen Alfons und Evy in zehn Jahren (Alter 64) 1,22 Euro, wofür sie heute 1,00 Euro ausgeben. Also ergibt sich das Endkapital Anlage und Sparen nach Steuern und inflationsbereinigt:

EKASSI	=	EKASS ./. Tabellenwert
	=	327.146 ./. 1,22
	=	268.152 Euro

Auch Alfons und Evy sind „ganz aus dem Häuschen". Zwar war Alfons schon immer freudig überrascht, wenn er den Depotauszug mit seinem VL-Vermögen im Aktienfonds in der Hand hielt, aber so richtig glauben konnte er es nicht. Da Alfons heute (Alter 54) bereits 38 Jahre in die gesetzliche Rentenversicherung eingezahlt hat, wird er mit 65 in jedem Fall über 45 Beitragsjahre aufweisen und in jedem Fall mit 65 in Rente gehen können.

Also selbst wenn Alfons und Evy die ersten 36.000 Euro (in heutiger Kaufkraft) im Alter von 64 aufbrauchen sollten, bleiben ja immer noch knapp 232.000 Euro in heutiger Kaufkraft übrig. Das ergibt bei einem Auszahlplan mit Kapitalverzehr, 4 Prozent p.a. Ertrag und 25 Jahren Laufzeit etwa

1.215 Euro pro Monat bis zum Alter von 89. Zwar wird der Ertrag des Rentenfonds im Auszahlplan im ersten Jahr mit etwa 216 Euro pro Monat Abgeltungsteuer, Soli und Kirchensteuer belastet, diese Steuerbelastung nimmt aber mit zunehmendem Aufzehr von Kapital statt Erträgen ständig ab. Mit etwa 1.000 Euro im Monat und nach Steuern zuzüglich gesetzlicher Rente kann man ganz sicher ganz nett leben. Keine schlechten Aussichten für die beiden. Beim Anblick dieser Zahlen sieht Alfons schon die Sonne Spaniens vor seinen Augen. Evy mag doch so gerne Paella und Sangria.

Das nächste Wochenende wollen die beiden mal ein bisschen genießen.

Fall 5: Sie selbst, ... Jahre, Beruf:

Ausgangssituation:

Alter:	Jahre
Verheiratet:	Ja / Nein
Evangelich / katholisch: Kirchenmitglied	Ja / Nein
Arbeit in Baden-Württemberg oder Bayern?	Ja / Nein
Abgeltungsteuer inkl. Soli, exkl. KiSt.:	26,38 Prozent oder
Abgeltungsteuer inkl. Soli und KiSt. BaWü, Bayern:	27,81 Prozent oder
Abgeltungsteuer inkl. Soli und KiSt. andere Länder:	27,98 Prozent
Monatliche Sparrate:	Euro
Mit Dynamik	Ja / Nein
Vorliegende Ersparnisse	Euro
Eventuell Ablaufleistung Kapitallebensversicherung	Euro
Im Jahr:	
Aktienanteil am Assetmix = 210 – 3 x Alter =	Prozent
Absicherung Risiken:	
Privathaftpflicht	Ja / Nein
Berufsunfähigkeit	Ja / Nein
Absicherung Lebenspartner	Ja / Nein
(zum Beispiel Risikolebensversicherung, Ersparnisse)	
Hausrat	Ja / Nein
Kaskoversicherung (abhängig vom Alter Kfz)	Ja / Nein

Frage:

Welches Endkapitel Anlegen und Sparen nach Steuern und inflationsbereinigt EKASSI kann ich zum

   Zielalter   Jahre

erreichen? Welche monatliche Leistung kann ich daraus später beziehen?

Lösung:

Nehmen Sie die Lektionen aus dem Buch zu Rate und ordnen Sie Ersparnisse und Sparraten bestimmten Anlageprodukten zu:

Anlagen:

Anlageform 1:
    Ausgabeaufschlag?   Prozent
    Anlagesumme 1:   Euro
    Rendite Anlage 1:   Prozent p.a.
    Zeit bis Zieltermin: Jahre
    Erträge (10.000 Euro, siehe Tabelle)   Euro
    Erträge (Anlagesumme 1)   Euro
    EKA (Anlageform 1) = Anlagesumme + Erträge =   +
                                                     =   Euro
    Steuern (Anlageform 1) = 27,98 od. 27,81 od. 26,38 ./. 100 x Erträge
                                                     =   Euro

Anlageform 2:
    Ausgabeaufschlag?   Prozent
    Anlagesumme 2:   Euro
    Rendite Anlage 2:   Prozent p.a.
    Zeit bis Zieltermin: Jahre
    Erträge (10.000 Euro, siehe Tabelle)   Euro
    Erträge (Anlagesumme 2)   Euro
    EKA (Anlageform 2) = Anlagesumme + Erträge =   +
                                                       =   Euro
    Steuern (Anlageform 2) = 27,98 od. 27,81 od. 26,38 ./. 100 x Erträge
                                                     =   Euro

Sparform 1:
    Ausgabeaufschlag?   Prozent
    Mit Dynamik   Ja / Nein
    Sparrate 1:   Euro
    Rendite Sparen 1:   Prozent p.a.
    Zeit bis Zieltermin: Jahre
    Erträge (100 Euro, siehe Tabelle)   Euro
    Erträge (Sparrate 1)   Euro
    Einzahlungen (100 Euro, siehe Tabelle)   Euro
    Einzahlungen (Sparrate 1)   Euro

EKS (Sparform 1) = Einzahlungen + Erträge	=	+
	=	Euro
Steuern (Sparform 1) = 27,98 od. 27,81 od. 26,38 ./. 100 x Erträge =		
		Euro

Sparform 2:
    Ausgabeaufschlag?   Prozent
    Mit Dynamik   Ja   /   Nein
    Sparrate 2:   Euro
    Rendite Sparen 2:   Prozent p.a.
    Zeit bis Zieltermin: Jahre
    Erträge (100 Euro, sieheTabelle)   Euro
    Erträge (Sparrate 2)   Euro
    Einzahlungen (100 Euro, siehe Tabelle)   Euro
    Einzahlungen (Sparrate 2)   Euro

EKS (Sparform 2) = Einzahlungen + Erträge	=	+
	=	Euro
Steuern (Sparform 2) = 27,98 od. 27,81 od. 26,38 ./. 100 x Erträge =		
		Euro

Sparform 3
    Kapitallebensversicherung bei
    EKS = Prognostizierte Ablaufleistung   Euro
    Im Jahr:
    Abgeschlossen vor 2005?   Ja   /   nein
    Mindestens 5 Jahresbeiträge?   Ja   /   nein
    Mindestens 12 Jahre Laufzeit?   Ja   /   nein
    Falls 3 x ja   keine Steuern fällig!
    Falls nein + ja + ja und
    Auszahlung frühestens mit 60   1/2 der Erträge
                                                 unterliegen persönlichem
                                                 Grenzsteuersatz,
                                                 sonst alle Erträge
    Erträge (LV) gemäß Versicherung   Euro
    Steuern: Grenzsteuersatz ./. 100 x
                                                 Erträge x
                                                 0 / 0,5 / 1,0
                                                 (je nach Antwort s.o.)
                                       =   Euro

Ziehen Sie nun zusammen:

EKA	=	EKA (Anlage 1) +
		EKA (Anlage 2)
	=	Euro
EKS	=	EKS (Sparen 1) +
		EKS (Sparen 2) +
		EKS (Sparen3)
	=	Euro
EKAS	=	EKA + EKS
	=	Euro
Steuern	=	Steuern (Anlage 1) +
		Steuern (Anlage 2) +
		Steuern (Sparen 1) +
		Steuern (Sparen 2) +
		Steuern (Sparen 3)
	=	Euro
EKASS	=	EKAS – Steuern
	=	Euro
Angenommene Inflationsrate:		Prozent p.a.
Tabellenwert Kaufkraft heute		
für Dauer bis Ruhestand:		Euro
EKASSI	=	EKASS / Tabellenwert
	=	Euro

Nun können Sie das Endkapital Anlage und Sparen nach Steuern und inflationsbereinigt EKASSI mit den Tabellen 6, 7 und 8a in Auszahlpläne mit Kapitalverzehr oder privater Rentenversicherung umrechnen. Bitte bedenken Sie dabei, dass die Tarife der Rentenversicherungsunternehmen von der durchschnittlichen Lebenserwartung zum Zielzeitpunkt sowie von den dann noch zu erzielenden Kapitalmarktrenditen abhängen und somit variieren können. Bei den Auszahlplänen spielt die Renditeerwartung eine entscheidende Rolle.

Weiterberechnung für Genussphase:

Auszahlplan:
  EKASSI-Anteil in Auszahlplan: Euro
  Renditeerwartung: Prozent p.a.
  Kapitalverzehr in: Jahren
  Tabellenwert (100.000 Euro):   Euro pro Monat
  Auszahlrate (EKASSI-Anteil) = Tab. Wert x EKASSI-Anteil ./. 100.000
                                                    =   Euro pro Monat

Rentenversicherung:
  EKASSI-Anteil in Rentenversicherung: Euro
  Tabellenwert garantierte Rente: Euro pro Monat
  Auszahlrate garantiert: = Tabellenwertert x EKASSI-Anteil ./. 10.000
                                                    =   Euro pro Monat
  Tabellenwert Rente einschließlich
  Überschussanteile: Euro pro Monat
  Auszahlrate einschließlich Überschüsse = Tabellenwert x EKASSI-Anteil ./. 10.000
                                                    =   Euro pro Monat

Ich hoffe, Sie können mit Ihrem persönlichen Resultat zufrieden sein, vor allem nachdem Sie die Erkenntnisse dieses Buches haben miteinfließen lassen. Wenn Sie sich über die Ergebnisse verschiedener Anlage- und Sparstrategien nicht im Klaren sind, dann probieren Sie die verschiedenen Ausgänge in Ihrem persönlichen Fall einfach durch. Kopieren Sie sich diese Seiten, und probieren Sie in verschiedenen Varianten aus:
- Rechnen Sie mal mit verschiedenen Renditen der diversen Anlageformen, die Ihnen angeboten werden.
- Was machen 50 Euro mehr Sparrate in Ihrem persönlichen Fall am Ende wirklich aus?
- Schauen Sie, was Ihnen das Sparen mit oder ohne Dynamik bringt.
- Behalten Sie in jedem Fall Reserven für Risikofälle des Lebens außerhalb Ihrer Altersvorsorgeersparnisse, damit Sie Ihre Altersvorsorge nicht zum falschen Zeitpunkt anzapfen müssen.

Nutzen Sie diese Erkenntnisse dann konsequent für sich selbst. Sie werden verwundert sein, was Sie alles selbst in der Hand haben. Und eine Bitte: Seien Sie konsequent. Nur intelligente Entscheidung plus Ausdauer bringen Sie ans Ziel.

Viel Glück und viel Erfolg!

Ihr Wolfgang H. Sander

Tabelle 1 a : **Sparplan ohne Dynamik**

Frage : Welches Endkapital Sparen EKS erreiche ich bei einer monatlichen Sparrate von 100 Euro und x % p.a. Rendite über y Jahre?
Beispiel : Ein Sparplan von 100 Euro monatlich ergibt bei 6 % p.a. Rendite und 30 Jahren Laufzeit ein EKS von 97.913 Euro (=36.000 + 61.913).

Jahre	Einzahlungen	Ertrag bei Rendite von jährlich:							
		3%	4%	5%	6%	7%	8%	9%	10%
10	12.000 €	1.979 €	2.718 €	3.499 €	4.326 €	5.202 €	6.128 €	7.108 €	8.146 €
15	18.000 €	4.679 €	6.546 €	8.590 €	10.829 €	13.286 €	15.978 €	18.927 €	22.161 €
20	24.000 €	8.765 €	12.505 €	16.745 €	21.561 €	27.040 €	33.266 €	40.342 €	48.397 €
25	30.000 €	14.457 €	21.054 €	28.811 €	37.951 €	48.745 €	61.483 €	76.524 €	94.312 €
30	36.000 €	22.011 €	32.755 €	45.868 €	61.913 €	81.602 €	105.760 €	135.424 €	171.922 €
35	42.000 €	31.723 €	48.292 €	69.294 €	96.008 €	130.102 €	173.633 €	229.279 €	300.575 €
40	48.000 €	43.938 €	68.496 €	100.851 €	143.662 €	200.540 €	276.177 €	376.916 €	511.432 €
45	54.000 €	59.054 €	94.376 €	142.783 €	209.461 €	301.746 €	429.663 €	607.301 €	854.681 €
50	60.000 €	77.532 €	127.165 €	197.958 €	299.541 €	446.108 €	658.000 €	965.000 €	1.411.145 €

Tabelle 1 b : **Sparplan ohne Dynamik mit 5 % Ausgabeaufschlag**

Frage : Welches Endkapital Sparen EKS erreiche ich bei monatlicher Sparrate von 100 Euro mit 5 % Ausgabeaufschlag und x % p.a. Rendite über y Jahre?

Beispiel : Ein Sparplan von 100 Euro monatlich ergibt bei 6 % p.a. Rendite und 30 Jahren Laufzeit ein EKS von 97.913 Euro (=36.000 + 61.913).

Jahre	Einzahlungen	Ertrag bei Rendite von jährlich:							
		3%	4%	5%	6%	7%	8%	9%	10%
10	12.000 €	1.313 €	2.017 €	2.761 €	3.548 €	4.383 €	5.265 €	6.198 €	7.186 €
15	18.000 €	3.599 €	5.378 €	7.324 €	9.456 €	11.796 €	14.360 €	17.168 €	20.249 €
20	24.000 €	7.205 €	10.766 €	14.805 €	19.361 €	24.609 €	30.539 €	37.279 €	44.950 €
25	30.000 €	12.340 €	18.623 €	26.010 €	34.715 €	44.995 €	57.127 €	71.451 €	88.393 €
30	36.000 €	19.248 €	29.481 €	41.969 €	57.251 €	76.002 €	99.010 €	127.261 €	162.021 €
35	42.000 €	28.213 €	43.993 €	63.995 €	89.436 €	121.907 €	163.365 €	216.361 €	284.261 €
40	48.000 €	39.560 €	62.948 €	93.763 €	134.535 €	188.704 €	260.740 €	356.682 €	484.793 €
45	54.000 €	53.670 €	87.311 €	133.412 €	196.915 €	284.806 €	406.631 €	575.810 €	811.410 €
50	60.000 €	70.983 €	118.253 €	185.674 €	282.420 €	422.008 €	623.809 €	916.191 €	1.341.090 €

Tabelle 2a: **Sparplan mit 2 % Dynamik pro Jahr**

Frage: Welches Endkapital Sparen EKS erreiche ich bei einer um 2 % p.a. steigenden Sparrate von 100 Euro p. M. und x % p.a. Rendite über y Jahre?

Beispiel: Ein Sparplan von 100 Euro monatlich ergibt bei 6 % p.a. Rendite, 2 % p.a. Dynamik und 30 Jahren Laufzeit ein EKS von 121.749 Euro (=48.682 + 73.067).

Jahre	Einzahlungen	Ertrag bei Rendite von jährlich:							
		3%	4%	5%	6%	7%	8%	9%	10%
10	13.140 €	2.093 €	2.873 €	3.697 €	4.568 €	5.489 €	6.464 €	7.493 €	8.582 €
15	20.752 €	5.111 €	7.141 €	9.358 €	11.782 €	14.436 €	17.338 €	20.511 €	23.985 €
20	29.157 €	9.883 €	14.066 €	18.791 €	24.138 €	30.198 €	37.062 €	44.838 €	53.661 €
25	38.436 €	16.822 €	24.405 €	33.270 €	43.656 €	55.856 €	70.181 €	87.014 €	106.833 €
30	48.682 €	26.418 €	39.095 €	54.438 €	73.067 €	95.759 €	123.410 €	157.145 €	198.401 €
35	59.993 €	39.258 €	59.301 €	84.428 €	116.063 €	156.053 €	206.664 €	270.833 €	352.428 €
40	72.482 €	56.035 €	86.459 €	125.985 €	177.813 €	245.395 €	334.559 €	452.139 €	607.723 €
45	86.271 €	77.574 €	122.343 €	182.644 €	264.411 €	375.975 €	528.625 €	738.148 €	1.026.866 €
50	101.495 €	104.850 €	169.140 €	258.957 €	385.456 €	564.941 €	820.559 €	1.185.985 €	1.710.715 €

Tabelle 2 b : Sparplan mit 2 % Dynamik pro Jahr und 5 % Ausgabeaufschlag

Frage : Welches Endkapital Sparen EKS erreiche ich bei um 2 % p.a. steigender Sparrate von 100 Euro p. M., 5 % Ausgabeaufschlag und x % p.a. Rendite über y Jahre?

Beispiel : Ein Sparplan von 100 Euro monatlich ergibt bei 6 % p.a. Rendite, 2 % p.a. Dynamik und 30 Jahren Laufzeit ein EKS von 115.952 Euro (=48.682 + 67.270).

Jahre	Einzahlungen	Ertrag bei Rendite von jährlich:							
		3%	4%	5%	6%	7%	8%	9%	10%
10	13.140 €	1.368 €	2.110 €	2.895 €	3.724 €	4.602 €	5.530 €	6.510 €	7.547 €
15	20.752 €	3.879 €	5.813 €	7.924 €	10.233 €	12.760 €	15.524 €	18.546 €	21.855 €
20	29.157 €	8.024 €	12.008 €	16.508 €	21.600 €	27.372 €	33.909 €	41.315 €	49.718 €
25	38.436 €	14.189 €	21.411 €	29.853 €	39.745 €	51.364 €	65.007 €	81.039 €	99.913 €
30	48.682 €	22.842 €	34.915 €	49.528 €	67.270 €	88.881 €	115.215 €	147.343 €	186.635 €
35	59.993 €	34.532 €	53.620 €	77.551 €	107.679 €	145.766 €	193.966 €	255.079 €	332.789 €
40	72.482 €	49.915 €	78.890 €	116.534 €	165.704 €	230.258 €	315.176 €	427.157 €	575.333 €
45	86.271 €	69.772 €	112.409 €	169.839 €	247.712 €	352.963 €	499.344 €	698.890 €	973.859 €
50	101.495 €	95.024 €	156.253 €	241.793 €	362.268 €	533.206 €	776.651 €	1.124.676 €	1.624.420 €

Tabelle 3a: **Einmalanlage**

Frage: Welches Endkapital Anlage EKA erreiche ich bei 10.000 Euro Einmalanlage und x % p.a. Rendite über y Jahre?
Beispiel: Eine Anlage von 10.000 Euro ergibt bei 6 % p.a. Rendite und 30 Jahren Laufzeit ein EKA von 57.424 Euro (=10.000 + 47.424).

Jahre	Einzahlungen	Ertrag bei Rendite von jährlich:							
		3%	4%	5%	6%	7%	8%	9%	10%
10	10.000 €	3.439 €	4.803 €	6.289 €	7.907 €	9.671 €	11.589 €	13.673 €	15.937 €
15	10.000 €	5.579 €	8.010 €	10.789 €	13.963 €	17.590 €	21.722 €	26.423 €	31.771 €
20	10.000 €	8.060 €	11.913 €	16.532 €	22.067 €	28.659 €	36.609 €	46.040 €	57.273 €
25	10.000 €	10.936 €	16.660 €	23.862 €	32.912 €	44.272 €	58.484 €	76.222 €	98.343 €
30	10.000 €	14.270 €	22.437 €	33.218 €	47.424 €	66.119 €	90.625 €	122.661 €	164.485 €
35	10.000 €	18.135 €	29.405 €	45.157 €	66.843 €	96.759 €	137.852 €	194.112 €	271.008 €
40	10.000 €	22.616 €	38.016 €	60.396 €	92.830 €	139.734 €	207.242 €	304.046 €	442.562 €
45	10.000 €	27.810 €	48.420 €	79.844 €	127.605 €	200.008 €	309.199 €	473.189 €	718.850 €
50	10.000 €	33.832 €	61.078 €	104.666 €	174.141 €	284.545 €	459.008 €	733.432 €	1.163.810 €

Tabelle 3b: **Einmalanlage mit 5 % Ausgabeaufschlag**

Frage: Welches Endkapital Anlage EKA erreiche ich bei 10.000 Euro Einmalanlage mit 5 % Ausgabaaufschlag und x % p.a. Rendite über y Jahre?

Beispiel: Eine Anlage von 10.000 Euro ergibt bei 6 % p.a. Rendite und 30 Jahren Laufzeit ein EKA von 54.689 Euro (=10.000 + 44.689).

Jahre	Einzahlungen	Ertrag bei Rendite von jährlich:							
		3%	4%	5%	6%	7%	8%	9%	10%
10	10.000 €	2.799 €	4.098 €	5.513 €	7.055 €	8.734 €	10.561 €	12.545 €	14.702 €
15	10.000 €	4.837 €	7.153 €	9.799 €	12.822 €	16.276 €	20.211 €	24.688 €	29.782 €
20	10.000 €	7.200 €	10.869 €	15.269 €	20.540 €	26.853 €	34.390 €	43.371 €	54.069 €
25	10.000 €	9.939 €	15.391 €	22.250 €	30.868 €	41.688 €	55.223 €	72.117 €	93.183 €
30	10.000 €	13.115 €	20.892 €	31.160 €	44.689 €	62.494 €	85.834 €	116.344 €	156.176 €
35	10.000 €	16.796 €	27.586 €	42.531 €	63.184 €	91.676 €	130.811 €	184.393 €	257.627 €
40	10.000 €	21.063 €	35.730 €	57.044 €	87.933 €	132.604 €	196.897 €	289.091 €	421.012 €
45	10.000 €	26.010 €	45.638 €	75.566 €	121.053 €	190.008 €	293.999 €	450.180 €	684.143 €
50	10.000 €	31.745 €	57.693 €	99.205 €	165.372 €	270.519 €	436.674 €	698.031 €	1.107.915 €

Tabelle 4 : **Inflation**

Frage : Wie viel kostet eine Ware im Wert von heute 1 Euro in x Jahren bei y % p.a. Inflation?

Beispiel : Eine Ware im Wert von heute 1 Euro kostet bei 2,0% p.a. Inflation in 30 Jahren 1,81 Euro.

Jahre	Inflation jährlich:				
	1,00%	1,50%	2,00%	2,50%	3,00%
10	1,10 €	1,16 €	1,22 €	1,28 €	1,34 €
15	1,16 €	1,25 €	1,36 €	1,45 €	1,56 €
20	1,22 €	1,35 €	1,49 €	1,64 €	1,81 €
25	1,28 €	1,45 €	1,64 €	1,85 €	2,09 €
30	1,35 €	1,56 €	1,81 €	2,10 €	2,43 €
35	1,42 €	1,68 €	2,00 €	2,37 €	2,81 €
40	1,49 €	1,81 €	2,21 €	2,69 €	3,26 €
45	1,56 €	1,95 €	2,44 €	3,04 €	3,78 €
50	1,64 €	2,11 €	2,69 €	3,44 €	4,38 €

Tabelle 5: **Grenzsteuersätze 2008**

Frage: Welche Steuerbelastung liegt auf dem letzten verdienten Euro?
Beispiel: Ein Lediger aus Hessen mit einem zu versteuernden Einkommen von 25.920 Euro zahlt ab 2005 einen Grenzsteuersatz von 34,4% inkl. Soli und Kirchensteuer.

Zu versteuerndes Einkommen				alle anderen Bundesländer	Baden-Württemberg + Bayern
ledig	verheiratet	Einkommen-steuer	ESt zzgl. Soli	Est. zzgl. Soli + KiSt	Est zzgl. Soli + KiSt
7.665 €	15.330 €	15,0%	15,8%	17,2%	17,0%
10.500 €	21.000 €	20,0%	21,1%	22,9%	22,7%
15.000 €	30.000 €	25,0%	26,4%	28,6%	28,4%
25.920 €	51.840 €	30,0%	31,7%	34,4%	34,1%
37.400 €	74.800 €	35,0%	36,9%	40,1%	39,7%
47.772 €	95.544 €	40,0%	42,2%	45,8%	45,4%
52.152 €	104.304 €	42,0%	44,2%	48,1%	47,7%
250.000 €	500.000 €	45,0%	47,5%	51,5%	51,1%

Tabelle 6 :	Sofortrente (ohne Garantielaufzeit)
Frage :	Welche monatliche Sofortrente (garantiert / inkl. Überschussanteile) kann ein heute x Jahre alter Versicherungsnehmer für einen Einmalbeitrag von 10.000 Euro erwerben?
Beispiel :	Ein heute 62 Jahre alter Mann könnte bei dieser Versicherung für 10.000 Euro Einmalbeitrag eine Leibrente in Höhe von garantiert 40 Euro und inkl. prognostizierter Überschussanteile von 51 Euro erwerben.

	Garantierente		Rente inkl. prognostizierter Überschussanteile	
Alter	Mann	Frau	Mann	Frau
60	38 €	35 €	49 €	46 €
62	40 €	36 €	51 €	48 €
65	43 €	39 €	55 €	50 €
67	46 €	41 €	57 €	52 €

Tarif eines namhaften Versicherers für eine aufgeschobene Leibrente ohne Todesfallschutz und Dynamik, Überschussanteile sind nicht garantiert

Alle Werte Orientierungsgrößen. Bitte lassen Sie sich von Ihrem Versicherer ein individuelles Angebot erstellen.

Tabelle 7 : **Aufgeschobene Leibrente mit Auszahlung ab Alter 80**

Frage : Welche aufgeschobene monatliche Rente (garantiert / inkl. Überschussanteile) kann ein heute x Jahre alter Versicherungsnehmer für einen Einmalbeitrag von 10.000 Euro ab Alter 80 Jahre erwerben?

Beispiel : Ein heute 63 Jahre alter Mann könnte bei Abschluß dieser Versicherung für 10.000 Euro Einmalbeitrag eine Leibrente in Höhe von garantiert 132 Euro und inkl. prognostizierter Überschußabteile von 245 Euro ab Alter 80 erwerben.

	Garantierente		Rente inkl. prognostizierter Überschussanteile	
Alter	Mann	Frau	Mann	Frau
62	134 €	105 €	255 €	210 €
63	132 €	104 €	245 €	200 €
64	130 €	102 €	236 €	192 €
65	127 €	101 €	228 €	185 €
67	124 €	98 €	209 €	169 €

Tarif eines namhaften Versicherers für eine aufgeschobene Leibrente ohne Todesfallschutz, Überschussanteile sind nicht garantiert!

Die Werte sind zur Orientierung gedacht. Bitte lassen Sie sich ein individuelles Angebot Ihrer Versicherung erstellen.

Tabelle 8a : **Auszahlplan**

Frage : Welche monatliche Auszahlung erbingt eine Anlage von 100.000 Euro bei x % p.a. Rendite und Kapitalaufbrauch in y Jahren?
Beispiel : 100.000 Euro können bei 5 % p.a. Rendite in 20 Jahren mit einer monatl. Auszahlung von 653,83 Euro aufgebraucht werden.

Jahre	Rendite p.a.				
	2%	3%	4%	5%	6%
10	919,32 €	963,74 €	1.009,05 €	1.055,23 €	1.102,24 €
15	642,67 €	688,63 €	736,10 €	785,02 €	835,29 €
20	505,02 €	552,57 €	602,21 €	653,83 €	707,29 €
25	422,97 €	472,10 €	523,89 €	578,13 €	634,62 €
30	368,71 €	419,42 €	473,30 €	530,05 €	589,37 €

Tabelle 8b : **Auszahlplan bei 5 % Ausgabeaufschlag nach x % p.a. Rendite**

Frage : Welche monatliche Auszahlung erbingt eine Anlage von 100.000 Euro bei x % p.a. Rendite und Kapitalaufbrauch in y Jahren?

Beispiel : 100.000 Euro können bei 5 % p.a. Rendite in 20 Jahren mit einer monatl. Auszahlung von 622,70 Euro aufgebraucht werden.

Jahre	Rendite p.a.				
	2%	3%	4%	5%	6%
10	875,54 €	917,84 €	961,00 €	1.004,98 €	1.040,75 €
15	612,07 €	655,84 €	701,05 €	747,63 €	795,51 €
20	480,97 €	526,26 €	573,54 €	622,70 €	673,61 €
25	402,83 €	449,62 €	498,94 €	550,60 €	604,40 €
30	351,15 €	399,45 €	450,76 €	504,80 €	561,30 €

Der Autor

Wolfgang H. Sander ist Mitgestalter der „Initiative Finanzstandort Deutschland" und eine der treibenden Kräfte hinter dem Erfolg der Riester-Rente in Deutschland. Bereits früh in seinem Leben wuchs sein Interesse für das Thema „Intelligent anlegen und vorsorgen" und führte ihn von seiner Ausbildung zum Bankkaufmann bis zuletzt sieben Jahre als Geschäftsführer einer Investmentfonds-Gesellschaft. In über 25 Jahren ist er dem Thema entlang verschiedenen Stationen seines Lebens immer entweder privat oder beruflich verbunden geblieben.

Dass sich das Leben nicht nur ums Geld dreht, sondern auch viel mit Genießen zu tun hat, ist ihm als Badener alles andere als fremd. Dass zum Genießen und Leben aber auch ein bisschen Geld zum Bezahlen des schönen Lebens gehört, ist ebenso offensichtlich. In diesem Sinne widmet sich sein Buch „Altersvorsorge" konsequent der Frage: „Wie kann ich mir später ein aktives Leben im Ruhestand leisten, und was muss ich heute dafür tun?"